La otra historia de Jesús

Fida M. Hassnain

La otra historia de Jesús

Traducción de J. A. Bravo

Si usted desea que le mantengamos informado de nuestras publicaciones, sólo tiene que remitirnos su nombre y dirección, indicando qué temas le interesan, y gustosamente complaceremos su petición.

Ediciones Robinbook
Información Bibliográfica
Aptdo. 94.085 - 08080 Barcelona

Título original: *A Search for the Historical Jesus.*
© 1994, Fida M. Hassnain.
© 1995, Ediciones Robinbook, SL.
Aptdo. 94.085 - 08080 Barcelona.
© Ediciones Robinbook Argentina, SA.
Olazabal 2117 – Buenos Aires.
Diseño cubierta: Regina Richling.
ISBN: 84-7927-128-0.
Depósito legal: B-9.626-1995.
Impreso por Libergraf, Constitució, 19, 08014 Barcelona.

Quedan rigurosamente prohibidas, sin la autorización escrita de los titulares del Copyright, bajo las sanciones establecidas en las leyes, la reproducción total o parcial de esta obra por cualquier medio o procedimiento, comprendidos la reprografía y el tratamiento informático, y la distribución de ejemplares de la misma mediante alquiler o préstamo públicos.

Impreso en España - *Printed in Spain*

Introducción

La búsqueda del Jesús histórico es empresa muy importante y no sólo para los cristianos. Yo soy uno de los participantes en tal búsqueda. Mi interés hacia la vida de Jesús ha sido consecuencia de una casualidad, sobrevenida en condiciones bastante inhabituales.

En 1960, y en mi condición de director de los Archivos del Estado de Jammu y Cachemira, recibí orden de trasladarme a Leh, la capital del antiguo reino de Ladakh, al objeto de examinar unas crónicas y unos mapas considerados de interés en relación con la disputa fronteriza entre China y la India. Había visitado Ladakh con anterioridad, ya que establecí allí el primer depósito de los Archivos del Estado, pero esta vez la misión me obligó a realizar viajes mucho más extensos por la región, y durante una de estas visitas tuve la fortuna de hallar un documento relacionado con Jesucristo. Éste fue el acontecimiento que suscitó mi curiosidad e hizo que me embarcase en la busca del Jesús histórico.

En Occidente muchos pondrán en tela de juicio mis credenciales por el mero hecho de ser un oriental y un musulmán. Ciertamente no abrigo la pretensión de minar la fe cristiana en ningún sentido. Pero estoy en condiciones de probar, con arreglo a los documentos relativos a los «años desconocidos» de Jesús y descubiertos por mí, que la vida pública de Jesús no estuvo confinada a Palestina sino que abarcó, prácticamente, la totalidad del mundo conocido. Su mensaje, según procuraré demostrar en este libro, iba dirigido a los individuos de todas las creencias y no sólo a las tres sectas que existían en la Palestina de su época, los fariseos, los saduceos y los esenios, ni tampoco exclusivamente a los futuros cristianos.

A los occidentales sin duda les resultará difícil admitir que Jesús nació y se formó en Asia, y que le rinden culto tanto los pueblos islámicos y budistas como los cristianos. La Iglesia cristiana occidental ha venido monopolizando la figura de Jesucristo durante dos mil años, y ésta se ha convertido en elemento integrante de la espiritualidad occidental. Me atrevo a sugerir que hay ahí un error profundo; a mi entender, Él pertenece al mundo entero. Y también me parece que la razón por la cual han fracasado todos los intentos de lograr la reconciliación humana es que dichos intentos han sido políticos y seculares, y en el plano religioso doctrinales y sectarios. De ahí la persistencia de grandes desacuerdos y equívocos entre los seguidores de las religiones principales.

La casualidad, como queda dicho, me condujo a la búsqueda del Jesús histórico. Los musulmanes creemos que Jesús fue un profeta de Dios entre otros; de ahí mi gran respeto y reverencia hacia esa figura. Desde este punto de vista, la Iglesia cristiana ha secuestrado a Jesucristo. Mis creencias sufíes no hacen distinción entre unas personas y otras. Amamos a Dios y respetamos todas Sus creaciones con independencia de credos, colores o castas. La nuestra es una religión del corazón.

En este punto quizá convendrá resumir mis antecedentes. Nací en Srinagar (Cachemira) y mis progenitores fueron maestros. Mi padre era de los shakhi khokar de Sialkot, que son una rama de la antigua tribu montañesa de los cassitas. Mi madre era descendiente directa del Imán Husain, nieto de Muhammad, el Profeta del Islam. Fui instruido en el Santo Corán por un imán, luego conocí la Biblia cristiana y más adelante estudié bajo la dirección de varios maestros budistas.

Como jefe de Estudios Orientales en Cachemira durante 20 años, y más tarde director de Archivos, Arqueología y Museos del estado de Jammu y Cachemira, he tenido ocasión de realizar estudios comparativos de las grandes religiones.

Aunque soy sufí o islámico de escuela mística, creo que en realidad he logrado superar las limitaciones del que suscribe una fe única. En época más reciente he viajado mucho por Europa y Asia, dedicado a pronunciar conferencias sobre filosofía, historia y misticismo, y basándome siempre en el ideal de la reconciliación, que es el más caro a mi corazón.

Por desgracia, el sectarismo abunda mucho entre los seguidores de las religiones. Si eres católico no puedes ser protestante. De manera similar, si eres cristiano no puedes ser budista. Para el sufí, todo ser humano está hecho a imagen de Dios. Creemos que a Él no le importan las diferencias de religión y que en un plano superior, las religiones de Buda, de Moisés, de Jesús y de Muhammad son iguales a Sus ojos.

Durante la Guerra del Golfo de 1990-1991, los pueblos occidentales tuvieron una nueva oportunidad de prestar atención a las cosas del Islam. Muchos se sorprenderían al saber que un diez por ciento de los habitantes del Iraq son cristianos, ya que es común la creencia de que el Oriente Próximo sea enteramente musulmán. De hecho, hace mil años los musulmanes eran minoría, aunque integraban las castas dominantes. En la época de la introducción del Islam existían allí numerosas comunidades religiosas, entre ellas los judíos, los cristianos, los sabeos, los paganos, los zoroástricos o los magos iranios.

De entre estas religiones, tanto el judaísmo como el cristianismo y el islamismo reclaman la herencia de Abrahán. El Islam se considera punto culminante de la tradición monoteísta de esas tres creencias. En la región quedaron nutridas comunidades judías y cristianas, que durante largo tiempo vivieron en paz con sus soberanos islámicos, a los que sirvieron como hábiles artesanos, médicos y mercaderes.

Por aquel entonces, el islamismo mantenía especial tolerancia para con el cristianismo. Pero las Cruzadas medievales, con su afán de «liberar los Santos Lugares», seguidas de otros excesos invasores, acabaron con la actitud tolerante de las clases dominantes musulmanas. A su vez, el cristianismo se convirtió en la más militante y la menos tolerante de las religiones modernas, y ochocientos años más tarde todavía hemos de lamentar las consecuencias.

El Libro Santo nombra concretamente a veintiocho profetas, entre los cuales cuatro árabes, uno griego, tres del Nuevo Testamento, y los demás del Antiguo Testamento, siendo Muhammad el último de los profetas, y entendiéndose que Dios se reveló a Moisés en la Torá, a David en los Salmos, a Jesús en los Evangelios y a Muhammad en el Quran. Todos ellos prometieron la salvación a quien reconozca que Dios es Uno. A los musulmanes se les exige que admitan todas estas escrituras y crean en ellas, puesto que son Palabra de Dios y, según la interpretación musulmana, todas ellas se corroboran las unas a las otras. La última Palabra de Dios, el Santo Corán, certifica la revelaciones de las demás Escrituras, despeja todas las incertidumbres anteriores y aporta al hombre la Verdad perfecta.

Mis investigaciones demuestran el hilo común que se halla en el origen de las grandes revelaciones. No por casualidad algunas de las enseñanzas del Cristo guardan semejanza con el budismo. Confío sinceramente en que la difusión entre los cristianos de la idea de que existe un fondo común entre los «Pueblos del Libro» (judíos, cristianos y musulmanes), de una parte, y el budismo, de la otra, pueda originar un renacimiento de la fe en toda la humanidad. Por tanto, deseo que este libro sea acogido como un humilde esfuerzo en pro de la reconciliación entre las creencias, la cual debe necesariamente producirse si queremos que impere la armonía en la tierra.

1. Cachemira y los hebreos

Cachemira

Cachemira es el país donde, según mis averiguaciones, moró Jesucristo en sus últimos años. Permitidme que os hable de este valle también conocido como «Paraíso terrenal».

El valle de Cachemira es una comarca del estado de Jammu-Cachemira-Ladakh, al norte del subcontinente indio y junto a la falda de los Himalaya. Dicho estado se halla en el corazón de Asia. Limita con Pakistán, Afganistán, las repúblicas centroasiáticas de Tadzikistán y Kazajstán, la China occidental (Kashghariya, Tibet y Yarkand) y la India.

Por hallarse asentada en un valle alto, magníficamente fértil y bendecido por un clima de tipo mediterráneo, Cachemira o Kashmir ha sido llamada también «el Jardín del Edén». Por estas cualidades y por sus energías vibrantes esta región ha atraído a mucho pueblos desde hace miles de años, y se ha convertido en un crisol de razas.

Rodeada de majestuosas montañas en cuyas cumbres reinan las nieves eternas, Cachemira es una región encantadora de bosques, frutos, flores y cultivos. El río principal, hoy llamado Jehlum, históricamente tuvo los nombre de Beth, Veth o Vitesta. En sus arroyos y afluentes de purísimas aguas abundan los peces. Tiene grandes bosques de portentosa variedad vegetal, habitados por innumerables pájaros y otros animales. Por todas partes se ven arrozales y huertas con manzanos, ciruelos, melocotoneros y albaricoques. El poeta sufí persa Jami escribió sobre Cachemira diciendo que era el país de las hadas, verdaderamente digno de ser llamado paraíso terrenal. Otros han dicho que era la Suiza de Oriente. La Tierra Prometida de las descripciones veterotestamentarias encaja perfectamente con las bellezas naturales del valle de Cachemira.

Allí fue donde me crié yo y es donde vivo ahora, aunque las incesantes hostilidades entre musulmanes e hindúes, que se disputan esta región, han creado una situación muy difícil e inquietante.

Importa comprender el trasfondo histórico de nuestra documentación sobre Jesús en la India. Esta parte noroccidental de la India ha sido la cuna de algunas de las civilizaciones más antiguas del mundo. La primera alusión escrita a Cachemira se encuentra en los *Anales de la Primera Dinastía Han de China*, lo cual nos retrotrae al 220 d. de C. También la mencionan los clásicos griegos Ptolomeo, Dionisio, Hecateo y Herodoto. Los árabes conocieron a Cachemira y sus gentes, que aparecen en las descripciones de al-Masudi, al-Qizwini, al-Idrisi y al-Beruni.

Los cassitas

La etimología del nombre Kashmir confunde a los eruditos, que han dado diferentes versiones de su origen. Los propios habitantes llaman a su país Kashir y a su idioma *koshur*. Fue Babar, el fundador de la dinastía Mughal en la India, el primero que señaló en sus memorias la etimología según la cual el nombre del valle deriva de la tribu *kash* o *kush,* llamados también los cassitas. Recordemos que el Génesis bíblico menciona a un Cus, nieto de Noé, cuya tribu se llamó *kasshu* en Babilonia, *cossaei* en Persia, *kasha* en los Himalaya y *kush* en Egipto. Recordemos que los alfabetos antiguos no comprendían las vocales, de manera que palabras como *kash*, *kush*, *kish* y *kosh* tendrían la misma grafía.

Queda establecido lo siguiente, sin embargo: dondequiera que fue, esta tribu designó los ríos, las montañas y las poblaciones con el nombre de sus antepasados. Hacia el 1780 a. de C. los cassitas se habían establecido en Babilonia, y aun antes habían fundado una dinastía en Egipto, que aparece con el nombre de Kash en sus escrituras. De Babilonia pasaron a Irán, donde fundaron ciudades como Kashan y Kashmar (cerca de Nishapur). En el Asia central tuvieron asentamientos como Kashmore cerca de Merv, Kash en las proximidades de Bujara, Kashband y Kashania cerca de Samarcanda, y la celebrada ciudad de Kashgar. En Afganistán dejaron rastro de su presencia con toponímicos como Kashil, Kashak y Kashu. Dieron nombre a una cordillera, la del Hindu-Kush, y se establecieron al sur de ésta en Kashmor. Al valle del río Chinab le dieron el nombre de Kashtawar y al del río Jehlum el de Kashir, la que hoy llamamos Cachemira.[1]

La dispersión de los judíos

En este punto hay que considerar un factor de la historia kashmiri que reviste importancia central en relación con el tema principal de este libro. Suele olvidarse la gran extensión de la diáspora judía en la Antigüedad, hacia Asia entre otros lugares y desde mucho antes de la aparición de Jesús. Tal debió ser la razón de los viajes de éste por Oriente.

Los judíos son un pueblo de fuerte idiosincrasia. Han desarrollado una identidad como grupo basada en rasgos físicos comunes y tradiciones compartidas de lengua y religión, y ello desde hace más tiempo que ningún otro grupo histórico, y pese al hecho de que ha sido uno de los pueblos más perseguidos y sojuzgados. Han carecido de Estado durante 1.900 años, y se ha acostumbrado a desarrollar su ingenio y su capacidad como inquilinos de otras naciones.

Sus raíces probablemente se remontan al milenio tercero a. de C., cuando una tribu procedente de Armenia emigró hacia Mesopotamia y Palestina, donde fueron llamados *habiru* por los cananeos. El Antiguo Testamento es, en buena parte, una crónica del pueblo hebreo.

Jacob tuvo doce hijos de sus esposas y concubinas, y de éstos derivaron las doce tribus de Israel, es decir los históricamente llamados *hijos de Israel* y, en Oriente, *bani Israel*. Moisés les aportó un nueva identidad, e hizo de ellos una nación al aportarles una religión estructurada alrededor de los Diez Mandamientos,[2] así como un sentido de «Pueblo Elegido». Desaparecido Moisés hubo luchas internas, con el resultado de que Josué los dividió en dos grupos, y se establecieron en tierras de Palestina. La «Liga de las Doce Tribus» debió constituirse hacia el 1200 a. de C. La unidad nacional y la prosperidad como nación pacificada bajo el rey David se sitúan alrededor del 970 a. de C., pero en el 926 a. de C. dicho reino ya estaba dividido en dos, Israel y Judá.

Siempre las condiciones en Palestina fueron de inestabilidad, lo cual acarreó luchas internas, invasiones y finalmente la dispersión, dejando los judíos de tener territorio propio durante diecinueve siglos. Después de las luchas intestinas de las doce tribus se recuerda la conquista por parte de los asirios hacia el 721 a. de C., que significó la deportación de gran número de israelitas a Mesopotamia. En el siglo VI a. de C. menudearon las persecuciones contra los judíos. Algunos huyeron hacia Siria y aun más al norte. Luego se produjo la conquista del país por Nabucodonosor (597 a. de C.) y el cautiverio de los judíos en Babilonia. El persa Ciro el Grande se convirtió en un héroe para los judíos cuando, habiendo conquistado Babilonia, permitió la repatriación de aquéllos. Muchos fueron los que regresaron a Palestina pero un número considerable de ellos se quedaron o prefirieron establecerse en Persia, donde se produjo una amalgama relativamente feliz entre el pensamiento judaico y el zoroástrico. Algunos de los que emigraron a países todavía más remotos se confundieron con la población autóctona y perdieron su identidad.

La reacción conservadora de los sacerdotes en Palestina quiso reprimir el «modernismo»; a muchos se les impuso el repudio de sus esposas persas y el abandono de las costumbres adquiridas. Algunos de los emigrados a Persia eran artesanos y profesionales hábiles, y es posible que llegasen más al este, hasta Afganistán, la Bactriana y el noroeste de la India. Las dos tribus que se quedaron en Palestina fueron las de Judá e Israel. Lo que fue de las diez tribus perdidas sigue constituyendo un misterio. Muchos profetas judíos respetados se propusieron la misión de buscarlas y devolverlas a la tierra patria, o por lo menos restablecer la relación con ellas.

De ahí que algunas tribus afganas digan ser descendientes de los profetas hebreos o cuenten entre sus antepasados a la tribu de Kish o Cus. Como queda dicho, Cus era hijo de Cam y nieto de Noé. Uno de los pueblos más antiguos que se establecieron en Cachemira fueron los cassitas, cuyo origen permanece envuelto en las tinieblas de la historia. Se ha sugerido que estos cassitas podrían ser semitas que pasaron al noroeste de la India procedentes del oeste; no pocos profetas hebreos están enterrados, según se asegura, a lo largo de la Ruta de la Seda hacia el este en su variante meridional.

Afganistán siempre fue encrucijada de numerosas rutas comerciales. El nombre Afghan deriva de la palabra armenia *aghvan* que significa «montañeses». Lo cual establece una conexión etnológica entre los afganos y los sirios cautivos de Armenia.[3] Los afganos son de raza caucásica o mediterránea, aunque predominan entre ellos los de rasgos armenios.

Algunas tribus afganas retrotraen su genealogía a los profetas hebreos e incluso hoy día siguen ostentando estos patronímicos: Ammon-zye, Amma-zye, Davud-zye, Abrahim-zye, Semu-zye, Yusuf-zye, Ayub-zye, Harun-zye, Issajel, Ishaq-jel, Sulaiman-jel, Yahya-jel, Yaqub-jel, Yunus-jel y Zakaria-jel, en donde *zye* y *jel* significan «clan» y «tribu», respectivamente. Todos estos clanes y estas tribus consideran a Jacob como ancestro común. Fueron convertidos al islam en el 633 por Jalid-ibn-al-Walid.

Es interesante anotar que la tumba de Ezequiel se halla en Herat y que Samuel está enterrado al margen del camino que va de Hamdan a Jorasan. Se atribuye a otro profeta hebreo una sepultura de Rangbarang cerca de Bajur, en Afganistán.[4]

15

Bani Israel en Cachemira

Investigaciones recientes han revelado huellas de los *bani Israel* en Cachemira, Nagaland, Bombay, Cochin, Kerala y Tamil Nadu.[5] En Kerala los judíos están divididos en dos sectas, la de los blancos y la de los negros; éstos y aquéllos no se tratan, se miran mutuamente con desprecio, y cada una de ellas está convencida de ser la auténtica continuadora del judaísmo.

Es muy antigua la leyenda de la atracción de los hebreos hacia el Oriente. Aunque muchos estudiosos occidentales siguen propugnando que no se conocen las circunstancias de la muerte de Moisés, abundan los indicios de su presencia en Cachemira hacia el ocaso de su vida. Sabemos que Dios le mandó que abandonase el Sinaí y muriese en el monte Nebo, puesto que no entraría en la tierra prometida a los hijos de Israel:

> Subió, pues, Moisés a la llanura de Moab al monte Nebo, sobre la cumbre de Fasga, enfrente de Jericó, y mostróle el Señor toda la tierra [...]. Y el Señor le dijo: He ahí la tierra de la cual juré a Abraham, a Isaac y a Jacob, diciendo: A tu descendencia se la daré. Tú la has visto con tus ojos, mas no entrarás en ella. Y murió allí Moisés, siervo del Señor, en tierra de Moab, habiéndolo dispuesto así el Señor; quien le hizo sepultar en un valle del distrito de Moab enfrente de Fogor, y ningún hombre hasta hoy ha sabido su sepulcro.[6]

Aunque esto parezca indicar que Moisés murió en lugar cercano al este de Jericó, yo postulo que en este punto la Biblia incurre en una inexactitud geográfica. Muchos estudiosos intentaron descubrir la sepultura en cuestión y fracasaron, aduciendo en su descargo que los cinco toponímicos mencionados en el pasaje citado debieron perderse durante los últimos tres mil años.[7] Sin embargo los cinco lugares aludidos en relación con la tierra prometida sí se encuentran

El monasterio de Aish-Muqam, en Cachemira, donde se conserva la vara de Moisés en Shofar (Frank Sache).

en Cachemira: Fogor es Beth-poer actualmente llamada Bandipor (que también se llamó Bethpor y Veth-por), Hesbub, Fasga o Pisgah (Pish o Pishga), el monte Nabu (Nebo-bal) y el valle de Moab (Mowu).

Algunos sitúan la tumba de Moisés en Cachemira, y sus tradicionales cuidadores son gentes de rasgos físicos marcadamente judíos. En ciertas obras persas se afirma que la Qbar-i-Musa o Tumba de Moisés estaba en la cima del Nebo-baal de Bethpor.[8] Personalmente he visitado dicho lugar dos veces y he entrevistado a su guardián Wali Reshi, quien me informó que cerca de la sepultura de la eremita Sanga-Bibi se halla, entre dos deodares (una especie de cedro típica de los Himalaya), la tumba de Hazrat Mosa o Moisés. Las antiguas crónicas de Cachemira registran que estuvo en dicho lugar y murió allí. La tumba en cuestión es una capilla muy reverenciada del monte Nabu, llamada del «Profeta del Libro» y aún hoy la frecuentan muchos devotos kashmiri convencidos de que Moisés estuvo en Cachemira predicando la palabra de Dios.

El historiador Abdul Qadir consigna en su *Hasmat-i-Kashmir* que Hazrat Mosa está enterrado en Booth, sobre el monte Nebo de Bandipor.[9] George Moore, quien realizó una exhaustiva investigación sobre las Tribus Perdidas,[10] opina que Moisés predicó en Cachemira tras haber fracasado entre los Hijos de Israel. Por mi parte me inclino a pensar que si bien Canaán era la tierra santa de los semitas, el valle de Cachemira pudo ser también una Tierra Prometida.

En Cachemira existen dos reliquias sagradas que se vinculan con Moisés. Una de ellas es el Assa-i-Mosa o la vara de Moisés, y la segunda, Ka Ka Pal o la Piedra de Moisés. En Aish-Muqam, sobre un espolón montañoso, se encuentra la sepultura de Zain Rishi y entre otras santas reliquias se conserva allí la Assa-i-Mosa, vara de madera que se expone al público en tiempo de grandes calamidades, como inundaciones o epidemias. Algunos estudiosos han querido ver una relación entre Aish-Muqam e Issa o Jesús, por lo que opinan que el bastón perteneció a éste. También otra obra persa, el *Rishi Namah* o «El Libro tocante a las Tumbas de los Rishi» (santos), dice que Issa estuvo allí de visita.

La otra reliquia, llamada Ka Ka Pal o piedra de Moisés, se halla en el complejo del templo de Shiva en Bijbehara (Cachemira), el cual he visitado con frecuencia buscando las sepulturas con epigrafías hebreas que mencionan algunos estudiosos. He localizado una serie de tumbas orientadas de este a oeste pero no he visto inscripciones de ningún género. Además deseaba corroborar la leyenda relacionada con Ka Ka Pal, pues se asegura que bastan once dedos para levantarla. El guardián reunió a once personas y nos pidió que cada uno apoyase un dedo en la piedra. Luego se nos dijo que recitásemos la fórmula «Ka Ka Ka»; lo cual hicimos, y con no poca sorpresa por nuestra parte la piedra se alzó del suelo casi un metro. A continuación hicimos una prueba con diez dedos pero la piedra no se movió. Es un pedrusco ovalado de unos 40 kilos de peso. *Kah* significa

La piedra de Moisés en Bijbehara (Cachemira), se alza del suelo al tocarla once dedos de once personas diferentes que repitan el mantra Ka-ka once veces (Holger Kersten)

«once» en kashmiri. *Kaka*, con el significado de «persona venerable», tal vez aluda a Moisés.

El Antiguo Testamento nos habla de una piedra de propiedades sobrenaturales sobre la cual derramó aceite Jacob.[11] En Cachemira una estela de piedra llamada *lingam* es ungida todos los días por los pandit hindúes. En Canaán hubo pueblos que adoraron el becerro, el toro y la serpiente. En todos los templos pandit hindúes de Cachemira se halla la estela sagrada esculpida con las imágenes del becerro, la vaca, el toro y la serpiente. En el momento más solemne de las ceremonias los judíos tocaban el *shofar,* una especie de cuerno curvo; los pandit kashmiri soplan el *shank,* que es también un cuerno curvo. El atuendo de las mujeres pandit es similar al que se llevaba en la antigua Palestina. Por consiguiente opino que los pandit kashmiri son descendientes de judíos de la Antigüedad.

Se sabe que los kashmiri preparan las sepulturas a la manera de las tumbas judías; las llaman tumbas *mosai* y se orientan de este a oeste. Aún hoy los ataúdes tienen el mismo diseño que los de los judíos; el período de luto se fija en cuarenta días, lo mismo que en Palestina. También tienen hábitos alimenticios similares los judíos y los kashmiri, como el consumo del pescado ahumado y el cocinar exclusivamente con aceite. Los unos y los otros sólo admiten el consumo de carne cuando se haya sacrificado el animal desangrándolo tras cortarle las yugulares e invocando el nombre de Dios en el instante del sacrificio. Obsérvese la semejanza entre el nombre hebreo del alimento así preparado, *kosher,* con el que dieron los kashmiri a su país, Kashir. Se han señalado también parecidos en los ritos del nacimiento, de las bodas y de difuntos, como la igualdad del período de purificación prescrito, y el matrimonio por *levirato* es una costumbre que ambas comunidades comparten.

Abundan pruebas del parentesco etnológico de los kashmiri con los pueblos semitas. Flavio Josefo dice que una inmensa multitud de judíos emigró a Persia, Afganistán y el norte de la India.[12] Según otro estudioso, «los rasgos físicos y étnicos de los kashmiri que forman tan marcado contraste con los de las razas que les rodean siempre han sorprendido a los visitantes del valle, y es común la atribución judaica de aquéllos».[13]

En 1049 al-Beruni escribió que los kashmiri no autorizaban la entrada en su país a nadie que no fuese judío.[14] El padre jesuita Catrou, en su *Historia del Imperio mogol* de 1708, afirma categóricamente que los kashmiri son descendientes de los judíos. Que huyendo de las invasiones de Alejandro Magno, algunas tribus judías llegaron hasta Cachemira y el Tibet, llevando consigo los símbolos de su religión.[15] Claudius encontró en Cachemira un antiguo ejemplar de la Torá.[16]

En mis propias investigaciones sobre los kashmiri he cubierto un amplio campo antropológico y etnográfico. Muchos toponímicos de Cachemira guardan correspondencia con nombres del Antiguo Testamento:

Kashmiri	Nombre bíblico	
Asham	Asima *(Ashema)*	2 Reyes 17, 30
Achabal	Asbel *(Ashbal)*	Génesis 46, 21
Amairah	Amarías *(Amairah)*	1 Crónicas 23, 19
Bethpore	Bet Fegor *(Bethpoer)*	Deuteronomio 34, 1
Babal	Babel *(Babel)*	Génesis 10, 10
Doru	Dor *(Dor)*	1 Reyes 4, 11
Ludu	Lud *(Lud)*	1 Crónicas 1, 17
Keran	Querán *(Cheran)*	1 Crónicas 1, 41
Mamre	Mambré *(Mamre)*	Génesis 18, 1
Moab	Moab *(Moab)*	Jueces 3, 12
Pishga	Pisga *(Pisgah)*	Deuteronomio 3, 27

Los gujjar de Cachemira, aun siendo musulmanes, se dicen descendientes de Israel; visten y llevan el cabello a la manera judía. El remo que usan los barqueros kashmiri, con la pala en forma de corazón, sólo se encuentra en Palestina y en Cachemira, y es de observar que los barqueros kashmiri se dicen descendientes de Noé. En la arquitectura de los edificios más antiguos las escaleras exteriores arrancan siempre del lado de poniente, lo cual no se da en las antiguas casas hindúes, musulmanes ni budistas.

En uno de mis viajes descubrí una comunidad muy homogénea de Gutlibagh (Gandarbal), que decían ser *Beni Israel*. Eran inmigrantes procedentes de Afganistán y el jefe de la comunidad me dijo que descendían de Jacob.[17] En la actualidad el idioma kashmiri contiene un 30 por ciento de palabras persas, 25 por ciento de árabe y 45 por ciento de palabras de origen sánscrito y de otros idiomas, entre las cuales un 9 por ciento de hebreo. Algunos ejemplos (la palabra hebrea primero): *ajal* = ajal (muerte); *am* = am (muerte); *ab* = bab (padre); *awn* = aun (ciego); *baal* = bal (primavera); *brrah* = bar (puerta); *hoon* = hoon (perro); *tair* = tur (frío); *shaul*= shaal (zorro); *sahar* = sehar (amanecer).

Por tanto hay razones para considerar que una tradición judía sobrevivió en Palestina y pudo ser la causa que atrajese a Jesús hacia esa región. Pero antes de pasar a examinar este punto conviene examinar más antecedentes históricos.

Los griegos y los kushana

Esta región del noroeste de la India ha sido la cuna de algunas de las primeras civilizaciones. Las culturas del valle del Indus centradas en Mohenjo-Daro y Harappa duraron un milenio hasta el 1550 a. de C., en que fueron barridas por los arios rig-védicos, que se extendieron gradualmente por el norte de la India e implantaron una unificación cultural que preparó el terreno a los griegos de Alejandro Magno.

En el siglo VI a. de C., Ciro el Grande fundó un extenso imperio persa que abarcó a Palestina, Siria, Elam, Babilonia, Afganistán, Beluchistán y Gandhara. Fue Ciro quien permitió el retorno de los judíos a Palestina tras cuarenta años de cautiverio en Babilonia. En esta época el valle de Cachemira formaba parte de Gandhara, región sometida a las diversas influencias de bactrianos, escitas y partos. Hacia el 326 a. de C. penetraron en la India los ejércitos de Alejandro Magno, hasta llegar a orillas del río Jehlum.

Después de su marcha subsistieron en las regiones noroccidentales de la India numerosos reinos pequeños bajo monarcas griegos. Demetrio llegó a reinar sobre una extensa región en la que estuvo comprendida Cachemira. Entre los soberanos griegos de ésta se menciona a Apolodoto, Menandro, Nicéforo y Azez. Debido a esta influencia penetraron en Cachemira las tradiciones culturales de Grecia, Roma, Bizancio y Persia, como se refleja en el estilo arquitectónico del templo solar de Martand.

Las tribus chinas yueh-chi de Kansu se desplazaron hacia el occidente y el sur, ocupando las regiones septentrionales de la India durante el siglo II d. de C. Fueron las fundadoras del imperio kushana en el noroeste de la India, del cual formó parte Cachemira. En el 87 d. de C. fue el gran soberano kushana Kanishka quien convocó en este valle el IV Concilio budista y desde entonces Cachemira pasó a ser la cuna del budismo mahayana, propagado por misioneros kashmiri en el Asia central, China y el sudeste asiático. Durante este período Cachemira llegó a ser un gran foco de civilización en Asia y se vinculó con la célebre Ruta de la Seda, la gran arteria transasiática que unió a Roma con China.

Historia moderna

En el siglo VII el hinduismo alcanzó predominio sobre el budismo en Cachemira. Fue Sri Harsha (que reinó entre el 1089 y el 1101) quien abrió las puertas al islam invitando a establecerse en su reino a los musulmanes, pero correspondió a Gyalpo Rinchina (1320-1323) la implantación masiva del islam después de su conversión voluntaria junto con la de sus seguidores budistas. El predominio de los soberanos musulmanes en Cachemira y regiones adyacentes continuó hasta el siglo XVI y posteriormente la región fue conquistada y reconquistada varias veces por mughals, afganos, sijs y dogras entre 1586 y 1947.

Después de la segunda guerra mundial los británicos decidieron abandonar la India dejándola dividida en dos dominios, Pakistán y la India. El primero intentó anexionarse el estado de Jammu y Cachemira, y el maharajá solicitó la ayuda militar de la India, lo cual acarreó en 1949 una guerra entre el Pakistán y la India, que terminó en un armisticio controlado por las Naciones Unidas; según las condiciones del acuerdo, Gilgit, Baltistán, la parte islámica de Ladakh, Mirpur y Muzzafarabad pasaron a la jurisdicción de Pakistán.

2. Ladakh, la tierra del Buda

El nacimiento de Buda se sitúa hacia el 563 a. de C. Aunque príncipe de nacimiento, renunció a las comodidades de la vida palaciega para dedicarse a la averiguación de las causas de la miseria, la enfermedad, los sufrimientos, la vejez, la senilidad y la muerte. Llevó una vida de privaciones hasta que alcanzó la iluminación. Entonces predicó sus enseñanzas de no violencia, paz y compasión. El budismo empezó a ganar prosélitos en la India durante la vida de Buda.

Unos 300 años después de la desaparición del fundador, el rey Ashoka el Grande fomentó las actividades misioneras con el propósito de difundir las enseñanzas de Buda. Se dice que envió 80.000 misioneros, monjes y monjas al Asia Central, China, Sri Lanka, Persia, Babilonia, Siria, Palestina y Egipto. Por consiguiente, y aun suponiendo que no fuesen tantos, es de creer que el budismo preparó el terreno a la introducción del cristianismo en todo el mundo. Como mi búsqueda del Jesús histórico guarda relación con el budismo y dicha búsqueda tuvo su origen en Ladakh, por influencia de los lamas budistas de este país, convendrá presentarlo a mis lectores.

En 1950, poco después de la revolución maoísta en China, la región himalaya concitó el interés de la opinión pública mundial cuando el Tibet, país mayoritariamente budista, quiso preservar su independencia... y China decidió conquistarlo. El joven jefe temporal y espiritual del Tibet budista, el XIV Dalai Lama, huyó a la India, y los acontecimientos subsiguientes motivaron un grave conflicto fronterizo entre China y la India. Los chinos ocuparon una región de Ladakh llamada Aksai Chin, escasamente poblada pero de importancia estratégica para el Tibet, y en 1959 una unidad del ejército indio fue víctima de una emboscada en territorio de Ladakh por parte de la guardia de fronteras china. En 1960 los gobiernos chino e indio convinieron una reunión de funcionarios de ambos países, a fin de examinar los documentos históricos relativos a la cuestión fronteriza.

En la época yo desempeñaba el cargo de director de Archivos del Estado y había constituido depósitos en Jammu, Srinagar y Leh. Recibí el encargo de examinar, compulsar y estudiar los documentos históricos, las crónicas, los mapas y demás materiales, y aunque había visitado Ladakh con anterioridad, la nueva misión me obligó a recorrer asiduamente la comarca en busca de nuevas fuentes documentales. En enero de 1961, con ocasión de una de mis comisiones de servicio en la capital Leh, me vi inmovilizado por una nevada y fue durante esa estancia cuando me tropecé casualmente con un documento relativo a Jesucristo. El hecho suscitó mi curiosidad y así comenzó para mí la búsqueda del Jesús histórico.

Situada al nordeste de Cachemira, 640 kilómetros al norte de Delhi, la región de Ladakh es una de las tierras más altas del mundo, como que está flanqueada al sur por la cordillera del Himalaya y al norte por la de Karakorum, extenso altiplano ondulado, árido, donde los arenales alternan con formaciones montañosas recientes y desprovistas de vegetación. Lo cruza el curso superior del Indus antes de introducirse en el Pakistán. Pese a ser un erial montañoso, con una de las densidades de población más bajas del mundo, Ladakh no carece de encanto y atractivo, con ciertas reminiscencias de paisaje lunar debidas a sus desiertos de arena y sus montañas de diferentes matices.

Durante siglos la región fue importante centro comercial sobre la antigua Ruta de la Seda entre el Asia central y el subcontinente indio. Pero la atracción principal es su cultura budista; toda visita constituye una experiencia inolvidable, y así lo han atestiguado los exploradores famosos que visitaron este mágico país de los lamas; citemos por ejemplo a Fa-Hien, Ou-King, Marco Polo, Moorcroft, Terbek, Vigne, Cunningham, Notovich, Forsyth, Sven Hedin e Hino.

Un indólogo alemán, Hermann Schlagintweit, descubrió el libro de las *Crónicas antiguas de Ladakh* o *La-dvags-rgyal-rabs* en tibetano, y publicó en 1866 la traducción a su idioma.[1] Algunos han llamado a Ladakh «el pequeño Tibet» y aun anteriormente se llamó Mar-yul o «Tierra Baja» (baja en comparación con el Tibet). El monje chino Fa-Hien, que visitó Ladakh hacia el 400 d. de C., le da el nombre de Kia-chha.

La historia de Ladakh se retrotrae por lo menos al 400 a. de C., cuando Sargyal estableció el reino de Ladakh y del Tibet. No se sabe gran cosa de las dinastías y soberanos que sobrevinieron luego. La dinastía real ladakhi fue fundada por Skyid-lde-dyima-gon en 842 d. de C., quien extendió sus dominios sobre el Baltistán hasta Gilgit y estableció su capital en Shay, próxima a Leh. En la actualidad sigue siendo un lugar interesante, donde puede visitarse un monasterio que cuenta con un buda de 13 metros de altura, revestido de oro y constelado de piedras preciosas.

La monarquía ladakhi feneció en 1840 cuando el país fue invadido y conquistado por el rajá dogra de Jammu. Más tarde, en 1846, cuando el gobierno británico de la India vendió el valle de Cachemira al rajá Gulab Singh de Jammu por 75.000 rupias, este soberano fundió todas sus posesiones en el estado de Jammu, Cachemira y Ladakh.

En la población de Ladakh conviven varias etnias, entre ellas los mon, los darad y los mongoles. Practican tradicionalmente la poliandria, lo mismo que los tibetanos. Son gentes sinceras, pacíficas, alegres, amistosas y honradas, buenos comedores y bebedores y dotados de gran sentido de la hospitalidad, pues no regatean gastos ni esfuerzos en complacer a los invitados. El sistema familiar es matriarcal ya que las esposas y madres gozan de la máxima autoridad.

El budismo de Ladakh es de tipo lamaísta y se distinguen las sectas Amarilla (Gelugpa) y Roja (Nyingmapa). Todos los monasterios tienen sus lamas y sus chomos, lo

El gompa de Shay y edificaciones anexas forman un verdadero poblado (Alick Bartholomew) mismo que los católicos tienen monjes y monjas. Abundan en el país los monasterios budistas, llamados gompas, de tal manera que apenas hay aldea sin su gompa, pudiendo citarse entre los más importantes los de Hemis, Shay, Likir, Lamayuru y Alchi. Una de las actividades más notables que tienen lugar en los gompas son las representaciones mistéricas de primavera, entre las cuales una danza de purificación que interpretan los lamas de gorro rojo o *nyingma lamas* de Hemis.

En la actualidad se accede a Ladakh por carretera o por vía aérea. Existe una carretera de buena calidad entre Srinagar y Leh, y de ésta a Manali y Simla, aunque debido a las nevadas sólo permanece abierta desde junio hasta noviembre ya que los pasos de Zoji La y Drass (a 4.000 metros de altitud) son probablemente los lugares más fríos de Eurasia si exceptuamos algunos de Siberia. Esta carretera fue mejorada en 1965 a causa del conflicto militar entre la India y China; con anterioridad sólo se llegaba a Ladakh por caminos de herradura y se necesitaban dos semanas por lo menos para ir de Srinagar a Leh, en verano, naturalmente.

Leh

Mi anécdota personal comienza en enero de 1963, cuando acudí a Leh en busca de documentos de la antigua familia real de Ladakh representada por la reina Rani Parvati, quien vivía sola en el palacio viejo de Stok por cuanto tenía a sus dos hijos estudiando en Dehra Dun. En la circunstancia me llevó a Leh un avión militar, como no podía ser de otra manera, procedente de Jammu y en compañía de un colega con quien esperaba poder emprender el regreso un día o dos más tarde.

Nos dirigimos en jeep al palacio de Stok para ser recibidos por la reina. A la entrada fuimos recibidos por funcionarios reales; yo llevaba regalos para la reina, por ser aquélla mi primera visita, consistentes en los tradicionales pañuelos blancos de seda, entre otras cosas. Se nos introdujo en una sala noblemente decorada con panoplias, cuadros, cerámicas, atuendos y mobiliario, de donde pasamos a una cámara amueblada a estilo moderno. Cuando levanté la mirada vi una señora de admirable belleza, regiamente vestida y elegantemente sentada en su trono. Lucía brocados y diamantes y me llamó la atención, sobre todo, su diadema de turquesas. Hicimos una reverencia y presentamos nuestros pañuelos y demás presentes, que la reina agradeció. Luego fuimos invitados a sentarnos y se sirvieron algunos manjares típicos. Cuando le expliqué la misión que yo traía, la soberana dijo que todos los documentos de la real familia quedaban a mi disposición. Ordenó a sus funcionarios que me prestaran toda la colaboración necesaria, y me invitó a cenar con ella el día siguiente.

La reina de Ladakh es muy querida por sus súbditos, quienes la llaman Gyalmoo (que significa precisamente «la Reina»); su nombre civil era Deskit Wangmo, aunque en ocasión de sus esponsales con el rey de Ladakh lo cambió por el nombre indio de Rani Parvati Devi. Contrajeron matrimonio en 1950 y tuvo cuatro hijos. Es delgada, de cutis blanco, y con su real atuendo me recordaba los retratos de la reina María de Escocia. Tiene una sonrisa radiante. Tras enviudar se consagró exclusivamente a la educación de sus hijos. Más adelante, cuando tuvimos ocasión de conversar sobre su peripecia personal, me habló en términos de resignación y serenidad dignos de un filósofo que estuviera explicando las doctrinas del Buda.

Con la ayuda de los funcionarios e intérpretes puestos a mi disposición pude compulsar toda la documentación histórica existente y mi trabajo quedó terminado en dos días. Por lo cual yo deseaba regresar cuanto antes a Delhi con los papeles obtenidos. Al cabo de una semana mi acompañante y yo empezamos a ponernos nerviosos, porque no aparecía en Leh el avión militar que debía recogernos; de nuestras averiguaciones resultó que no había podido despegar debido al mal tiempo.

Aquella semana la dedicamos a copiar documentos y a visitar el palacio de Shay y el monasterio de Hemis. La reina de Ladakh ordenó a los guardianes de estos lugares que me mostrasen los tesoros que ambos encierran. También aproveché la oportunidad de visitar la mezquita Jamia local para las oraciones del viernes (puesto que soy musulmán). Transcurrida la semana, sin embargo, mi colega se puso casi enfermo de impaciencia. El avión no llegaba, las condiciones meteorológicas seguían siendo adversas y ya no teníamos nada que hacer allí, por lo cual estábamos bastante deprimidos.

La iglesia de la misión morava

Pasaban las semanas y continuábamos sin noticias de nuestro avión. Para matar el tiempo me propuse leer algunas obras en inglés que según mis noticias se hallaban en la iglesia de la misión morava. Allí conocí al reverendo Chattan Phuntchuk, el encargado de la misión, quien me condujo a la biblioteca y la puso a mi disposición. Allí pasé varios días revolviendo libros y manuscritos, y en agradables charlas con mi nuevo amigo el reverendo.

Por él supe que a comienzos del siglo XIX algunos viajeros alemanes habían llamado la atención sobre antigüedades de los cristianos nestorianos en Mongolia, Asia Central, Tibet y Ladakh. Los nestorianos fueron un grupo herético que tras su expulsión por el Concilio de Éfeso emigraron a Persia y más tarde llegaron incluso a Mongolia y China. Estas informaciones suscitaron gran revuelo entre los misioneros alemanes. Los hermanos Heyde y Pagell decidieron visitar Mongolia y el Tibet, arribaron a Calcuta en 1853 y solicitaron el obligado permiso al gobierno de la India. Tres años permanecieron allí esperando el permiso... que no llegó. Ellos aprovecharon la espera para aprender el tibetano por mediación de los budistas de Ladakh, Lahul y Spiti. En vista de que no había permiso, abandonaron el primer proyecto y emprendieron giras de evangelización por Zanskar y Ladakh.

En 1885 los alemanes lograron establecer la primera misión morava en Leh, con tal éxito que al año siguiente iniciaron la construcción de una iglesia. Estos misioneros realizaron además una labor muy útil en materia de agricultura, enseñanza y medicina; algunos de ellos, como A. H. Jaeschke, William Heyde, G. Sandberg, A. H. Francke y Karl Marx (no confundir con el filósofo político) escribieron obras fundamentales sobre Ladakh. Pero después de la primera guerra mundial los alemanes fueron deportados de Ladakh y sus actividades misioneras asumidas por británicos y suecos. Después de la segunda guerra mundial, la iglesia y la misión quedaron al cuidado de los nativos; a mi llegada, el reverendo Chattan Phuntchuk era el responsable máximo de la misión y de sus actividades.

Cierto día me tropecé con una colección de diarios en idioma alemán, escritos por aquellos misioneros moravos, y el reverendo Phuntchuk me explicó que éstos tenían la costumbre de tomar nota de todas las incidencias cotidianas. Por pura casualidad observé que la página 118 estaba encabezada con un título en tinta roja: «St. Issa». Consulté el caso con el reverendo y resultó que la anotación correspondía al hallazgo de unos pergaminos sobre el supuesto San Issa con ocasión de la visita de Nicolas Notovich en Ladakh. Fotografié las dos páginas y tomé algunas notas, convencido de que Issa no podía ser otro sino el mismo Jesús. Aprovechando otra visita ulterior a la misión morava, expuse mi idea al reverendo Phuntchuk, pero éste me respondió con evasivas, y así terminó la cuestión.

O por lo menos, eso creía yo.

El gompa de Hemis donde se descubrieron los manuscritos tibetanos acerca de Jesús (Holger Kersten)

3. La leyenda de Jesús en Ladakh

Cuando regresé a Cachemira traduje las dos páginas fotografiadas del diario del doctor Marx, de la misión morava. Dichas páginas contenían informaciones polémicas acerca de Jesucristo. La anotación corresponde al año 1890 y alude a Nicolas Notovich, un explorador ruso que visitó Ladakh y se rompió una pierna en Hemis, siéndole examinada luego por los médicos de la misión.

Se menciona también que Notovich dijo haber visto escrituras acerca de Jesús en el monasterio de Hemis, las cuales le fueron explicadas con la ayuda de un erudito lama durante los meses que aquél permaneció allí y en la misión, y que trataban de los viajes de Jesús por la India. La cuestión parecía interesante, por lo que me formé el propósito de seguir investigándola. En consecuencia, lo primero era reunir más informaciones acerca de Nicolas Notovich.

Escribí a varios amigos de la India y del extranjero hablándoles del diario de la misión morava y resumiéndoles lo que contenía. La fortuna hizo que mi buen amigo alemán el doctor Franz Sachse me contestase diciendo que conocía una versión alemana del libro de Notovich, y que trataría de averiguar si existía en la biblioteca del Museo Británico de Londres alguna edición en inglés. Al cabo de algunas semanas recibí fotocopiado el libro *The Unknown Life of Christ,* por Nicolas Notovich, publicado en Londres en 1895 y traducido del francés por Violet Crisps.

Notovich

¿Quién fue el tal Nicolas Notovich? Nacido en 1858, oriundo de Crimea, pese a su ascendencia judía él y su hermano Osip Notovich se convirtieron pronto a la fe ortodoxa. Inició su carrera en el periodismo y más tarde llegó a escribir como una docena de libros; su interés se dirigió principalmente al estudio sociopolítico del pueblo ruso. También profundizó en el estudio de las religiones y escribió una obra titulada *Pravda Obevreya,* de matiz algo antisemita, que le valió la censura de los judíos y los elogios de los cristianos.

Nicolas escribía en francés y en ruso, y sus libros merecieron bastante atención en algunos círculos políticos. (Hitler mencionó en su *Mein Kampf* los escritos antijudíos de Notovich.) Estas obras pueden hallarse todavía en varias bibliotecas europeas. Pero fue su libro sobre Jesucristo el que le hizo famoso, publicado primero en francés bajo el título de *La Vie Inconnue de Saint Issa,* y luego en inglés como *The Unknown Life of Christ.*

A finales del decenio 1870-1880, durante la guerra contra Turquía, Notovich emprendió una serie de viajes por Oriente. Tras visitar los Balcanes recorrió el Asia Central y Persia. En 1887 visitó la India. Estuvo en el Templo de Oro de Amritsar (Panjab) y en Rawalpindi, de donde encaminó sus pasos hacia lo que él mismo llama «el valle de la felicidad perpetua», es decir Ladakh. Pasó por Kargil y continuó por el camino de herradura hacia Leh, provisto de porteadores y de todo el equipo necesario, caballos y tiendas de campaña. En Mulbek, a orillas del río Wakha, visitó dos monasterios y contempló el famoso buda Maitreya de ocho metros de altura, esculpido en la roca hacia el 700 d. de C. Luego visitó en compañía de un intérprete el diminuto monasterio budista que se halla en la cima.

Recorrimos una serie de estancias de techo bajo, a lo largo de cuyas paredes se alineaban estanterías con imágenes de Buda de diferentes tamaños. Los lamas aprecian mucho a los visitantes europeos, con preferencia sobre los musulmanes, y al solicitarle una explicación de este hecho a nuestro anfitrión, la respuesta fue: «Los musulmanes no tienen ningún contacto con nuestra religión y todavía se recuerda aquí su reciente campaña victoriosa, durante la cual convirtieron por la fuerza a cierto número de los nuestros. Con los europeos el caso es bien diferente, pues no sólo profesan los principios esenciales del monoteísmo sino que además podemos considerarlos discípulos de Buda casi al mismo título que los propios lamas del Tibet. El único error de los cristianos consiste en que, después de abrazar las grandes doctrinas de Buda, se alejaron totalmente de él prefiriendo seguir a un Dalai Lama diferente, siendo así que el nuestro es el único a quien se concede la gracia de contemplar cara a cara la majestad de Buda y el servir como intermediario entre los cielos y la tierra».[1]

Así se le notificó a Notovich la existencia de una base común entre el cristianismo y el budismo; a sus preguntas ulteriores el lama siguió diciendo:

Es más, nosotros también respetamos a aquel a quien vosotros reconocéis como Hijo de Dios. En efecto, el espíritu de Buda se encarnó en la sagrada persona de Issa, quien propagó en el mundo el conocimiento de nuestra grande y verdadera religión sin recurrir al fuego ni a la espada. Issa es un gran profeta, uno de los primeros después de los veintidós budas. Su nombre y sus actos han quedado consignados en nuestras escrituras.

Cuando Notovich quiso saber dónde se hallaban tales escrituras, el lama puso en su conocimiento que las principales de entre ellas se conservaban en Lhasa y que los monasterios más destacados tenían copias de ellas. En cuanto a él mismo, por estar a cargo de un gompa pequeño, no las tenía. Por esta razón Notovich decidió visitar uno de aquellos monasterios principales en busca de las escrituras.

Desde Mulbek pasó a Leh y al cabo de algunos días se encaminó hacia el gran monasterio de Hemis, uno de los grandes centros religiosos de Ladakh. Allí le mostraron reliquias sagradas, pinturas y estatuas. También presenció la Danza de la Purificación, protagonizada por lamas enmascarados, e hizo luego una vívida descripción de los bailarines, su música y su mímica. Después de esto fue conducido a la terraza principal y agasajado por el gran lama, quien le explicó el significado de aquella danza y le habló de las enseñanzas de Sakyamuni Buddha. A la primera oportunidad, Nicolas Notovich solicitó información sobre Issa, citando los datos que le había comunicado el lama de Mulbek. A lo que el gran lama respondió:

> El nombre de Issa es tenido en gran estima por los budistas, aunque pocos tienen mayor conocimiento de él, excepto los grandes lamas que han tenido acceso a las escrituras en donde se narra su vida. Conviene saber que ha existido un infinito número de budas como Issa, cuyas vidas y actos llenan más de 84.000 rollos, y muy pocos de entre nosotros hemos leído la centésima parte de esos volúmenes.
>
> De acuerdo con una costumbre tradicional, todo estudiante o lama que visite Lhasa debe llevar una o más copias de allí al monasterio de su procedencia. De tal manera que nuestro gompa, entre otros, posee ya un gran número de ellas, y entre éstas se hallan descripciones de la vida y actos del buda Issa. El cual predicó la santa doctrina en la India, así como entre los hijos de Israel, y fue condenado a muerte por los paganos, cuyos descendientes abrazaron luego las doctrinas que él anunció y que suponemos son las vuestras.[2]

En una de sus excursiones Notovich se cayó del caballo y se fracturó la pierna derecha por debajo de la rodilla. Lo

Buda Maitreya de Mulbek (Ladakh) (Yoshiaki Sora)

llevaron a Hemis, le dieron la mejor habitación y fue curado y atendido por el gran lama y otros sacerdotes. Ante su insistencia, finalmente el gran lama trajo dos grandes volúmenes encuadernados y le leyó la biografía de Issa. Escrita originariamente en pali, ésta había sido traducida luego al tibetano y se guardaban copias de ella en varios centros budistas. Notovich anotó cuidadosamente cuanto le transmitió el intérprete durante su estancia en el monasterio, a lo que el mismo autor comenta:

> Los diversos rollos que me fueron comunicados por el lama budista del monasterio de Hemis, y que yo he puesto en orden cronológico a fin de conferirles ilación y facilitar la lectura según las normas de la composición literaria, pudieron ser dictados por el mismo Santo Tomás, y algunos pasajes históricos quizá los escribió de su puño y letra, o se escribieron bajo su dirección.

Notovich regresó a Rusia y enseñó sus notas al alcalde de Kiev, anunciándole que se proponía publicar sus descubrimientos, de lo cual le disuadió el alcalde. Un año más tarde, hallándose en Roma, mostró su manuscrito a un cardenal del Vaticano, quien intentó también disuadirle diciendo que su publicación le crearía un gran número de enemigos al autor. En la misma conversación el cardenal le ofreció dinero para resarcirle por los gastos de sus viajes, a cambio de quedarse con las notas. Notovich se negó a dejarse sobornar y se dirigió a París en busca de editor para su libro. En esta capital habló con otro conocido suyo, el cardenal Rotelli, quien le desaconsejó asimismo la publicación de la obra.

Con todo, finalmente consiguió publicarla en francés (*La Vie Inconnue de Saint Issa*, 1890), luego en inglés (*The Life of Saint Issa*, Nueva York 1890, y bajo el título *The Unknown Life of Christ* en Londres, 1895). Más tarde se tradujo al alemán, al español y al italiano. El libro de Notovich originó muchas controversias entre los eruditos cristianos, puesto que las informaciones acerca de la presencia de Jesús en la India antes de su crucifixión trastornaba los fundamentos del cristianismo. En algunos casos la reacción fue casi de pánico; algunos estudiosos pusieron en duda la veracidad de las afirmaciones de Notovich, otros negaron la propia existencia de éste, y aun otros dijeron que no existía tal monasterio budista en Hemis. Abundaron las acusaciones de impostura y falsificación en cuanto a la supuesta estancia de Jesús.

A todo esto replicó Notovich públicamente aseverando su propia existencia y dando nombres de personas a quienes había conocido en el decurso de sus viajes por Cachemira y Ladakh. También mencionó que la biblioteca del Vaticano poseía 63 manuscritos más o menos completos procedentes de la India, China, Egipto y Arabia, en diferentes idiomas, y que versaban sobre la persona de Jesús. Además se ofreció a viajar de nuevo a Oriente en compañía de los orientalistas más prestigiosos que quisieran acompañarle, a fin de verificar la autenticidad de los versículos recogidos en su libro. A través de las páginas del diario francés *La Paix* afirmó su fe en la iglesia ortodoxa y aconsejó a sus detractores que se limitasen a polemizar sobre la existencia o no de aquellos rollos budistas en Hemis.

La existencia de los rollos verificada

En 1812, Meer Izzut-oolah visitó Ladakh y luego viajó por el Asia Central; terminada esta expedición publicó sus notas (en su idioma persa nativo), luego traducidas al inglés por Henderson.[3] Meer Izzut-oolah era un agente de la Compañía de las Indias Orientales, que antes de 1857 administraba el dominio de la India por delegación del parlamento británico, y fue enviado en comisión de servicio al Asia Central para hacer averiguaciones sobre la potencia estratégica, social, política y militar del reino centroasiático de Bujara.

En sus santuarios tienen, para la contemplación, esculturas de santos, profetas y lamas del pasado. Algunas de esas figuras representan, según se afirma, a cierto profeta que mora en los cielos; según la descripción podría tratarse del mismo Jesucristo. También hablé con un anciano que decía probado por encima de toda duda que algunos lugares de la Biblia habían sido revelados a los tibetanos, y dicen que la escritura original estaba en un idioma hoy ininteligible.[4]

Estas interesantes observaciones realizadas en 1812 apuntan a la existencia de representaciones plásticas de Jesús en los monasterios budistas, pero la más importante, con mucho, es la que alude a la inclusión de algunos pasajes de la Biblia en las escrituras budistas. Pues si bien Nicolas Notovich divulgó la existencia de esos rollos en 1893, la referencia que proporciona Meer Izzut-oolah se remonta a 1812 y ello tiende a corroborar las pretensiones de aquél cuando dice que le fueron mostrados en Hemis.

Persuadido de la veracidad de Notovich, intenté averiguar si habrían sido vistos por algún otro testigo. Así descubrí que en 1922 un monje hindú llamado Swami Abhedananda, discípulo de Swami Ramakrishna, maestro vedantista de finales del siglo XIX, estuvo en Hemis y tuvo noticias acerca del santo Issa.

Nacido en 1860 Swami Abhedananda abrazó la vida monástica en la infancia y recorrió la India entre 1888 y 1895; tras alcanzar la santidad emigró a Norteamérica, donde vivió 25 años hasta 1921. Pronunció conferencias sobre temas de espiritualidad en las dos Américas así como en Europa y otros lugares, y regresó a la India en 1922. Le fascinaba la figura de Jesucristo y la lectura del libro de Notovich no hizo sino aguzar su interés. Con objeto de esclarecer la verdad, viajó a Leh y halló los manuscritos en Hemis.[5] Se le corroboró que eran ciertas las informaciones sobre la vida del santo Issa y se le mostró la copia de una escritura cuyo original se guardaba en Lhasa. Cito seguidamente un libro sobre sus viajes, obra de un discípulo suyo y escrito en bengalí:

> Arribó al monasterio de Hemis el 4 de octubre de 1922 y descubrió un manuscrito sobre la vida desconocida de Jesús, el Cristo, del cual había dado noticias anteriormente el explorador ruso Nicolas Notovich. Con la ayuda de un superior de los lamas obtuvo copia traducida de los pasajes más importantes de la vida de Jesús, los cuales incorporó, vertidos al bengalí, en su libro Kashmir O Tibbate.[6]

Esto me convenció de que los rollos aparecerán algún día, bien sea en Hemis o en otro monasterio budista tibetano. En el memorándum que dirigió a su editor, Notovich había afirmado que según la comunicación con el gran lama de Hemis existían anotaciones antiquísimas sobre la vida de Jesucristo en los archivos de Lhasa. Lo mismo aseguró luego Swami Prajnananda en una entrevista con Richard Dick, el esposo de la actriz cinematográfica Janet Bock. El Swami dijo que los rollos originales estaban en pali y que el manuscrito en cuestión, concretamente, se conservaba en el monasterio tibetano de Marbour pero luego había desaparecido de allí.[7]

Supresión

Regresé a Ladakh varias veces con intención de emprender la búsqueda de los rollos, pero todo fue en vano. El reverendo Chattan Phuntchok se había mudado a Darjeeling y ya no era el encargado de la misión morava. Pedí los diarios de los médicos de la misión, de los cuales había fotografiado dos páginas en mi primera visita, pero no estaban allí. Me entristeció la imposibilidad de consultar los rollos acerca de Jesús en el monasterio de Hemis; quizá los habían ocultado los lamas.

¿O tal vez se hizo con ellos Ahmed Shah? Esta conjetura se abrió paso en mi espíritu al leer lo que escribe Nicolai Roerich sobre su entrevista con el gran lama de Hemis, quien le aseguró que «a muchos mahometanos les gustaría poseer los manuscritos». Declaración significativa, dado que a primera vista no es tan evidente por qué habrían de interesar los rollos a ningún musulmán. ¿Quizás apuntaba a Ahmed Shah? De entre todos los musulmanes sólo los *ahmadiyya* (sobre esto volveremos luego) podrían tener interés en obtener los rollos para su labor misionera. Pero si los hubiesen conseguido, sin duda los habrían publicado. Creo más bien que los lamas escondieron los rollos por su propia seguridad.

Para la Iglesia las revelaciones de Nicolas Notovich fueron como ver un trapo rojo y no sólo intentaron refutar sus descubrimientos sino que se tramaron planes con intención de sustraer los rollos. Una misión americana emprendió extensos preparativos para visitar Ladakh a fin de verificar los descubrimientos del escritor ruso. También la Christian Church de la India realizó un intento similar, y recordemos que al mismo tiempo algunos negaban la presencia de un monasterio budista en Hemis, mientras otros negaban que existiese ningún ruso llamado Nicolas Notovich.

Tan asiduas visitas de extranjeros pudieron suscitar la desconfianza en las mentes de los lamas de Hemis, quienes tomaron quizá sus disposiciones para ocultar esos versículos de sus escrituras. Snellgrove,[8] que visitó Ladakh en 1974, admite que los lamas estaban convencidos de que todo extranjero les robaría si se le daba la oportunidad, y desde luego es cierto que han ocurrido algunas sustracciones bastante graves.

En 1928 se había producido una confirmación del descubrimiento de Nicolas Notovich cuando la expedición dirigida por el profesor Nicolai Roerich, tras recorrer el Asia Central y Cachemira, arribó a Ladakh. El profesor hace mención de las leyendas y los manuscritos sobre Cristo recogidos en diversas partes de Asia y en su libro *The Heart of Asia* cuenta cómo visitó Hemis y le enseñaron allí cierto número de rollos. Según su testimonio, los documentos y manuscritos sobre Cristo normalmente se guardaban en las partes más recónditas de los subterráneos donde se hallan alojados los archivos del monasterio de Hemis.

Con esto volvemos al significativo comentario de que a muchos musulmanes les gustaría poseer aquellos rollos.[9] El gran lama se retrotraía al decenio de 1890, cuando la Church Mission de la India contrató los servicios de Ahmed Shah y del profesor Douglas al objeto de destruir los «evangelios» tibetanos. El primero de los citados estuvo cuatro años en Ladakh y luego confesó en su libro *Four Years in Tibet*[10] que la única intención de su visita a Ladakh había sido la de «refutar los hallazgos de Nicolas Notovich».[11] El profesor Douglas, de la universidad estatal de Agra, visitó Ladakh para efectuar «investigaciones» y luego escribió que la obra de Notovich era una falsificación literaria.[12] Desde entonces muchos suscribirían la apreciación de John Forsström cuando dijo que la política permanente de la Iglesia consistía en «localizar, comprar, confiscar o hurtar los documentos antiguos alusivos, *inter alia*, a la vida de Jesús en la India y su muerte en Cachemira».[13]

En 1921 una intrépida viajera llamada Henrietta Merrick visitó Hemis y fue informada acerca de la leyenda de Jesucristo contenida en aquellos preciosos documentos, lo cual ha narrado así:

> En Leh tienen la leyenda de Jesús, a quien llaman Issa, y el monasterio de Hemis conserva documentos preciosos con una antigüedad de mil quinientos años, los cuales hablan de los días que vivió en Leh, donde fue jubilosamente recibido y pudo predicar.[14]

Creo posible que, alarmados por la curiosidad de los extranjeros, los lamas ocultasen los rollos en sus catacumbas más secretas, como sugiere Roerich. Para mí fue una decepción el no poder localizarlos, pero al menos descubrí algo: un manuscrito tibetano de 1802, traducción de otro chino más antiguo, *El Espejo de cristal, o la Historia de las religiones y de las doctrinas* (véase el capítulo 20).[15]

Elizabeth Clare Prophet ha recopilado en un libro[16] las declaraciones de cuatro testigos que vieron personalmente los rollos tibetanos; tomadas en su conjunto, estas descripciones revelan detalles sobre la peregrinación de Jesús a la India partiendo de Jerusalén, entre las edades de 12 y 29 años, durante los cuales fue discípulo de las doctrinas budistas y enseñó a su vez. La obra contiene pasajes de los escritos de Notovich, Swami Abhedananda, Roerich y otra viajera llamada Elizabeth Caspiri.

Ley, capital de Ladakh (Yoshiaki Sora)

4. Lo que los lamas sabían acerca de Issa

Nicolas Notovich obtuvo en Hemis 244 versículos sobre la vida y los hechos de Issa, que tal era el nombre dado a Jesús en Oriente. En las páginas siguientes doy una versión resumida.[1]

1. La tierra tembló y los cielos lloraron a causa de un gran crimen cometido en tierras de Israel.

2. Pues ellos torturaron y dieron muerte al grande y justo Issa, que se había encarnado bajo la especie de simple mortal para obrar el bien entre las gentes y destruir el espíritu del mal que moraba en ellos.

3. Él vino para devolver la humanidad a una vida de paz, amor y felicidad.

4. El pueblo de Israel, que vivía en una tierra fértil y llegó a poseer numerosos ganados, atrajo sobre sí la ira de Dios a causa de sus múltiples pecados.

5. El Señor les infligió un castigo terrible quitándoles sus tierras, sus rebaños y sus posesiones, e Israel quedó reducida a la esclavitud bajo el yugo de los Faraones, los soberanos de Egipto.

6. En medio de su calamidad los israelitas se acordaron de su protector celestial, y lloraron, e imploraron su gracia y su perdón.

7. El nuevo Faraón tenía dos hijos, el más joven de los cuales, llamado Mossa [Moisés], era bueno y compasivo.

8. Los sabios israelitas, que le habían enseñado a Mossa diversas ciencias, le rogaron que intercediese a favor de ellos ante Faraón.

9. Mossa recibió del Faraón orden de conducir todos los esclavos judíos a otra ciudad, lejos de la capital.

10. Pero Mossa los condujo a la tierra que habían perdido a causa de sus muchos pecados, les dio leyes y les encareció que rezasen siempre al Creador invisible.

11. El reino de los judíos se convirtió en el más poderoso de la tierra, y las glorias y las riquezas de Israel fueron conocidas en todo el mundo [en tiempos de Salomón].

12. Por desgracia la fidelidad de los israelitas a su Dios no fue duradera, y echaron en olvido las leyes que Mossa había escrito para ellos.

13. Entonces Dios decidió castigarlos una vez más. Los paganos del país de Romeles [Roma] invadieron el país de los judíos y lo devastaron, y sus gentes fueron reducidas a la esclavitud.

14. Ellos lloraron y se lamentaron, y en su extrema aflicción se volvieron otra vez hacia el Señor para implorar su perdón.

15. En esta coyuntura el Juez misericordioso decidió encarnarse en forma humana.

16. Poco después nació un niño maravilloso en la tierra de Israel, y el mismo Dios hablaba por la boca de este infante, quien recibió el nombre de Issa.

17. El niño divino hablaba del Dios único e indivisible, y las gentes acudían de todas partes para escuchar sus palabras.

18. Cuando Issa cumplió los trece años, muchas familias nobles y ricas de Israel desearon tenerle por yerno.

19. Pero Issa prefirió dejar la tierra de sus padres y salió de Jerusalén para encaminarse hacia Sindh con unos mercaderes.

20. En el decimocuarto año de su vida el joven Issa arribó a esta parte de Sindh [la oriental], y su fama se extendió muchas leguas a la redonda.

21. Los adoradores [jainitas] del dios Djaine le rogaron que se quedara entre ellos, pero él abandonó el país de los cinco ríos para continuar hacia Orsis.

22. Los sacerdotes blancos [hindúes] de Brahma le dispensaron una jubilosa bienvenida, le enseñaron los Vedas, y cómo curar por medio de la oración y expulsar los espíritus malignos.

23. Tras lo cual moró durante seis años en Jagganath, Rajagriha, Benarés y otras ciudades santas.

24. Habiendo llegado a conocimiento de los sacerdotes blancos que Issa había predicado a los sudra [la casta de los intocables], lo condenaron a muerte, pero él, advertido del peligro, salió de Jagganath al amparo de la noche y se dirigió el país de Goutamides.

25. Seis años más tarde Issa, a quien el Buda había designado para que propagase la santa palabra, se convirtió en un exponente perfecto del canon sagrado.

26. Tras lo cual se puso en camino hacia el oeste para predicar a los distintos pueblos el camino seguro para la unión con el Espíritu Eterno, diciendo:

«El que haya recobrado su pureza originaria no morirá sin que le sean perdonados sus pecados. Y tal como un padre procede con sus hijos juzgará el Señor a los hombres después de la muerte, de acuerdo con las leyes de su misericordia. Todas las cosas se sacrifican al hombre, quien se halla directa e íntimamente unido a mí, su Padre».

27. Y los países circundantes se hicieron eco de las profecías de Issa, y cuando éste entró en Persia, los sacerdotes prohibieron que el pueblo acudiese a escucharle.

28. E iba Issa de una ciudad a otra confortando el ánimo de los israelitas con la palabra de Dios, ya que ellos vivían abrumados bajo el peso de la desesperación. Las gentes acudían a millares para escuchar sus predicaciones.

29. Pero los jefes de las ciudades tuvieron miedo de él e hicieron saber al gobernador principal de Jerusalén que había llegado al país un hombre llamado Issa y andaba agitando al pueblo en contra de las autoridades.

30. Issa enseñó al pueblo de Israel durante tres años, y todas las cosas que él anunció se cumplieron. Mientras tanto, los sirvientes disfrazados de Pilato le vigilaban estrechamente.

31. Alarmado por la gran popularidad de Issa, Pilato envió a sus soldados a prenderle, y fue preso en una mazmorra subterránea. Y le torturaron por diversas maneras creyendo que le arrancarían una confesión.

32. Por orden del gobernador, Issa y los dos ladrones fueron conducidos al lugar de la ejecución, donde fueron clavados en las cruces.

33. Los cuerpos de Issa y de los dos ladrones estuvieron colgados todo el día. A la puesta del sol tocaron a su fin los sufrimientos de Issa, que perdió el conocimiento y su alma de hombre justo abandonó su cuerpo para ir a fundirse con la Divinidad.

34. Sus parientes lo sepultaron cerca del lugar de la ejecución, y la multitud acudió a rezar sobre su tumba, y el aire se llenó de llanto y de lamentaciones.

35. Tres días después el gobernador ordenó a sus soldados que sacaran el cadáver de Issa para enterrarlo en otro lugar, pues se temía una insurrección popular. Pero las tropas hallaron la sepultura abierta y vacía.

Leído que hube lo que antecede quedé perplejo. Ahí tenía una serie de detalles insólitos sobre dieciocho años ignorados, de los cuales nada nos dicen los Evangelios. La Biblia despacha en pocas frases lo concerniente a la llamada vida oculta de Jesús:[2]

Cuando cumplieron todas las cosas que mandaba la ley del Señor, regresaron a Galilea, a su ciudad de Nazaret. El niño crecía y se fortalecía, lleno de sabiduría, y la gracia de Dios estaba con él.
    Sus padres iban todos los años a Jerusalén por la fiesta de la pascua. Cuando tuvo doce años, fueron a la fiesta, como era costumbre. Terminada la fiesta, emprendieron el regreso; pero el niño Jesús se quedó en Jerusalén sin que sus padres se dieran cuenta.
    Creyendo que iba en la caravana, anduvieron una jornada, al cabo de la cual se pusieron a buscarlo entre los

parientes y conocidos; al no encontrarlo, volvieron a Jerusalén en busca suya.

A los tres días lo encontraron en el templo sentado en medio de los doctores, oyéndolos y preguntándoles. Todos los que le oían estaban admirados de su inteligencia y de sus respuestas. Al verlo, se quedaron maravillados; y su madre le dijo: «Hijo, ¿por qué has hecho esto? Tu padre y yo te hemos estado buscando muy angustiados». Les contestó: «¿Por qué me buscabais? ¿No sabíais que yo debo ocuparme en los asuntos de mi Padre?». Ellos no comprendieron lo que les decía. Jesús fue con ellos a Nazaret, y les estaba sumiso. Su madre guardaba todas estas cosas en su corazón.

Esto es todo cuanto contienen los Evangelios en relación con la juventud de Jesús; el acontecimiento siguiente que en ellos se recoge es su bautismo por Juan a la edad de 29 años. Tal hecho, naturalmente, demanda una explicación, como otros muchos de la vida de Jesús. Para encontrarla será preciso que retrocedamos de nuevo a los comienzos de dicha vida y que examinemos otras crónicas aparte la Biblia autorizada.

5. El nacimiento de Jesús

José y María

Tradicionalmente los judíos eran muy aficionados a compilar genealogías, que podían ser auténticas o ficticias. Mateo y Lucas dan genealogías de Jesús, pero no concuerdan. Mientras la elaborada por Mateo tiene 41 nombres,[1] la de Lucas menciona 77 nombres en orden descendente,[2] de Jesús a Adán. Ambas citan a José como esposo de María y padre de Jesús.

La lectura de estas genealogías de los Evangelios comunica la impresión de que no se confeccionaron en base a la ascendencia biológica sino para que se cumplieran los requisitos mitológicos de las profecías. En segundo lugar, y mientras éste y aquél dan la genealogía de José, no se hizo nada similar en el caso de María. En tercer lugar, las dos genealogías se contradicen entre sí y son irreconciliables.

Aparte los Evangelios autorizados podemos recurrir en busca de más información a las obras no autorizadas, llamadas *los Evangelios apócrifos*. A estas fechas se conocen unos cincuenta, pero desde hace siglos la Iglesia no los reconoce como de inspiración divina. La mayoría fueron declarados heréticos y destruidos, pero han sobrevivido en diversas copias y así pudieron llegar hasta nosotros.

Por lo que se refiere a María, el *Evangelio según Santiago* dice que era hija de Joaquín y de su esposa Ana.[3] Su prima Isabel era esposa de Zacarías, un pontífice que fue además el casamentero de José y María. Isabel pertenecía a la descendencia de Aarón.[4] Joaquín era un terrateniente de

Nazaret que había suplicado a Dios le concediese progenie; entonces se le apareció un ángel a Ana y le anunció que sería bendecida con una criatura, a lo que ella prometió que la entregaría al templo para consagrarla al servicio de Dios. Luego nació María y cuando hubo cumplido tres años fue presentada en el templo y confiada a la tutela del pontífice.[5] Allí permaneció hasta los doce años. María tuvo a Jesús cuando contaba catorce años,[6] y después engendró más hijos, a los que se consideraba hermanos y hermanas de Jesús aunque la paternidad fuese de origen diferente.[7] El pueblo de Nazaret tenía a Santiago, José, Judas y Simón por hermanos de Jesús:

> El sábado se puso a enseñar en la sinagoga, y la gente, al oírlo, decía asombrada: «¿De dónde le viene a éste todo esto? ¿Cómo tiene tal sabiduría y hace tantos milagros? ¿No es éste el carpintero, el hijo de María y el hermano de Santiago, de José, de Judas y de Simón? ¿Y sus hermanas no viven con nosotros?».

Los nombres de las hermanas no se conocen. Y desde que la familia regresó de Egipto el nombre de José no vuelve a ser citado para nada significativo. Ni él menciona tampoco a Jesús como hijo suyo, aunque María sí alude a José como el padre de Jesús.[8] Sin embargo se le atribuye a Jesús la siguiente lamentación, con motivo de la muerte de José:

> No se te quebrará ninguno de tus miembros, ni se te tocará un cabello de tu cabeza, ni tu cuerpo perecerá, ¡oh mi padre José![9]

Hijo de una virgen

La concepción y el nacimiento de Jesús están rodeados de misterios. Para los cristianos es artículo de fe que Jesús nació de una virgen; el tema de la concepción virginal estuvo muy difundido en las creencias alrededor del siglo II, y la doctrina de la Iglesia lo elevó a la categoría de dogma oficial. Lo que viene a complicar la cuestión es que los recopiladores de los Evangelios recurrieron a las interpolaciones para quitar fuerza a los posibles objetores.

Según Mateo, María se encontró encinta por virtud del Espíritu Santo antes de haber emprendido vida en común con José. Y mientras éste meditaba sobre estas cosas, se le apareció en sueños un ángel para decirle que no tuviese reparo en recibir a María por esposa suya.[10] De acuerdo con Lucas el ángel Gabriel se presentó a María para anunciarle que el Espíritu Santo la cubriría con su sombra y ella concebiría un hijo.[11]

El *Protevangelium Jacobi,* o *Evangelio según Santiago,*[12] suministra algunos datos sobre María y sus esponsales con José. De acuerdo con este libro, María se crió en el templo, donde los ángeles la visitaban y la alimentaban. A los doce años de edad presenció una aparición angélica; mientras el pontífice rogaba al Señor una determinación acerca de ella, se le apareció un ángel y le dijo: «Ve y reúne a todos los que no tengan mujer, y que traigan una vara cada uno. Aquel a quien el Señor designe mediante una señal será el esposo de ella». De tal manera que se reunieron todos en presencia del sumo pontífice y arrojaron sus varas en la fuente que estaba a las afueras del templo. Y cuando salió a la superficie la de José bajó una paloma y fue a sentarse junto a ella. Éste fue el signo divino que indicó a José como el esposo elegido, tras lo cual María fue conducida a su casa.[13]

Ni Marcos, ni Juan, ni las Epístolas se hacen eco de la concepción virginal que propugnan Mateo y Lucas. Es posible que estos evangelistas quisieran aludir, sencillamente, a un nacimiento prodigioso, y ya se sabe que en el terreno de la mitología religiosa todos los milagros son posibles. Vale la pena observar que mientras los egipcios tenían a su faraón por un dios, para los sumerios y los asirios el rey era hijo de un dios. Algunos mitos sumerios hablan de dioses que bajaron a la tierra para engendrar en mujeres humanas y luego regresaron a las estrellas.

La cuestión del nacimiento divino tal vez habría quedado más clara si los censores de Roma no hubiesen destruido tantos manuscritos de los antiguos cultos mistéricos, y si luego los compiladores cristianos no hubiesen desdeñado otras escrituras cuando decidieron cuáles iban a servir para el Nuevo Testamento. El *Libro de Enoc,* por ejemplo, mencionaba los nombres de los ángeles que tuvieron acceso carnal con doncellas de la tierra.[14]

La versión esenia

Sobre el tema de la concepción virginal he mantenido largas y útiles conversaciones con mis amigos cristianos. ¿Cómo era posible que Jesús naciese de manera diferente que los demás, y por qué fue necesario que las leyes de la naturaleza quedasen abolidas en su caso? Cabe que los primeros compiladores de los Evangelios hubiesen tejido estos misterios alrededor de la persona de Jesucristo para glorificarla. Durante una de estas discusiones, un amigo me recomendó que estudiase los libros de los esenios, los llamados *Rollos del mar Muerto.*

¿Quiénes fueron estos esenios? En la época del nacimiento de Jesús existían entre los judíos varias sectas; las principales y más importantes fueron las de los saduceos, los fariseos y los esenios. Esta última, aunque muy notable, no aparece mencionada en el Nuevo Testamento; en cambio el historiador Josefo escribió que «los esenios son las gentes más sinceras del mundo y de las más fieles a la palabra empeñada; muy laboriosos y emprendedores, se muestran especialmente aficionados a la agricultura y aptos para ella. Practican la justicia y la equidad en todos sus tratos con otras gentes, aborrecen la sensualidad, adoptan de buena gana los hijos de otros, desdeñan la riqueza y los bienes mundanales, y todos son miembros de una misma hermandad».[15]

Durante mis estudios eché de ver con claridad que para comprender mejor el Nuevo Testamento debía conocer los escritos de los esenios, incluyendo los manuscritos del Mar Muerto. También quedó claro que los esenios desempeñaron un papel importante durante los años de formación de Jesús, como manifiesta la cita siguiente:

> Yo os diré la ascendencia de ese hombre, que amó a todos sus semejantes y a quien tenemos en la más alta estima. Desde su infancia fue educado para nuestra hermandad. De hecho fue anunciado por un esenio, aunque la mujer creyó que era un ángel. Esa mujer era muy propensa a imaginar cosas y dada a lo sobrenatural y a los misterios de la vida. Nuestro hermano el esenio ha admitido su parte en estos hechos y convenció a la hermandad para que buscara al niño y lo protegiera en secreto.
>
> José, que era hombre de gran experiencia en la vida y de profunda devoción a la verdad inmortal, fue persuadido por un mensajero de nuestra Orden para que no repudiara a la mujer ni la conturbase en la convicción de la santidad de su experiencia. Y que pasara por ser el padre del niño hasta que fuese admitido como novicio en nuestra hermandad. De tal manera que cuando José, su mujer y el niño huyeron a Egipto, nuestra hermandad los protegió y los guió en secreto.[16]

Con esto cobraba otro cariz la cuestión de la concepción virginal; el testimonio en cuestión aduce que María no fue visitada por ningún ángel del Señor sino por un miembro de la hermandad esenia, que debió actuar como mediador o tal vez como agente de la procreación de Jesús. Lo cual establece un fuerte vínculo entre éste y los esenios.

Dice también el pasaje citado que José asumió el papel de padre putativo hasta que Jesús fuese admitido en la Orden como novicio, y además se le aconsejó que no inquietase a María, persuadida del carácter sagrado de su experiencia, por más dudas que él hubiese tenido antes de matrimoniar definitivamente. Es obvia la alusión a los ciertos ritos místicos practicados por algunos pueblos, como los tántricos de la India. En efecto Tantra postula el culto a la *shakti* o energía femenina cuya conjunción con *shiva* o *shakta,* el elemento masculino es el estado más alto de la unión mística entre el dios y su consorte. Tantra utiliza en abundancia el simbolismo de la unión sexual, que recibe el nombre de *maithuna* o coito divino. Cabe en lo posible que los esenios practicasen el mismo tipo de copulación ritual, concebida desde luego como un acto sagrado y santo. Y como el mismo José era miembro de la Orden esenia, aceptó la paternidad oficial del niño.

La fecha del nacimiento de Jesús

Es también una cuestión muy controvertida. Lucas y Mateo proporcionan algunas orientaciones en tal sentido:

Había en la misma región unos pastores acampados al raso, guardando por turno sus rebaños.[17]
Jesús nació en Belén de Judea, en tiempo del rey Herodes. Unos magos de Oriente se presentaron en Jerusalén preguntando: «¿Dónde está el que ha nacido, el rey de los judíos? Porque hemos visto su estrella en el oriente y venimos a adorarlo».[18]

La Iglesia ha fijado el 25 de diciembre como fecha del nacimiento de Jesús, pero en dicho mes hace mucho frío en Palestina, con heladas nocturnas, y no se les ocurriría a los pastores sacar los rebaños al raso, operación que sí se realiza entre marzo y noviembre para aprovechar los pastos.[19]
Conviene saber al respecto que el 25 de diciembre era la fecha en que los romanos celebraban el nacimiento de Mithra, en quien muchos veían el Salvador de la humanidad. Esta fiesta se llamaba *Dies Natalis Invicti* o Natividad de los Invictos.[20] De tal manera que cuando abrazaron el

cristianismo, la fiesta de Mithra se convirtió en una celebración cristiana.

La fecha fue arbitrariamente establecida en el año 533 por un monje escita, Dionisio el Exiguo,[21] siguiendo el ejemplo de Pablo, que tan bien había sabido injertar las enseñanzas cristianas en las creencias de los romanos. Además Dionisio el Exiguo dispuso que el sistema de datación pasara directamente del 1 a. de C. al 1 d. de C., lo cual sugiere la existencia de algún razonamiento místico en el trasfondo de dicho sistema.[22]

Antes del Exiguo, el nacimiento de Jesús se celebraba el 6 de enero, como sucede todavía hoy en la Iglesia ortodoxa, en los Balcanes y en México. Es de saber que como Aeon nació un 6 de enero y este suceso se conmemoraba en Egipto y el Asia menor, los cristianos tomaron arbitrariamente prestada esa fecha para aplicársela a Jesucristo.[23] Faltaría saber por qué se juzgó necesario cambiarla luego. En cualquier caso Lucas da a entender con claridad que Jesús debió nacer en verano y no en invierno, si hubo pastores que anduviesen durmiendo al raso con sus rebaños.

Por lo que concierne al año del nacimiento, Lucas y Mateo mencionan el reinado de Herodes. Sabemos que éste fue designado rey de Judea por los romanos en el año 40 a. de C. Lucas dice además que María estaba a punto de dar a luz siendo Cirino gobernador de Siria.[24] En efecto Cirino es el personaje histórico llamado Quirinius que recibió en el año 7 a. de C. el nombramiento de legado en Siria; pero se ha descubierto en Antioquía una inscripción según la cual estuvo allí antes, en misión militar, y estableció su sede oficial entre el 10 y el 7 a. de C.[25] Parece que puede datarse el nacimiento de Cristo con bastante aproximación, pues, alrededor del 7 a. de C.

Hallamos otra indicación en Mateo cuando dice que coincidiendo con el nacimiento se había avistado una estrella; más exactamente se han citado tres estrellas, la de los magos, la de Horus y la de Belén. Pudieron ser cometas de los que aparecieron entre el 6 y el 7 a. de C.,[26] o tal vez se alude a las tres conjunciones sucesivas de Júpiter y Saturno en la constelación de Piscis (descubierta por Kepler), o a la triple conjunción de Júpiter, Saturno y Urano, ocurrida también hacia esa época. Las estrellas y los cometas no sólo han impresionado siempre a los humanos de todas clases, sino que revestían especial significado para los astrónomos y astrólogos del mundo entero, habiendo quedado registrados los fenómenos estelares más llamativos por los indios, los tibetanos, los egipcios, los griegos, los persas y los chinos.

La visita de los sabios de Oriente

Mateo pone el nacimiento de Jesús en relación con la presencia de Jerusalén de tres sabios de Oriente y sus indagaciones acerca de un recién nacido. Es la primera conexión significativa que hallamos entre Jesús y el Oriente; sigamos citando al evangelista:[27]

Jesús nació en Belén de Judea, en tiempo del rey Herodes. Unos magos de Oriente se presentaron en Jerusalén preguntando: «¿Dónde está el que ha nacido, el rey de los judíos? Porque hemos visto su estrella en el Oriente y venimos a adorarlo».

[...] Entraron en la casa y vieron al niño con María, su madre; se pusieron de rodillas y lo adoraron; abrieron sus tesoros y le ofrecieron regalos: oro, incienso y mirra. Luego regresaron a su país por otro camino, pues les habían dicho en sueños que no volvieran adonde estaba Herodes.[28]

¿Quiénes eran estos sabios del Este? Para mí está claro que no pudieron ser sino budistas, y tengo mis razones para aventurar esta conclusión tras profundos estudios acerca del budismo en Ladakh y el Tibet.

Mucho antes del nacimiento de Jesús los misioneros budistas estuvieron en Irán, Siria y Roma. Por ejemplo, una misión budista de Oriente fue recibida en la corte de Ptolomeo Filadelfo hacia el siglo III a. de C.[29] Es un error común la opinión de que los budistas creen en un solo Buda; en el panteón budista figuran numerosos budas y *bodhisattvas*. Esta palabra significa budas futuros, o budas en ciernes y los bodhisattvas son objeto habitual de búsqueda por parte de los budistas, por cuanto creen en la reencarnación de los budas o Iluminados.

En el Tibet y en Ladakh se celebran ritos especiales para la invención de los bodhisattvas o *tulkus*. Cuando muere un gran lama los monjes emprenden la búsqueda del sucesor; es cuestión de hallar el niño en cuyo cuerpo ha encontrado refugio el alma del lama fallecido. Para ello los lamas efectúan un detenido estudio de los signos cósmicos,[30] en lo que recurren a la astrología. Las pertenencias particulares del lama, incluyendo su taza y otros objetos de valor como joyas, piedras preciosas, agua bendita o incienso bendecido, se despliegan en presencia del niño confundidos con otros objetos. Si el niño ha tocado la taza del lama difunto y supera asimismo otras pruebas por el estilo, se le considera reencarnación del lama y se celebra el suceso con gran júbilo.

Lo dicho apunta evidentemente a la posibilidad de que los sabios de Oriente no fuesen otra cosa sino sacerdotes budistas en busca de su *tulku*. Habiendo averiguado por sus estudios astrológicos y esotéricos que había nacido un Iluminado en Judea, se encaminaron a Jerusalén. Y vistos los signos cósmicos que anunciaban el advenimiento y señalaban al elegido, se postraron ante Jesús y le ofrecieron sus regalos, descritos por el evangelista como de oro, incienso y mirra. Una vez reconocido Jesús como un buda futuro, emprendieron tranquilamente el regreso a su país, por un camino diferente para mayor seguridad. Y como suele ser costumbre de los lamas budistas, más tarde volverían para llevarse el niño a fin de educarlo y adorarlo.

6. La infancia de Jesús

La versión budista

Debo retornar ahora a la versión sobre el nacimiento de Jesús que Nicolas Notovich recogió en Hemis, y cito seguidamente:

En aquel tiempo consideró el Juez misericordioso llegada la hora de encarnarse en un ser humano. Y el Espíritu Eterno que reposa en estado de serenidad perfecta y de suprema beatitud despertó y se separó del Ser Eterno por un período indefinido, a fin de mostrar bajo las apariencias de la humanidad los medios para la autoidentificación con la divinidad y la consecución de la felicidad eterna. Y para demostrar mediante el ejemplo cómo la humanidad puede alcanzar la pureza moral, y separándose el alma de su envoltura mortal, el grado de perfección necesario para entrar en el reino de los cielos, el cual es inmutable, y en donde reina eternamente la felicidad.

Poco después nació un niño maravilloso en la tierra de Israel, y el mismo Dios hablaba por boca de este infante para explicar la fragilidad del cuerpo y la grandeza del alma.

El niño divino, que recibió el nombre de Issa, desde su más tierna infancia hablaba del Dios uno e indivisible, exhortando al arrepentimiento las almas de los descarriados, y a purificarse de los pecados de que se habían hecho culpables. De todas partes acudían las gentes para escucharle, y quedaban maravillados cuantos oían los discursos que salían de sus labios infantiles. Y todos los israelitas convinieron en que el Espíritu Eterno habitaba en aquel niño.[1]

Jesús en Egipto, 6-4 a. de C.

El *Evangelio según Mateo* pone en nuestro conocimiento que José huyó a Egipto con María y Jesús, permaneciendo allí hasta la muerte de Herodes (4 a. de C.), pero no da más precisiones. En cambio los libros apócrifos citan muchos lugares en donde estuvo Jesús con sus padres, por ejemplo los monasterios de Uadi-el-Natrun, Mataria y Al-Moharraq.[2] Mataria se llamaba también «el Jardín Botánico» por su famosa colección de frutales y plantas florales.[3] Estos monasterios pertenecían a los esenios, quienes según Filón de Alejandría serían por aquel entonces unos cuatro mil.[4] La aldea de Mataria está en la orilla derecha del Nilo, y allí fue donde halló refugio la Sagrada Familia, tanto así que actualmente se alza en el Jardín una iglesia dedicada a tal advocación, y también se muestra una higuera en la oquedad de cuyo tronco, según una leyenda copta, se escondieron una vez José y el resto de la familia.

Durante su estancia en Egipto la comunidad esenia cubrió todas las necesidades de José, María y Jesús. Fueron conducidos a un alojamiento en una ladera donde los romanos habían erigido un templo a Júpiter, y presentados a la congregación esenia, donde aprendieron las ceremonias de la oración y del banquete ritual, donde se consagraba el pan y se bebía el vino sagrado. Citando de una obra esenia:

> En la ceremonia de la presentación José entró en el semicírculo de los hombres, situado a la derecha, y María en el de las mujeres, colocadas a la izquierda. Entonces ellos y nuestros hermanos comieron el pan y bebieron el vino, y todos juntos cantaron los santos himnos.

Acto seguido José prestó juramento en presencia de los ancianos de nuestra hermandad, renunciando por siempre jamás al niño y dejándolo al cuidado de nuestra orden. A lo cual se le dio a conocer el santo y seña de la santa hermandad.[5]

Según la descripción de Josefo los esenios eran una hermandad secreta, y adversarios tanto de los fariseos como de los saduceos, por lo que se reunían lejos de éstos, en sus monasterios a su vez apartados de las principales ciudades. Vestían de blanco y estudiaban las propiedades terapéuticas de las plantas medicinales y de las piedras. Una facción de los esenios fueron los *therapeutae,* que vivían en comunidades mixtas pero observaban el celibato; los miembros de esta orden llevaban vida solitaria pero se reunían una vez cada siete días para la cena ceremonial, tras la cual bailaban y cantaban himnos hasta el amanecer.[6] La otra facción era la de los *sampseos,* y éstos constituyeron la mayoría de las comunidades de la orilla oriental del Mar Muerto.

Josefo consideró que los esenios eran «la más perfecta de todas las sectas de Palestina»; según este autor, eran partidarios de la no violencia y gozaban de gran prestigio moral entre los demás judíos. Eran vegetarianos y no creían en los sacrificios de animales. Todo esto nos induce a pensar que los esenios podrían derivar de una escuela budista occidental, aun prefiriendo guardar el secreto de su identidad o influencias.

En Egipto los misioneros budistas hicieron su aparición poco después del reinado de Alejandro Magno,[7] fallecido en el 323 a. de C. Doscientos años después de la desaparición de Sakyamuni Buda, es decir no mucho antes de la época alejandrina, los budistas se habían dividido en dos sectas principales, *theravadin* y *sarvastivadin*.[8] De tal manera que cabría suponer una relación entre los *therapeutae* y los *sampseos* que mencionan Eusebio y John Allegro, y las escuelas budistas anteriormente citadas.

Durante su estancia en Egipto la familia permaneció bajo la protección de los esenios, que debieron dedicar muchos cuidados y atención a Jesús. Los ocupaciones principales de aquéllos eran el estudio, la contemplación y la meditación, y sin duda Jesús se formó a la vista de tales ejemplos. Una vez pasado el período de la represión romana en Galilea, José regresó de Nazaret y de allí a Jerusalén.[9]

Los años de juventud

Al retorno de Egipto, Jesús pasó el resto de su infancia en Nazaret. Su padre José era carpintero y vivían en una pequeña casa de adobe. Pero ya Jesús sabía leer y escribir, había adquirido sabiduría y practicaba el oficio de su padre, llegando a dominar la construcción de aperos agrícolas de madera.[10] Nazaret sería una población pacífica, rodeada de colinas y trigales. En sus huertos crecían la palmera datilera, la higuera y el granado. En aquellos tiempos la atravesaba una vía militar, y la antigua ruta de las caravanas entre Damasco y Egipto pasaba por la llanura de Jezreel, al sur de Nazaret.

Mientras Jesús se dedicaba a su lectura favorita, los Salmos de David, su madre María vivía absorta en rezos y devociones. Cuando cumplió doce años sus padres lo llevaron a Jerusalén con motivo de la Pascua judía y, como mencionábamos en el capítulo anterior, lo perdieron y luego volvieron a encontrarlo en el Templo. Aunque Jesús respetó la autoridad de sus padres después de esto, quedó claro que no sería carpintero, puesto que había decidido ponerse al servicio del Señor.

Según la siguiente descripción, el incidente revela también que Jesús poseía a los doce años un notable dominio de las Escrituras, lo cual escandalizó a los fariseos mientras él discutía con los escribas del Templo:

> Jesús conversaba de las cosas santas con los escribas y los fariseos de Jerusalén en oyéndolo se llamaron a escándalo, pues sabían que era de Galilea y se tenía en

poco a los tales. Como el niño divino hablaba públicamente en el Templo, temieron los esenios que fuese a amenazarle algún peligro, pues no ignoraban que los fariseos se habían reunido en consejo privado decididos a lograr que fuese desterrado de la sinagoga de Sopherim. Y entonces sucedió que los padres de Jesús lo perdieron en la gran ciudad, la cual además estaba llena de forasteros oriundos de todas las partes del país, ya que era la fiesta de la Pascua. Por fin el cuarto día Jesús fue hallado por sus progenitores gracias a las informaciones transmitidas por los esenios.[11]

Este relato matiza lo expuesto por Lucas en cuanto al mismo suceso.[12] Cuando regresaron a Nazaret, sin duda José y María tendrían que hacerse a la idea de lo dicho por Jesús en el Templo, es decir que no pensaba dedicarse al oficio de carpintero sino al servicio de Dios como sacerdote o algo parecido.[13] Lo cual era inevitable, dada la intervención de los esenios en la vida de Jesús desde el primer momento, y lo corrobora también la aversión que Jesús mostró siempre contra los fariseos. Como éstos, los esenios guardaban meticulosamente las leyes de Moisés, el sábado y la pureza ritual, y creían en la inmortalidad y en el castigo de los pecados. A diferencia de los fariseos, negaban la resurrección de la carne y no participaban en la vida pública; salvo escasas excepciones, rehuían la asistencia al Templo, prefiriendo dedicarse a la vida ascética y al trabajo manual con arreglo a un régimen semimonástico. El sábado quedaba totalmente reservado a la oración y a la meditación sobre la Torá. Los postulantes a quienes se consideraba merecedores de ingresar en la orden juraban devoción a Dios, justicia para con el prójimo, aborrecimiento contra la mentira, amor a la verdad y observancia puntual de los demás preceptos en que creían los esenios.[14]

Josefo anota que Jesús cobró fama por su conocimiento de las Escrituras y que era muy consultado por los sacerdotes y los doctores de la ley en Jerusalén, lugar donde pasaba mucho tiempo, a lo que parece, siendo de observar que Jerusalén sólo dista unos treinta kilómetros de Qumram, donde pudo visitar a los esenios y discutir de cuestiones filosóficas con ellos. La hermandad era contraria a la ocupación de Palestina por los romanos y apoyaba el movimiento de resistencia formando predicadores que hablaban en público, entre los cuales figurarían los jóvenes Juan y Jesús.

Su iniciación

Jesús y Juan el Bautista se conocieron en Nazaret y trabaron amistad. El mutuo afecto maduró hasta convertirse en hermandad. Juntos solían visitar las partes más escabrosas del país, por ejemplo el reducto de los esenios en la montaña donde se estableció la fortaleza de Masada. Allí el más anciano de la comunidad, Nabbin, les enseñaba la sabiduría y la virtud. Cuando José lo supo, recordó el compromiso contraído con la hermandad esenia y sellado por solemne juramento. Entonces, y no antes, le hizo saber a Jesús que él no era su verdadero padre,[15] y se decidió que Jesús sería iniciado pasando a formar parte de la orden. He aquí el relato de la ceremonia de iniciación:

> A la hora prevista de la tarde vieron el fuego que daba la señal desde la montaña, y cuando llegaron el templo toda la hermandad salió a recibirles. Jesús y Juan fueron iniciados en nuestra orden de acuerdo con nuestras reglas, de tal manera que se les instruyó y enseñó cómo debían entrar en la asamblea, donde aguardaban nuestros hermanos sentados en cuatro grupo distintos correspondientes a los cuatro grados, todo ello a la luz de la luna creciente.
>
> Los dos fueron presentados a nuestros hermanos y luego prestaron juramento como hermanos, revestidos de blanco, la mano derecha al pecho y la izquierda col-

gando. Y así se hizo en cumplimiento de lo que está escrito, que sólo los puros de corazón verán aquello que es puro y santo. Y ambos abjuraron de los tesoros de la tierra, del poder y de la fama mundanales, y con el beso de hermanos juraron obediencia y secreto.

Siguiendo nuestras costumbres, los que acababan de prestar juramento fueron conducidos a una cueva apartada donde hicieron examen de conciencia y probados durante tres días con sus noches. A la noche del tercer día fueron llevados de nuevo a presencia de la asamblea para someterse a sus preguntas, y luego rezaron. Habiendo recibido el beso de hermanos, se les revistió de blanco, emblema de la santa pureza, y pusimos en sus manos la paleta de albañil, símbolo de los trabajos de nuestra comunidad.

Entonados que fueron los himnos sagrados y compartida la fiesta del amor entre ellos, se les despidió. Una vez transcurrido el año de prueba y escrutinio fueron definitivamente admitidos en la orden bajo la luna nueva revelándoseles la ciencia superior, tras lo cual Juan regresó a su vida solitaria en el desierto mientras que Jesús retornó a Jerusalén.[16]

Por lo que concierne a los cuatro evangelios, la biografía de Jesús se interrumpe súbitamente a los doce años. Silencio absoluto sobre los dieciocho años siguientes, hasta que aquél inició la vida pública. Esto suscitó en mí una reacción de desconfianza, pareciéndome que la Iglesia occidental había censurado o destruido cualquier información acerca de este período de la «vida oculta», que yo prefiero llamar de «los años perdidos», es decir desde los doce hasta los treinta, y que he tratado de rastrear en otras fuentes, predominantemente orientales.

Los primeros pasos me persuadieron de que había elegido el momento oportuno para esta búsqueda de informaciones en Oriente. Había visitado muchas bibliotecas y con no poco asombro por mi parte había descubierto muchos libros en sánscrito, persa, urdu y kashmiri que contenían útiles e interesantes referencias acerca de Jesucristo. Por afortunada coincidencia, las autoridades del estado, además de poner bajo mi jurisdicción los museos y las exploraciones arqueológicas también me habían confiado los archivos y bibliotecas, verdaderos conservatorios de la cultura. De esta manera pude consultar millares de libros manuscritos y rollos en sánscrito, tibetano, árabe, persa, urdu y otros idiomas.

Durante diez años realicé numerosos viajes en busca de otros manuscritos que contenían sorprendentes pruebas de la presencia de Jesús en la India. Acababa de descubrir una mina de información y, llevado por mi entusiasmo, concedí varias entrevistas a la prensa. Esto me valió cierto número de amigos y colaboradores en todo el mundo, que se ofrecieron a ayudarme, pero también no pocos inconvenientes. Mis revelaciones acerca de Jesús y su vida en Cachemira no cayeron bien en todas partes, pero éste no es el lugar para contarlo. Y continué con mis investigaciones, como se verá en los capítulos siguientes.

7. Los primeros viajes de Jesús

El primer viaje de Jesús a la India

Uno de los episodios más interesantes de la vida de Jesús es el relato de su primer viaje a la India, basado en los rollos tibetanos descubiertos por Roerich en 1925.[1] Jesús tenía trece años de edad cuando partió hacia la India.[2] El Sutra conocido como *Natha Namavali* asegura que Jesús, a quien llama Isha Natha, contaba catorce años a su llegada.[3]

El *Evangelio de los Hebreos* nos informa de que Jesús viajó hacia la India con una caravana de mercaderes, pasando por Asiria y Caldea (Mesopotamia).[4] En aquellos tiempos las rutas comerciales entre Jerusalén y Sindh iban de Damasco a Jarax (en la confluencia de los ríos Tigris y Éufrates) y luego a Nisibis y Babilonia. Desde Jarax uno podía embarcar rumbo a Sindh o tomar la vía terrestre a través de Persia, que pasaba por Elam hasta Ormuz y llegaba finalmente a Sindh. Los mercaderes en cuya caravana viajó Jesús bien pudieron elegir esta ruta, aunque no tenemos ninguna prueba definitiva.

¿Era realmente posible que una persona viajase entre Palestina y la India hace dos mil años? Hacia el 326 a. de C. los ejércitos de Alejandro Magno alcanzaron la orilla del Jehlum, al norte de la India. Pero la Ruta de la Seda, que conectaba a China con el Oriente Próximo a través del Asia Central, venía utilizándose desde mucho antes. Tenía su comienzo en Sian, cruzaba la provincia china de Kansu y al atravesar el desierto de Gobi se dividía en dos ramas entre Tun-huang y Kashgar, una de las cuales enfilaba por Turfan y la otra por Jotan y Yarkand.

Primer viaje de Jesús a la India, 13-27 d. de C.

Desde Kashgar la ruta cruza el Pamir superior llegando a Samarkanda, Bujara y Merv. En Yarkand arranca una derivación que va a Leh, en Ladakh, y a Srinagar, en Cachemira, para continuar luego hacia la India. Por el lado de Merv la ruta principal atravesaba Persia y Mesopotamia para desembocar en el Mediterráneo por Antioquía y Tiro. Desde Damasco se iba a Roma, Egipto, Arabia y Etiopía. Y todas estas rutas fueron utilizadas para el comercio y las migraciones por griegos, israelitas, cassitas, arios, sumerios, asirios y otros muchos.

La civilización del Indus, que floreció en Mohenjo-Daro, Harappa y Taxila alrededor del 2000 a. de C., era una prolongación de la cultura mesopotámica, a su vez muy ligada con la egipcia. La arqueología ha descubierto objetos de uso y adorno muy similares y decorados con motivos parecidos tanto en Irak e Irán como en Asia Central y el norte de la India. Obviamente todas estas culturas desde Egipto hasta la India pueden considerarse como manifestaciones de una sola cultura originaria con variaciones locales. Y para que esto fuese así, necesariamente debieron menudear los contactos entre unas regiones y otras desde la más remota antigüedad. Nada tiene de extraño, pues, que en el decurso de una vida se pudiese viajar entonces entre Palestina y la India, como lo hizo Jesús.

La primera meta de Jesús fue Sindh, donde el Indus y sus afluentes el Ravi, el Beas, el Chinab y el Jehlum desembocan en el Arábigo. También la antigua ciudad de Patala estuvo en el delta del Indus. La estancia de Jesús en Sindh fue probablemente breve, y luego continuó a través del Panjab y de Rajputana hasta llegar a Orissa.

Durante este viaje, quizá Jesús entró en contacto con los seguidores del jainismo, como menciona Notovich en las anotaciones de su capítulo 4, párrafo 21. Aludimos a la religión fundada por Varadhamana Mahavira (599-527 a. de C.), que predica la purificación del alma mediante la vida ascética, la no violencia, la nobleza de actos y pensamientos y el respeto a todos los seres vivos, incluyendo la dieta vegetariana. Sea cierto o no que los jain le rogaron que se quedase con ellos, Jesús continuó el viaje ya que su destino era el templo de Jagannath de Puri, en Orissa.[5]

Jagannath y Varanasi

El templo de Jagannath es una institución formidable; el edificio principal está rodeado de numerosos templos, galerías y claustros por los cuatro costados. Los indicios sugieren que Jesús estuvo allí seis años. Durante dicho período visitó también Rajagriha, Varanasi (Benarés) y otras ciudades santas.

Varanasi es la ciudad santa de los hindúes, a orillas del Ganges, cuyos sacerdotes pudieron iniciarle en el contenido de los Vedas. Todavía hoy acuden allí los peregrinos de todas las partes de la India para orar y meditar, bañarse en el río y aventar el agua de cara al sol. En las orillas del río sagrado se queman los difuntos y se echan las cenizas al agua. Tiene milenios de antigüedad el espectáculo de los fieles orando y realizando sus abluciones en este río.

Jesús dirigió su primer sermón a las gentes de Varanasi para hablarles de la igualdad de todos los hombres ante Dios, diciendo:

Dios Padre no ha establecido diferencias entre sus hijos, ya que a todos quiere por igual. Al Señor temeréis y sólo ante Él doblaréis la rodilla para presentarle vuestras ofrendas.

El Juez eterno, el Espíritu eterno, es el alma única e indivisible del universo, que por sí sola crea, contiene y anima el todo. Él solo, por su sola voluntad, ha creado. Él solo ha existido de eternidad a eternidad y nadie se le iguala, ni en los cielos ni en la tierra.

El Gran Creador no comparte con nadie su poder, ni mucho menos con objetos inanimados, pues Él solo posee el poder supremo. Un acto de su voluntad hizo que apareciera el mundo. Con un pensamiento divino unió las aguas y las separó de la parte seca de la tierra. Él es la causa de la misteriosa vida de la humanidad, en quien ha insuflado una parte de su ser, y ha puesto a disposición de ella todas las tierras, las aguas, los animales y todo cuanto Él creó, sobre lo cual Él mantiene un orden inmutable habiendo fijado la duración de cada cosa.

La ira de Dios caerá sobre la humanidad porque ella ha olvidado a su Creador y ha llenado de abominaciones sus templos, y ha adorado a muchas de las criaturas que Dios había puesto bajo ella. Los que han privado a sus hermanos de la felicidad divina serán a su vez privados de ella.

Socorred a los pobres, auxiliad a los débiles, no ofendáis a nadie y no codiciéis aquellas cosas que vosotros no tenéis y que veis en posesión de otros.[6]

Los sacerdotes brahmanes recibieron con desagrado las ideas de Jesús y se hicieron enemigos suyos, exigiéndole que dejase de frecuentar la compañía de los sin casta (*shudras*). Pero Jesús no quiso escucharlos y abandonó Jagannath en busca de la ciudad natal de Sakyamuni Buddha.

Jesús entre los budistas

Un estudio de los manuscritos budistas conservados en la lamasería de Hemis, en Ladakh, expone interesantes datos acerca del fundador del budismo, los cuales voy a tratar de resumir aquí.

Sólo siete budas serán exaltados de entre los 1.002 budas. El buda supremo es Sakyamuni Buda, que tiene poder sobre la transmigración de las almas. Cuando Buda buscó una raza, un país, un tiempo y una madre, entró en el vientre de la reina Maya. Tenía las 32 marcas de la grandeza y poseía las 80 perfecciones físicas. Creció hasta convertirse en un bello joven y estudió con provecho las cinco ramas de

Los chortons o enterramientos de textos sagrados son muy numerosos en Ladakh (Yoshiaki Sora)

la ciencia. Su padre, que era el caudillo del clan Shakya en Kapilavastu (Nepal), lo desposó con una princesa.

Cuando el príncipe Buda vio el dolor insoportable del nacimiento, las aflicciones crueles de la enfermedad y la vejez, y las agonías de la decrepitud y la muerte, renunció a su dignidad principesca y emprendió la búsqueda de la salvación. Visitó muchas partes de la India y se sometió a privaciones tales, que casi quedó reducido a un esqueleto. Por último llegó a Gaya y meditó debajo del árbol Bodhi; tras haber vencido al miedo y al deseo, alcanzó la visión divina y luego la omnisciencia.

Buda proclamó así el dolor, su causa, su supresión y el camino hacia esa supresión, que es el de las Ocho Excelencias: criterio justo, intenciones justas, palabra justa, actos justos, vida justa, esfuerzo justo, caridad justa, meditación justa.

Es difícil fechar la existencia histórica de Buda, que se sitúa aproximadamente entre 563 y 483 a. de C. Unos 270 años más tarde y después de la guerra de Kalinga abrazó el budismo Ashoka Maurya, el emperador del norte de la India (269-232 a. de C.), y se propuso la difusión de las enseñanzas de Buda, para lo cual envió misioneros a muchos países. Fue entonces cuando los monjes budistas entraron en contacto con los pitagóricos griegos y los esenios de Judea. La empresa de Ashoka triunfó sobre todo en la India, Sri Lanka y el Lejano Oriente.[7]

Cuando Jesús llegó a Kapilavastu, en el Nepal, fue acogido por los budistas y vivió en un monasterio con los monjes. Observó los ritos religiosos y participó en las oraciones y meditaciones. Por último llegó a asimilar las enseñanzas de Buda y conoció a fondo los Sutras, los Vinayas y el Abhidharma, tras lo cual empezó a predicar como el Maestro. Los monjes le incluyeron en la relación de maestros destacados o *arhats* (santos), y varios años después incluso fue admitido como bodhisattva. El prior del monasterio declaró ante el capítulo especial de todos los monjes:

Hoy nos hallamos en un instante crucial del tiempo. Por seis veces ha nacido entre nosotros un maestro capaz de aportar al hombre la gloria y la iluminación. Y ahora estamos en presencia de otro gran maestro. Este profeta hebreo será una estrella de la sabiduría. Él nos traerá el conocimiento de Dios, y el mundo entero escuchará sus palabras y le seguirá, y su nombre será glorificado.[8]

Jesús vivió seis años entre los budistas.[9] Cuando les anunció su marcha ellos intentaron retenerle, pero él insistió, por lo que se resignaron diciendo: «Ha sido elegido por Buda para que difunda la palabra santa».

Regreso hacia Occidente

Cuando salió del Nepal y emprendió el regreso hacia el oeste, iba predicando a los distintos pueblos la perfección suprema de la humanidad, con palabras como éstas:

El que haya recobrado la pureza originaria no morirá sin obtener la remisión de sus pecados, y ganará el derecho a contemplar la majestad del Señor. El Eterno Legislador es Uno, y no hay otro Dios sino Él. Con nadie comparte el mundo, ni ha participado a nadie la totalidad de sus intenciones.

Dejad de buscar los cielos en lo alto. Abrid las ventanas de vuestros corazones y el cielo acudirá como un torrente de luz y os traerá una alegría sin límites. Entonces el trabajo dejará de ser una cruel servidumbre.[10]

Tal como un padre se muestra amante con sus hijos, así juzgará el Señor a los humanos después de la muerte, con arreglo a sus leyes misericordiosas. Jamás humillaría a ninguna de sus criaturas castigando su alma al destierro en el cuerpo de una fiera.[11]

Todas las cosas se sacrifican al hombre, quien está íntima y directamente unido a Él, su Padre. Por eso será severamente juzgado y castigado por la ley divina el que haya causado el sacrificio de Sus hijos.[12]

Así como el hombre no es nada en presencia del Juez Eterno, así tampoco el animal es nada en presencia del hombre. Por eso os digo que reneguéis de vuestros ídolos y no os entreguéis a ritos que os separan de vuestro Padre y os ligan al oficiante, a quien el cielo ha vuelto la espalda.[13]

Su palabra se difundió entre las gentes de los países por donde pasaba. Algunos sacerdotes le pedían que hiciese milagros, pero Jesús les contestaba que los milagros de Dios habían culminado con la creación del mundo, y que acontecían cada día y en todo momento, de tal manera que quienes no fuesen capaces de verlo se privaban a sí mismos de uno de los más bellos dones de la vida. Y les aconsejó que procurasen recibir a Dios en sus corazones en vez de limitarse a contemplarle con la vista, que no engañasen a los demás, que se abstuvieran del libertinaje y que tratasen de alcanzar la felicidad suprema mediante la purificación del alma.[14]

Llegada de Jesús a Persia

Durante el camino de regreso Jesús pasó por el Panjab, donde se unió a una caravana de mercaderes procedente de Cachemira. Cuando oyeron que hablaba como un profeta se convirtieron en seguidores suyos. Entre ellos hizo muchos prodigios y sanó a los enfermos. Cuando supieron que Jesús pensaba continuar viaje hasta Persia le dieron un camello bactriano para que no anduviese a pie.[15]

Cuando entró en Persia los sacerdotes, temiendo su influencia, prohibieron a las gentes que le escuchasen. En las aldeas, sin embargo, todos salían a su encuentro y los magos le formularon muchas preguntas en relación con Zoroastro, a lo que él respondía:

Yo no predico a ningún dios nuevo sino a nuestro Padre celestial, quien existió antes de los comienzos y continuará después de las postrimerías. Vosotros decís que se os ha mandado adorar al sol y a los genios del bien y del mal, pero yo os digo que no actúa el sol por su propia voluntad, sino por la del Creador invisible que fue quien lo hizo. ¿Quién dispuso que esa estrella luciera durante el día para alumbrar el trabajo del hombre y vivificar las semillas en los surcos de sus campos?

¡No hay otro Dios sino el Dios del bien! Como un padre de familia Él sólo quiere el bien para sus hijos, y perdona las desobediencias si ellos se arrepienten. ¡Temed al día del Juicio, porque Dios hará caer un castigo terrible sobre los que descarriaron a sus hijos![16]

Jesús salió de Persia y continuó su viaje hacia la tierra de Israel, adonde regresó alrededor del año 22 d. de C. Los israelitas gemían bajo el duro yugo del ocupante, y Jesús los exhortó a no desesperar y a seguir confiando en Dios. Las muchedumbres se acercaban a escucharle. Él les decía que estaba próxima la redención de la esclavitud del pecado y los exhortaba a guardar las leyes de Dios y de Moisés, diciendo:

Entrad en vuestro templo, en vuestro corazón. Iluminadlo con buenos pensamientos y con las virtudes de la paciencia y de una fe inconmovible en vuestro Padre. Que vuestras acciones sean agradables a los ojos de Dios, pues al hacer el bien a vuestro prójimo es como si celebrarais una ceremonia que embellece el templo en donde habita Él, vuestro Creador.[17]

La documentación descubierta por mí acerca de este período de la vida de Jesús confiere una armazón elemental a esos dieciocho años olvidados, los años esenciales que por alguna razón los evangelistas habían relegado al olvido.

8. La iniciación de Jesús

Cuando Jesús regresó a Palestina recorrió muchos pueblos y aldeas de los judíos. Los habitantes de las ciudades habían adoptado con carácter general el atuendo griego y las costumbres romanas. Palestina estaba superpoblada y la mayoría de los judíos se ganaban la vida con dificultad, desempeñando los trabajos manuales más duros. Los que en otros tiempos habían sido los amos y señores del país apenas eran ya más que sirvientes o esclavos de los romanos. En el fondo de su corazón aborrecían el régimen romano y mientras sufrían la opresión de los conquistadores, soñaban con el advenimiento de un redentor, el Mesías.

Jesús regresa a Egipto

Diecinueve años llevaba Jesús ausente de su país natal, mas echaba en falta a sus amigos los esenios de Egipto y por otra parte deseaba comunicarles lo que había vivido en Oriente. Fue recibido con gran alborozo por la hermandad y los ancianos elogiaron su sabiduría, pero él puso en su conocimiento que deseaba alcanzar metas todavía más altas y someterse a más duras pruebas.

Tras recibir del hierofante su nombre místico, Jesús sufrió la primera prueba y recibió como muestra de distinción un pergamino en el que sólo figuraba una palabra: Sinceridad.

A continuación Jesús se sometió a la segunda prueba y el hierofante puso en sus manos otro manuscrito, el cual decía: Justicia. Luego Jesús pasó la tercera prueba y recibió un pergamino en el que estaba escrito: Fe. Por último se sometió a la cuarta prueba y el manuscrito que le entregó el hierofante decía: Filantropía.

Jesús pasó cuarenta días en un monasterio, sumido en profunda meditación. Habiéndose vencido a sí mismo, podía hablar ahora con la naturaleza. Sufrió la quinta prueba y el hierofante puso en sus manos otro pergamino, en el cual estaba escrito: Heroísmo. Tras lo cual se sometió a la sexta prueba y el pergamino que recibió decía: Amor divino.

Y cuando Jesús hubo pasado la séptima prueba, el hierofante ciñó su frente con una diadema y le dijo: «¡Tú eres el Cristo!». A lo que todas las criaturas vivientes respondieron: «Amén». Y se convirtió en inmortal.[1]

Durante la estancia de Jesús en Egipto sucedió un acontecimiento extraordinario, y fue que habiendo periclitado una era histórica, y para dejar constancia del sino de las naciones, los pueblos, las tribus y las lenguas, siete sabios se reunieron en un lugar convenido. A esta reunión fue invitado Jesús y una vez allí pronunció un sermón, en el que dijo:

La crónica de la vida bien se resume en estos postulados imperecederos: «Son siete las colinas sobre las cuales se edificará la ciudad santa, siete los fundamentos inconmovibles sobre los cuales se elevará la iglesia universal». Y estas palabras que acabo de pronunciar no las digo yo, sino que son palabras de Aquél que me envía.

De entre los hombres de más baja condición elegiré a doce para que representen los doce pensamientos inmortales, y éstos serán el modelo de la iglesia. Y cuando sobrevenga un tiempo mejor la iglesia universal se alzará sobre los siete postulados. En nombre de Dios, nuestro Padre celestial, se establecerá sobre esas siete colinas el reino del espíritu, y serán recibidos en él todos los pueblos, todas las tribus y todas las lenguas de la tierra. El príncipe de la paz estará sentado en el trono del poder y el Dios trino y uno estará en todo.

Cuando Jesús hubo pronunciado este discurso los siete sabios dijeron: «¡Amén! Y después de esto no se habló más, sino que Jesús abandonó la asamblea y regresó a Jerusalén».[2]

Jesús en Grecia

El evangelista Juan cuenta que algunos griegos pidieron ver a Jesús, que le hicieron algunas preguntas y él les contestó que el que quisiera ponerse a su servicio le siguiera.[3] En el contexto del presente estudio esta referencia es importante porque establece una relación entre Jesús y Grecia. Él deseaba visitar a los maestros griegos, así que cruzó las colinas del Carmelo y se embarcó rumbo a Grecia. Una vez en Atenas se encaminó hacia el anfiteatro, donde aquéllos se habían congregado para escucharle, y les habló así:

¡Maestros! No he venido a hablaros de filosofía, sino de una vida en el más allá, de una vida verdadera que no perece. Retornad, ¡oh corrientes místicas del pensamiento griego!, para que vuestras claras aguas vayan a confluir en el caudal de la vida del Espíritu, y así despierte de su sopor la conciencia espiritual, y sea sabio el hombre y Dios le bendiga.

Y mientras él tomaba asiento, los sabios griegos callaron asombrados ante la sabiduría de sus palabras.[4]

Jesús en Inglaterra

José de Arimatea, un rico e influyente esenio, se dedicaba al comercio del estaño entre Cornualles y Fenicia. Según algunas leyendas, Jesús le acompañó en uno de sus viajes a Inglaterra.[5] Esto debió suceder después de los viajes a la India y al Tibet. Además de rico, José era consejero del Sanedrín judío y como tío de María, pariente y tal vez tutor de Jesús, por lo que nunca se desentendió de la suerte de éste. Existe también una tradición inglesa, según la cual la madre de María era oriunda de Cornualles,[6] dando a entender que debido a esta ascendencia aquél tenía el aspecto nórdico que algunas iconografías le atribuyen.

Se asegura que Jesús estuvo en Glastonbury, recluido en una choza de adobe y dedicado al estudio solitario, a la oración y a la meditación, cerca del lugar llamado Chalice Well.[7] En una carta al papa Gregorio Magno, san Agustín escribió incluso que Jesús había erigido una iglesia en Glastonbury.[8] El primer historiador de la Gran Bretaña, Gildas (516-570), afirma que Jesús «llevó la luz a esta isla durante los fastos del reinado de Tiberio».[9] Tiberio fue emperador entre los años 14 y 37 d. de C. pero «los fastos» de su reinado corresponden al período del 25 al 27 d. de C. De acuerdo con estas tradiciones la estancia de Jesús en Glastonbury debió producirse hacia el 26 o el 27 d. de C.

Es decir, en pleno florecimiento de la cultura druida en las islas británicas. Las cuarenta tribus druidas tenían escuelas para el estudio de la filosofía, la astronomía, la aritmética, la geometría, la medicina, la poesía y el ritual.[10] Obviamente Jesús quiso conocer los secretos druídicos. Los oriundos de la región de Glastonbury eran pacíficos, sedentarios y civilizados. Los druidas creían en una trinidad y el emblema del druidismo era el triple rayo de oro. También existía entre ellos una tradición mesiánica, siendo Esus el nombre del Mesías celta.

Las leyendas sobre la presencia de Jesús en Glastonbury han sobrevivido durante casi dos milenios y no sería prudente menospreciarlas. No por casualidad, alrededor del 37 d. de C., es decir reciente la crucifixión de Jesús y siempre según estas tradiciones, José de Arimatea y su grupo se hicieron presentes en Glastonbury para establecerse allí,[11] y erigieron una iglesia de adobe en lo que luego pasaría a ser el emplazamiento de la abadía que subsistió allí hasta el siglo XII. La llegada de José dio lugar a la aparición de los *culdees* o *quidam advance,* los «forasteros» o druidas cristianizados que luego, huyendo ante el empuje de los romanos, buscarían refugio en las islas más occidentales y establecieron reductos en ellas.[12]

9. El ministerio de Jesús en Israel

Jesús contaba veintinueve años de edad cuando regresó a Israel. En el ínterin los romanos habían intensificado su opresión sobre los judíos e imperaba entre éstos una fuerte agitación. Tal situación se retrotraía al 63 a. de C., cuando feneció la independencia espiritual y política de Israel. En esa fecha el general romano Pompeyo entró en Palestina con su ejército,[1] tomó Jerusalén al asalto y profanó el Templo. Los fariseos, que habían acogido su llegada como una liberación, no tardaron en salir de su engaño, y hubo varias insurrecciones, pero todas ellas fueron aplastadas.

En el 37 a. de C. los romanos entronizaron a Herodes de Idumea, monarca títere y tirano pero que embelleció el templo y emprendió muchas construcciones monumentales. Los últimos años de su reinado se hallaron ensombrecidos por traiciones familiares y los conflictos continuaron después de su muerte, por lo que los romanos se vieron obligados a establecer un régimen de gobernadores militares (6 a. de C.). A todos esto los sacerdotes judíos predicaban la inminencia de la venida del Mesías que iba a devolverles el poder político. Tal era la situación cuando empezó a predicar en los desiertos de Judea un tal Juan el Bautista, diciendo:

> Convertíos, porque está cerca el reino de Dios. Éste es aquel que el profeta Isaías había anunciado cuando dijo: Voz que grita en el desierto: Preparad el camino al Señor, allanad sus senderos.[2]

Juan el Bautista

Poco sabemos de Juan el Bautista, en efecto, excepto que era hijo de un sacerdote llamado Zacarías, quien lo tuvo milagrosamente de su mujer Isabel. Ésta era prima de María y ambas se hacían confidencias. Un ángel se le apareció a Zacarías y le anunció:

> No tengas miedo, Zacarías, pues tu petición ha sido escuchada, y tu mujer Isabel te dará un hijo, al que pondrás por nombre Juan. Será para ti causa de gozo y de alegría, y muchos se alegrarán de su nacimiento, porque será grande ante el Señor; no beberá vino ni licores, y estará lleno de Espíritu Santo ya desde el vientre de su madre.[3]

Como Zacarías era viejo se extrañó de que Isabel fuese a concebir un hijo, y entonces el ángel le aseguró que había sido enviado por Dios a darle la buena noticia, la cual debía mantener en secreto. Sería el mismo ángel por medio de quien concibió María estando en casa de Isabel, y quien le anunció a aquélla que su parienta estaba ya de seis meses. A petición de Isabel, María se quedó tres meses más (es de suponer que hasta el nacimiento de Juan), después de lo cual se desposó con José.

Al nacer Juan glorificó a Dios y todos los que presenciaron este prodigio quedaron espantados... lo cual nos recuerda las historias tibetanas de los *tulkus* o lamas reencarnados, de quienes se dice que algunos hablan o se ponen a enseñar recién nacidos. Juan fue destinado al sacerdocio por sus padres y luego admitido junto con Jesús en la Orden de los esenios de Jutha, cerca de Masada.[4] Como dice el evangelista, creció y se fortaleció en espíritu, y vivió en el desierto hasta que llegó la hora de manifestarse a Israel.[5]

Lo cual hizo desde el río Jordán, predicando el bautismo en señal de arrepentimiento para la remisión de los pecados.⁶ A quienes le preguntaban lo que debían hacer les encarecía que compartiesen sus bienes; a los publicanos (recaudadores de impuestos), que no exigieran más de lo que mandaba la ley; a los soldados, que no intimidasen a nadie, que no hicieran falsas denuncias y que se contentaran con su paga.⁷ De esta manera Juan pedía arrepentimiento a todos, altos y bajos, en nombre de Dios, antes de conceder el perdón por medio del bautismo de conversión.

Yo os bautizo con agua, pero ya viene el que es más fuerte que yo, y a quien no soy digno de desatar la correa de sus sandalias. Él os bautizará con Espíritu Santo y con fuego.⁸

Así bautizó a muchos hasta que se le presentó Jesús, y al verle Juan explicó a los reunidos:

Éste es el cordero de Dios, que quita el pecado del mundo. Éste es de quien yo dije: Después de mí viene uno que es superior a mí, porque existía antes que yo. Yo no lo conocía; pero si yo he venido a bautizar con agua es para que él se dé a conocer a Israel.⁹

Jesús el maestro

Sintiéndose lleno de Espíritu Santo, Jesús se apartó del Jordán y el Espíritu lo condujo hacia el desierto. Allí, lo mismo que Buda, ayunó, meditó y sufrió tentaciones. A su regreso a Nazaret declaró:

El Espíritu del Señor está sobre mí, porque me ha ungido. Me ha enviado a llevar la buena nueva a los pobres, a anunciar la libertad a los presos, a dar la vista a los ciegos, a liberar a los oprimidos, y a proclamar un año de gracia del Señor.¹⁰

Y profetizó atrevidamente el cumplimiento de las cosas que él anunciaba, pero no en un lejano futuro sino allí y en seguida.[11]

Jesús predicó en muchos pueblos y aldeas, y sus sermones causaban fuerte impresión entre los oyentes. Dondequiera que iba, hombres y mujeres le rodeaban en seguida suplicándole la bendición. Corrían tras él y se disputaban el honor de rozarle los pies. Para ellos era el Mesías anunciado, que los libraría del mal gobierno, de la miseria, y de la opresión extranjera. Crecía la tensión en el ambiente y hubo algunas manifestaciones contra los romanos. Pilato respondió con acciones de represión indiscriminada. Algunos se acercaban a Jesús para hablarle de estas atrocidades e implorarle la intervención divina. Él les encareció que se arrepintieran de sus pecados si querían salvarse de la destrucción.

La agitación imperaba en todo el país. En cuanto a Jesús se registraba, en líneas generales, una división de opiniones. Las gentes del común creían que era el Mesías, pero las clases superiores lo rechazaban. Los sacerdotes envidiaban su ascendiente entre las masas. Aquél era un maestro que no reparaba en ceremonias, sino que se confundía con las gentes ordinarias, ¡nada tan aborrecible para el clero de todos los tiempos!

El contenido de las prédicas de Jesús incomodaba a los fariseos ortodoxos, partidarios de la observancia estricta de todos los preceptos de la Torá, los cuales le echaban en cara sus pretensiones de origen divino cuando se decía enviado por Dios para ser el maestro de ellos. También los aristócratas saduceos eran enemigos suyos porque veían en las enseñanzas de Jesús el germen de la ruina del régimen cuyos principales beneficiarios eran ellos. Por lo cual afirmaban que estaba poseído de un demonio, enviaban «reventadores» a sus reuniones y a cada paso lanzaban contra él acusaciones de blasfemia.

Intentaron formarle causa para establecer su culpabilidad pero no se halló ni un solo testigo que corroborase las acusaciones. Mientras tanto su fama se extendía por todas partes y su nombre adquiría resonancias legendarias.[12] Entonces los sacerdotes intentaron llevar la causa al terreno político acusándole ante Poncio Pilato de haberse proclamado Rey de los judíos. El gobernador romano estudió el asunto y no halló falta alguna en los sermones de Jesús ni en su actuación.

Andreas Faber-Kaiser, un amigo mío a quien ayudé en la preparación de un libro sobre Jesús,[13] me llamó la atención sobre un documento interesante que arroja alguna luz en cuanto a las actividades de Jesús en el año 32 d. de C. Se trata de una carta de Pilato al César Tiberio; aunque el original se guarda en la Biblioteca Vaticana, pueden solicitarse copias del mismo a la Library of Congress de Washington. Cuando el gobernador recibió las primeras noticias sobre Jesús envió espías para que reuniesen más datos acerca de éste. Tras recibir el informe Pilato hizo llamar a Jesús para hablar con él, y se convenció de que no era ningún agitador. He aquí un resumen de dicha carta:

> Un joven apareció en Galilea y predicó una nueva ley, la de la humildad. Al principio creí que se trataba de instigar una rebelión del pueblo contra los romanos, pero mis sospechas se disiparon pronto. Jesús hablaba más como amigo de Roma que como judío.
>
> Cierto día divisé a un joven que estaba en medio de un corro de gente, tranquilamente reclinado contra el tronco de un árbol y hablando a la muchedumbre que lo rodeaba. Me dijeron que aquél era Jesús; además era evidente dado el gran contraste entre su presencia y la de sus oyentes. Su barba y cabello rubio le conferían aspecto deiforme. Tendría unos treinta años de edad, y confieso que jamás había visto facciones tan atractivas y serenas, ni diferencia tan notable en comparación con aquellos perillanes de cerradas barbas negras que le escuchaban. No quise interrumpir la asamblea, de manera que me aparté de allí, no sin ordenar a mi secretario que

se confundiera con aquellas gentes y tomase nota de cuanto se dijera.

Mi secretario dijo luego no haber encontrado en las obras de los filósofos nada comparable a las enseñanzas de Jesús, y que no era un sedicioso ni se proponía sublevar al pueblo. En consecuencia decidimos protegerle y se le concedió libertad para moverse, hablar y convocar reuniones. Esta licencia nuestra molestó y escandalizó a los judíos, aunque no a los pobres, sino a los ricos y poderosos.

Llamado por mí al Foro, acudió y cuando le tuve delante de mí quedé en suspenso, y como si mis pies hubiesen quedado encadenados al suelo de mármol con grilletes. Mientras yo temblaba como un reo, él estaba tranquilo. Le dirigí algunos elogios. No pude apreciar nada desagradable en su persona y carácter; al contrario, su presencia me infundía un profundo respeto.

Le hablé del aura que me parecía advertir a su alrededor; su personalidad se caracterizaba por una sencillez contagiosa que le hacía muy superior a los demás filósofos y maestros de nuestros días. Causó gran impresión a todos los presentes por su modestia, sencillez y amor.

Éstas son, mi noble señor, las noticias que puedo daros acerca de Jesús de Nazaret y el resultado de mis detalladas gestiones en relación con este caso.

Poncio Pilato fue procurador de Judea entre los años 26 y 36 d. de C. Sabemos por el historiador Josefo que odiaba a los judíos; tal vez interesaba a sus designios la agitación que había causado Jesús entre ellos, pues seguramente debió enterarse de que tenía enemigos irreconciliables en el partido fariseo.[14] Sea auténtica o no la carta citada, vale la pena observar que fija el año 32 como uno de los de ministerio activo por parte de Jesús.

Cafarnaúm

Esta ciudad hoy conocida como Kafar Nahum estaba a orillas del lago de Galilea y era centro de comunicación entre la región del Jordán y el Mediterráneo; aparte la actividad comercial era un pueblo de pescadores y según los Evangelios, éstos fueron los primeros que admitieron las enseñanzas de Jesús. Le invitaron con frecuencia y se hicieron decididos partidarios suyos. En virtud de todo ello Cafarnaúm adquirió especial significado para Jesús, hasta llegar a convertirse en centro de sus actividades. Después de sus visitas a diversos pueblos y aldeas regresaba siempre a Cafarnaúm.[15] Andrés, Juan y Santiago le acompañaban siempre con su madre cuando descansaba en casa de Pedro, a orillas del lago.

Tan pronto como se presentaba allí la noticia de su llegada corría por toda la costa y acudían las gentes a verle. Le traían a sus hijos para que los bendijera. Algunos le tocaban los pies y otros se empeñaban en que los tocase con las manos. Él se acercaba a la orilla con sus seguidores,[16] y muchos le traían a sus enfermos, o le presentaban posesos para que exorcizase a los demonios. Jesús curaba por el procedimiento de la imposición de manos. Y así anduvo por toda Galilea sanando enfermos, de manera que su fama como taumaturgo llegó hasta Siria.[17]

Marta y María Magdalena

Betania es una aldea situada sobre la ladera del monte de los Olivos, en las cercanías de Jerusalén. Allí vivía la familia formada por Marta, María Magdalena y su hermano Lázaro, todos ellos muy encariñados con la persona de Jesús. En una de sus peregrinaciones, éste pasó por Betania y decidió visitar a esa familia, a lo que Marta se quejó porque María abandonaba los quehaceres de la casa para escuchar las palabras de Jesús:

Marta, Marta, tú te preocupas y te apuras por muchas cosas, y sólo es necesaria una. María ha escogido la parte mejor, y nadie se la quitará.[18]

Marta preparó la cena para Jesús y sus discípulos mientras María se quedaba a su lado. Cuando todos estuvieron sentados a la mesa, Jesús dijo:

No temáis, ovejas mías, pues por voluntad de vuestro Padre seréis dueños de los reinos del alma. El soberano de la casa de Dios es un sirviente del Señor, y sólo se puede servir a Dios sirviendo a la humanidad. El que sirve en la casa de Dios no puede hacerlo en la casa de la riqueza ni en la sinagoga de los sentidos.

Tomad vuestros bienes, repartidlos entre los pobres y depositad vuestra confianza en Dios, porque no ha de faltaros lo necesario, ni a vosotros ni a los vuestros. Ésta es una prueba de fe y Dios no acepta los servicios de quienes no la tienen. El tiempo ha madurado y vuestro soberano bajará a vosotros envuelto entre nubes; ya el cielo se enciende por oriente con su presencia.

Poneos vuestras mejores galas, ceñid vuestros lomos y llenad de aceite fresco vuestras lámparas, a fin de estar preparados para la venida del Señor. Así que estéis preparados Él vendrá, y serán tres veces bendecidos los sirvientes que acudan a recibirle.[19]

Este sermón de Jesús no está recogido en ninguno de los cuatro Evangelios, los cuales guardan silencio también sobre la cuestión de si Jesús llegó a casarse con una mujer. Según las prescripciones judías Jesús debió contraer esponsales a la edad de trece años, puesto que se creía que el celibato era una abominación a los ojos de Dios, y no habrían admitido que un hombre soltero hablase como maestro. Los pergaminos budistas de Hemis nos cuentan que cuando cumplió esa edad muchos ricos del país lo pretendieron como yerno,[20] pero él no estaba dispuesto a comprometerse, por lo que abandonó en secreto la casa de sus padres.[21]

Una lectura detenida de los Evangelios revela que, de entre todas las mujeres que formaban el seguimiento de Jesús, la que más le amó fue María Magdalena. Él visitaba con frecuencia su casa en Betania y ella incluso le acompañó en sus viajes. Otros indicios en los Evangelios sugieren que María se tenía a sí misma como la consorte de Jesús. En un momento dado los demás discípulos llegaron a ver en ella la amada del Maestro. En el *Evangelio de María,* Simón Pedro le habla en los términos siguientes:

> Hermana, sabemos que el Salvador te amó más que a ninguna otra mujer. Dinos las palabras del Salvador que hayas recordado, palabras que tú conozcas pero nosotros no hayamos escuchado nunca.[22]

En el mismo contexto podemos citar el *Evangelio según Felipe,* donde se nos detallan las atenciones que María Magdalena recibía de él.

> Y la compañera del Salvador es María Magdalena. Él la amó más que a ninguno de los discípulos, y solía besarla en la boca.[23]

En la mitología de la India, todo dios hindú tiene su consorte, que representa su energía creadora y recibe el nombre de *shakti.* Se contempla a estas esposas de los dioses como el origen y el sustento de todas las cosas; el dios y la diosa son los polos activo y pasivo de una manifestación universal determinada, que no estaría completa si faltase uno de los dos. Sobre estos supuestos se construye la filosofía tántrica hindú, y creo que este simbolismo de la mitología india tiene aplicación en el caso de Jesucristo, que había visitado el Oriente y había estudiado las doctrinas ocultas de la India en el decurso de su primera visita.

Por tanto, debió saber que cada dios hindú tenía su *shakti* en forma de una o más consortes. Me inclino a pensar que Jesús tuvo una consorte en la persona de María Magdalena; sin embargo hubo otras mujeres, como Marta, Susana, Filipa, Juana y Raquel que también le amaron y se tomaron interés por él.

El *Evangelio según Juan* cuenta una boda que me da mucho que pensar, dado que no queda identificada con claridad la persona del novio, ni se menciona su nombre, lo cual añade todavía más confusión. Sabemos que la boda se celebró en Caná, una población de Galilea, y no sólo está presente Jesús, sino también su madre y todos los discípulos. Hay muchos invitados y María le anuncia a Jesús que no tienen vino; tras hacerse de rogar, él procura milagrosamente seiscientos litros de vino para los convidados.[24]

Se nos plantea la cuestión de quién era el anfitrión y quién se encargaba de aprovisionar el festejo; opino que esta segunda persona era María, que es quien manifiesta su preocupación porque se terminó el vino. Y Jesús el que resuelve el problema. Uno se pregunta si ese convite no sería el de su propia boda con María Magdalena, y si los compiladores de los Evangelios quisieron contar el milagro pero no el resto del episodio, motivo por el cual lo relataron de esa manera críptica.

Creo que María Magdalena actuó como la consorte principal de Jesús y que fue su esposa. Corroborando este punto de vista mío, hallo en una fuente esenia que más tarde fue obligado a separarse de ella, y cito seguidamente:

> Pero según las reglas de nuestra Orden ningún esenio puede tomar esposa cuando a él se le antoje, sino cuando lo consienta su sagrada misión. Por eso Jesús venció su amor hacia esa mujer y prevaleció la devoción obligada para con nuestra hermandad.[25]

Existe una leyenda según la cual María Magdalena y un hijo suyo huyeron a las Galias después de la crucifixión, y asevera que murió en Saint Baume de Francia y que su hijo fue el fundador de la familia del Grial. Pero según mis averiguaciones, María Magdalena murió en Kashgar, ciudad del Asia Central, hecho sobre el cual volveré más adelante.

La que emigró a Francia con algunos seguidores de Jesús tal vez sería Marta, y murió allí, y su hijo continuó el linaje de Jesús en Europa. En esa misma época José de Arimatea y otros partidarios de Jesucristo huyeron a Glastonbury, en las islas británicas, todos ellos convencidos de que los ocupantes romanos o los sacerdotes judíos procurarían implicarlos en la acusación política tramada contra su Maestro.

Id a las ovejas perdidas

Jesús recorría el país y hablaba en parábolas. Su mensaje de paz había sido bien acogido; en consecuencia decidió reunir un grupo de discípulos de confianza, capaces de sanar enfermos y de dirigir la palabra a las gentes. Para ello subió a la montaña y oró toda la noche. O tal vez fue a reunirse con sus hermanos esenios para pedirles consejo.

Al bajar de la montaña reunió a sus discípulos y seleccionó de entre ellos a doce, los llamados apóstoles: Simón Pedro y Andrés, Santiago y Juan, Felipe, Bartolomé, Tomás el publicano, Mateo, Santiago el hijo de Alfeo, Judas Tadeo, Simón el cananeo y Judas Iscariote. Luego eligió a otros setenta y los envió de dos en dos a predicar en otras poblaciones y ciudades. Esperaba poder visitarlos a todos en época próxima.[26] Asignó diferentes misiones a todos, y les encareció que buscasen las ovejas perdidas de la casa de Israel:[27]

No vayáis por tierra de paganos, ni entréis en ciudad de samaritanos. Id a las ovejas perdidas de la casa de Israel. Id predicando que el reino de Dios está cerca.

A los setenta discípulos les dijo:

La mies es mucha, pero los obreros son pocos. Rogad al dueño de la mies que envíe obreros a su mies. ¡Andad! Mirad que yo os envío como corderos en medio de los lobos. No llevéis bolsa, ni alforja, ni sandalias; no saludéis a nadie por el camino. Cuando entréis en una casa, decir primero: Paz a esta casa.[28]

El «Evangelio según Bernabé»

Muchos estudiosos occidentales han investigado las religiones y las creencias de Oriente y es lástima que nunca se hayan atrevido a profundizar más allá de los cuatro evangelios autorizados del cristianismo, que narran de una manera más o menos paralela los hechos acontecidos durante la vida pública de Jesús. Éste debió regresar a Palestina hacia el 29-30 d. de C., empezó a predicar en 23-24 y seguía ejerciendo su ministerio en los años 30-31, tras lo cual se intensificó su actividad hasta el 35, en que tuvo lugar su crucifixión. Pero los evangelistas sólo relatan los tres últimos años de esa vida pública.

Por fortuna pude hacerme con un ejemplar del *Evangelio según Bernabé* traducido al inglés y publicado por la Oxford University Press en 1907. Dicha traducción fue realizada por Lonsdale Ragg a partir de un manuscrito italiano que se conserva en la Hofbibliothek de Viena. En cuanto a Bernabé, era un discípulo de Jesús, tío de Marcos y compañero de Pablo, que viajó por Palestina predicando sus enseñanzas. Supe luego que el *Evangelio según Bernabé* había figurado entre los libros canónicos de la iglesia de Alejandría hasta el 325 d. de C., cuando el Concilio niceno mandó que fuesen destruidos todos los ejemplares existentes de dicho evangelio y amenazó con la pena de muerte a quien se le encontrase uno de ellos. Como consecuencia, este evangelio quedó casi perdido para la posteridad.

Sin embargo, en el siglo v d. de C. se halló la tumba de Bernabé en Chipre y dentro de ella, un ejemplar del evangelio sobre el pecho del apóstol, y escrito de su puño y letra. Este manuscrito sufrió diversos avatares hasta recalar en la biblioteca del papa Sixto V (1585-1590), y fue publicado por un monje llamado fray Marino. No difiere mucho de los evangelios autorizados, pero el texto utilizado para la traducción está sobre papel italiano con notas al margen escritas en un árabe bastante deficiente; por desgracia, los traductores incluyeron también las notas arábigas como si formasen parte del cuerpo principal, lo cual dio lugar a polémicas sobre los supuestos pasajes que introducían doctrinas islámicas en ese evangelio. En cualquier caso vamos a dejar aparte estas controversias para fijarnos únicamente en los sucesos que también reflejan los evangelios autorizados.

Por ejemplo, que cierto día Jesús dijo ante una congregación de sus discípulos:

Bienaventurados los que padecen aflicción en esta vida terrenal, porque ellos serán consolados. Bienaventurados los pobres que aborrecen de corazón los placeres del mundo, porque les serán dados en abundancia los placeres del reino de Dios. Bienaventurados los que comen de la mesa de Dios porque serán servidos por los ángeles.[29]

Comparando este sermón del *Evangelio según Bernabé* con el que da el evangelista Mateo, aquél nos parece mucho más sencillo y directo. Obviamente el sermón de la Montaña que citan Mateo y Lucas ha sido elaborado y pulido por letrados con intención de convertirlo en una obra maestra de la oratoria. En efecto uno de los problemas que nos plantea el Nuevo Testamento es su periódica revisión, a lo largo de la Historia, por parte de los teólogos cristianos.

Sobre la fe y la oración

Temiendo un atentado de los judíos, Jesús pasó a Galilea y no quiso escuchar a los que le pedían que fuese a Judea, sino que recorrió la costa entre Tiro y Sidón, y sanaba a los enfermos. Los fariseos le negaban la autoridad; a él le entristecía la contumacia de aquellos hombres, convertidos en enemigos suyos. Inquieto, pensó regresar a Galilea y subió a una montaña para meditar. Luego se embarcó y recorrió las costas de Magdala. Los fariseos le enviaban provocadores que le desafiaban a probar qué títulos tenía para interpretar las Escrituras o qué señas divinas podía presentar. Él suspiraba, apenado por la malicia de aquellas gentes.

Cierto día, estando Jesús sentado a la mesa con sus discípulos, entró una cortesana que no había sido invitada, y se echó a sus pies para besárselos, los bañó con sus lágrimas y los enjugó con sus cabellos. Quiso impedírselo Simón Pedro, contrariado al ver que aquella pecadora tocaba los pies de Jesús. Pero éste le dijo a Simón que el pecado es un monstruo de iniquidad, pero los hay grandes y pequeños. La persona que ha vivido en el pecado pero se arrepiente, se redime; en cambio el que vive en la complacencia no se corrige. Sin un pecador implora el perdón, será perdonado. Y luego le dijo a la cortesana: «Todos tus pecados te han sido perdonados. Tu fe te ha salvado».[30]

En otra ocasión Jesús dijo a sus discípulos que el hombre que no hace oración es apenas mejor que Satán: «Rezad sin descanso, discípulos míos, porque todo el que pide recibe, y el que busca encuentra, y al que llama se le abre. Nunca Dios niega respuesta a quien la solicita».[31]

También explicaba que los hipócritas rezan mucho dejándose ver en todas las partes de la ciudad, para que el pueblo los tenga por santos. Pero no es más que fingimiento, y sus corazones están llenos de malicia. Y que son muy pocas las personas que oran de corazón.

Transfiguración

Otro día Jesús se llevó a Simón Pedro con otros discípulos a un monte alto, y les mostró un milagro. Mientras él meditaba se transfiguró a la vista de sus seguidores y sus vestiduras se volvieron blancas como la luz, tan intensa que apenas se le distinguía dentro de ella. Entonces aparecieron dos hombres que hablaron con él; el evangelista Mateo dice que eran Moisés y Elías.

Vale la pena contemplar este episodio desde el punto de vista de la tradición esotérica oriental. Los visitantes occidentales del Tibet dan fe de que la transfiguración, que es un prodigio tántrico, ocurre en las lamaserías del Tibet y de Ladakh. En cuanto a la invocación de espíritus y almas de difuntos, es una práctica común entre los yoguis de la India. Muchos viajeros que recorrieron la región del Himalaya han contado casos de metamorfosis o desaparición entre practicantes del tantrismo.[32] Me parece que Jesús debió adquirir estos poderes en el decurso de su primera visita a aquellas comarcas.

¿Quiénes serían aquellos aparecidos que hablaron con él? Tanto Moisés como Elías hacía muchos siglos que habían desaparecido, ¡quizá fueron sus espíritus! Cabe imaginar también que fuesen hermanos esenios, con los que Jesús consultaba siempre que se retiraba al desierto. El relato dice que Simón Pedro, Santiago y Juan estaban «soñolientos»; luego Jesús les advirtió que no contaran a nadie la visión. Desde el punto de vista de los místicos y yoguis de Oriente, lo que Jesús dejó ver a sus discípulos fue una sesión de trance. En tanto que práctica meditativa altamente secreta, debía continuar siéndolo.

10. Los esenios y los primeros cristianos

Cananeos y hebreos

Canaán es la estrecha franja de terreno montañoso a poniente del río Jordán, que antiguamente servía de puente entre Egipto y Asia. Tras ser conquistada por los hebreos la parte septentrional pasó a llamarse Israel, y la meridional Judá. Debido a su posición estratégica sobre una importante ruta comercial siempre estuvo en la mira de posibles ocupantes, como lo fueron, a lo largo de la Historia, Egipto, Asiria, Babilonia, Persia y Grecia. Los romanos, que sometieron el país hacia el 63 a. de C., le dieron el nombre de Palestina.

En la antigüedad Canaán no sólo estuvo ocupada por varias tribus, sino que tuvo distintos soberanos y príncipes tribales, muy especialmente los indo-arios Kurgan que se adueñaron de la región hacia los siglos XV y XIV a. de C. Por la tabletas halladas en el yacimiento egipcio de Tell el-Amarna conocemos los nombres de algunos de aquellos príncipes indo-arios, como Suwar-datta, Inda-rutta, Birashsinha, Birya-vaza y Biri-diya.[1]

Los cananeos adoptaron las religiones de sus soberanos, que eran politeístas, con un panteón de muchos dioses y diosas. Se celebraban los rituales tántricos de las *shaktas* hindúes, bajo la advocación de la diosa Astarté, protectora de todas las manifestaciones sexuales de la vida. Al igual que los arios, las tribus de Canaán creían en el Sol, la Luna y otras deidades de la luz, y erigieron templos con figuras de sus numerosas divinidades. Todo templo tenía su columna de piedra, lo mismo que en la India, el *lingam* que representa el falo de Shiva. Y lo mismo que los seguidores hindúes de *durga,* celebraban sacrificios de animales y humanos.

Jacob, por otro nombre llamado Israel, tuvo doce hijos, ocho de ellos de sus esposas legítimas, Rubén, Simeón, Leví, Judá, Isacar, Zabulón, José y Benjamín, considerados de casta algo superior a los nacidos de las concubinas, Gad, Aser, Dan y Neftalí.[2] Ambos grupos formaron el linaje llamado de los hijos de Israel o *Bani Israel,* jefes a su vez de las Doce Tribus de Israel.

Debido a las continuas querellas intestinas los reinos de Israel y Judá acabaron por caer presa de los invasores; no obstante Judá logró rehacerse y desempeñar un papel importante en la historia de Bani Israel, de ahí que su religión haya llegado hasta nosotros con el nombre de judaísmo y sus seguidores con el de judíos.[3]

Son los últimos descendientes de los hebreos y aparecen mencionados como *judaeus* en latín, *loudaios* en griego, *yhudai* en arameo, *yhudi* en hebreo y *yahud* en persa, árabe y kashmiri.

Las sectas de Israel

En la época en que Jesús regresó de su primer viaje, existían entre la población de Israel varias sectas religiosas. Entre los judíos destacaba la de los fariseos, que observaban con gran rigidez todas las ceremonias y los ritos de la ley de Moisés, con especial énfasis en cuanto a las formas externas pero sin prestar una atención sincera a la pureza de corazón. De ahí la connotación de hipocresía y egoísmo que acompañó a dicha secta. Reivindicaban para sí los lugares de honor en las ceremonias públicas y los puestos de estima y dignidad ante el pueblo. Jesús los censuró severamente en más de una ocasión dando a entender que eran los más perniciosos, astutos y peligrosos de entre los judíos.

Los saduceos seguían una tendencia filosófica que negaba la inmortalidad del alma y la vida en un más allá después de la muerte. Predicaban al pueblo la observancia de las virtudes y la resignación social. Eran los guardianes del templo de Jerusalén. Por sus inclinaciones activas y emprendedoras procuraron alcanzar posiciones de riqueza e influencia, y formaban la aristocracia de la casta sacerdotal.[4]

Los esenios

Esta secta judía era de acusada tendencia mística. Josefo escribió que los esenios eran los filósofos más reputados entre los judíos. «Dan muestras de gran virtud; tratan con mucho afecto a los niños y les enseñan toda clase de conocimientos y de ciencias. Desprecian las riquezas y los bienes terrenales, y viven en comunidades.»[5] En otro lugar Josefo asevera que «los esenios son las gentes más sinceras del mundo y de las más fieles a la palabra empeñada; muy laboriosos y emprendedores, se muestran especialmente aficionados a la agricultura y aptos para ella. Practican la justicia y la equidad en todos sus tratos con otras gentes. [...] No se casan, y no toman sirvientes, y todos ellos llevan la misma vida sencilla, industriosa y frugal».[6]

Las iglesias cristianas enseñan que Jesús fue el creador único del cristianismo y niegan toda tradición anterior, pero los hechos parecen trazar un panorama diferente.

Fuentes acerca de los esenios

No faltan obras históricas antiguas que mencionen a los esenios; entre éstas podemos citar:

- *Quod Omnis Probus Liber,*[7] escrito por Filón de Alejandría el 20 d. de C., contiene informaciones detalladas acerca de los esenios de Palestina y Siria.

- *Historia Naturalis*,⁸ de Plinio el Viejo, fechada el 70 d. de C., habla de los esenios y dice que estuvieron mucho tiempo afincados a orillas del mar Muerto.
- *Las guerras de los judíos*,⁹ obra de Josefo que data del 94 d. de C., suministra informaciones acerca del pueblo judío y de sus sectas, incluyendo las de los esenios, con bastantes datos en cuanto a sus creencias.
- *Antigüedades judías*,¹⁰ del mismo Josefo, aporta la siguiente información general acerca de Jesús:

> En aquel tiempo vivió Jesús, un hombre sabio, si parece lícito llamarle hombre a la vista de sus muchas acciones extraordinarias y sus enseñanzas, tan bien recibidas por todos aquellos a quienes complace la verdad, y que le atrajeron a muchos judíos y no pocos gentiles. Él fue el Cristo, y pese a haber sido condenado por Pilato, por instigación de algunos principales de entre nosotros, a morir en la cruz, sus primeros seguidores no le fueron infieles. Ya que se apareció a ellos el tercer día, tal como habían anunciado los profetas y enviados de Dios, junto con otras mil señas que le conciernen. Por lo que ha perdurado hasta nuestros días el pueblo de los cristianos, que de él han recibido su nombre.¹¹

Los manuscritos del mar Muerto

En 1947 se hallaron algunos manuscritos en una cueva del Uadi Qumran, en la orilla septentrional del mar Muerto. En 1949 se recuperaron de la cueva unos fragmentos del Antiguo Testamento, y en 1952 otra expedición descubrió en las cuevas de Uadi Marabbaat un número considerable de monedas y fragmentos de escrituras. Los popularmente llamados manuscritos del mar Muerto son compilaciones de los esenios cuyo monasterio conocido como Jirber Qumran fue destruido por los romanos hacia el 70 d. de C. Los rollos de Lamec, escritos en arameo, contienen pasajes del libro del Génesis.

En 1956 habían sido descifrados dos rollos de cobre. En 1956 Millar Burrow publicó su traducción de algunos manuscritos bajo el título de *The Dead Sea Scrolls*.[12] También en 1956 apareció la fascinante historia del descubrimiento de los manuscritos *The Meaning of the Dead Sea Scrolls*,[13] por A. Powell Davis, que también proporciona interesantes detalles sobre el contenido de aquéllos. En época más reciente se han publicado muchos trabajos nuevos, incluyendo traducciones de textos que habían sido ocultados por diversas autoridades obedeciendo a múltiples razones políticas y religiosas.[14]

Los esenios creían en un Maestro de Justicia que aún estaba por revelarse, con la misión de explicar la sabiduría de todos los profetas anteriores. Éste sería el Ungido que inauguraría un orden nuevo. En consecuencia los manuscritos del mar Muerto dilucidan en gran medida el trasfondo histórico del Nuevo Testamento; hay muchos paralelismos entre las doctrinas de los esenios, formuladas mucho antes de que naciera Jesús, y las primeras doctrinas del cristianismo. En los manuscritos hay muchas enseñanzas que los Evangelios atribuyen a Jesús, pero que evidentemente dimanan de una tradición más antigua.

En 1928 Edmond Szekely había publicado un manuscrito cuyo original estaba en lengua aramea, conocido como *El Evangelio de los esenios*.[15] Szekely dijo haber encontrado esta obra antigua en uno de los archivos secretos del Vaticano. Actualmente se guarda en los Reales Archivos de los Habsburgo austriacos. Este libro identifica a Jesús con el Maestro de Justicia que predica la renunciación, la austeridad y la vida sencilla, las ideas elevadas y la purificación mental.[16] Citemos un pasaje de este evangelio:

> Cierto día Jesús habló así a las gentes que le rodeaban y que le oyeron con asombro: «No busquéis la Ley en vuestras escrituras, porque la Ley es vida y las escrituras son obra muerta. La Ley es la palabra viva de Dios vivo para los profetas vivos que hablan a los vivos. En todo

Cueva número 4 de Qumran, descubierta en 1954 (Beth Davis)

cuando vive veréis escrita la Ley, la hallaréis en la hierba, en los árboles, en el río, en la montaña, en los pájaros del cielo, en los peces del mar. Pero, sobre todo, debéis buscarla en vosotros mismos. Dios no ha escrito la Ley en libros, sino en vuestro corazón y en vuestro espíritu».[17]

Aún antes, en 1881, Ouseley halló un antiguo *Evangelio arameo* en un gompa o monasterio tibetano. En dicho texto se cuenta, entre otras cosas, como Jesús entró en una aldea y recogió una gatita abandonada, guardándosela entre los pliegues de la túnica. Luego le dio de comer y de beber; los aldeanos, sorprendidos al ver este comportamiento, le preguntaron si todas las criaturas eran hermanas y hermanos para él, a lo que respondió Jesús:

> En verdad os digo que estas criaturas son vuestras compañeras en la gran casa del Ser Eterno, y son en verdad hermanos y hermanas, ya que alienta en ellos el mismo hálito de vida del Dios Eterno y respiran el mismo Espíritu.[18]

Este evangelio cuenta asimismo un interesante caso de tentación, cuando dice que Satán se apareció a Jesús acompañado de una mujer de belleza y gracia arrebatadoras, y le dijo que la tomase porque está escrito que no es bueno que el hombre esté solo. A lo que Jesús replicó:

> Aléjate de mí, Satán, pues también está escrito: no dejes que te seduzca la mera belleza de la mujer, porque toda carne es como las flores del campo y las verduras de las eras, que se marchitan en un día, pero la Ley permanece para siempre.[19]

Un estudio detenido de los libros esenios disponibles hasta el presente suministra amplias informaciones acerca de enseñanzas suyas que no figuran en los evangelios oficiales. En el *Libro de Tomás,* Jesús se pronuncia en contra de la sensualidad en estos términos:

> ¡Ay de ti si permites que te consuma el fuego de la sensualidad!, porque es inextinguible, y no sólo devorará tus carnes visiblemente sino que además consumirá tu alma en secreto.[20]

En el *Evangelio según los Hebreos* se pronuncia en contra de la tortura y los malos tratos a los animales:

> Sabed que Dios concede los granos y los frutos de la tierra para alimento de todas las criaturas, hombres y bestias. Aquel cuyas manos están manchadas de sangre y cuya boca se contamina con la carne de las criaturas inocentes no merece vivir en este mundo ni en el mundo que está por venir.[21]

Mientras Jesús está enseñando a sus discípulos en el templo, uno de ellos le pregunta: «¿Pueden los sacrificios de sangre limpiar los pecados?», a lo que responde:

> Ni la sangre de los animales ni la de los humanos puede lavar el pecado, pues cómo podría borrarse una ofensa con el derramamiento de sangre inocente. El que mata, a sí mismo se mata, y el que come la carne de las bestias muertas come del cuerpo de la muerte.[22]

El «Testamento de los Doce Patriarcas»

Éste fue uno de los libros que los primeros cristianos consideraron auténticos; a lo que parece incluso Pablo manejó dicho Testamento y copió algunos pasajes en la redacción de sus epístolas. También la composición del *Evangelio según Mateo* debe algo al *Testamento de los Doce Patriarcas,* que luego fue excluido de la Biblia canónica.[23]

Los manuscritos del mar Muerto son anteriores al nacimiento de Jesús. El *Primer Libro de Enoc* se escribió hacia el 170-164 a. de C., y el *Testamento de los Doce Patriarcas* data del 109-107 a. de C. En vida de Jesús estos textos y otros, como los *Salmos de Salomón*, el *Testamento de Dios* y el *Libro de los Jubileos* estaban a disposición de quien quisiera estudiarlos. El famoso Sermón de la Montaña, hoy incluido en el Nuevo Testamento, lo conocía Jesús anteriormente porque formaba parte del cuerpo de las enseñanzas esenias.

La Crucifixión contada por un testigo presencial

Es un libro publicado en 1907 en Chicago bajo el título de *The Crucifixion by an Eye-Witness*.[24] En el prólogo dice que la parte sustancial del libro había sido publicada en 1873, pero se retiró de la circulación y se destruyeron casi todos los ejemplares y las planchas. Uno de los ejemplares, sin embargo, se salvó y acabó en poder de un destacado masón de Massachusetts, quien lo tuvo hasta 1907. Es la traducción de un manuscrito latino entonces en poder de la Fraternidad Masónica de Alemania, y contiene a su vez lo que asevera ser la traducción de una carta escrita por un miembro de la Orden esenia a un correligionario de Alejandría sólo siete años después de la crucifixión. Contiene el relato de la crucifixión, del descendimiento y de la resurrección. En el presente libro citamos muchos de sus pasajes más importantes.

El «Evangelio de Acuario de Jesús el Cristo»

Fue compilado por Levi (H. Dowling) antes de 1907, tras largos años de estudios y meditación.[25] *The Aquarian Gospel of Jesus the Christ* narra la vida de Jesús incluyendo las épocas de su estancia en el Tibet, la India, Persia,

Egipto y Grecia. Siendo así que Levi fue un estudioso de las religiones mundiales, es posible que extrajese muchas inspiraciones de *The Crucifixion by an Eye-Witness* y también de los libros de Notovich, *The Life of Saint Issa* y *The Unknown Life of Christ*.

Sin embargo, el libro contiene muchos detalles que no se encuentran en las fuentes mencionadas, y aunque es posible que el autor tuviese acceso a otras que no conozcamos, algunos creen que esas informaciones adicionales se obtuvieron por vía de la meditación, bien fuese por «canalización» o mediante otra técnica similar. Esto no es más que una conjetura, naturalmente, hasta tanto la crítica dilucide las fuentes históricas utilizadas y otras investigaciones corroboren o desmientan lo que relata. Hasta la fecha, no obstante, la información ofrecida concuerda con otras fuentes y el libro parece digno de ser tenido en consideración.

Uno de los pasajes más interesantes de la obra asegura que Jesús volvió a reunirse con los esenios cuando regresó de Oriente, a la edad de treinta años pocos más o menos. Según este relato Jesús fue recibido con gran ceremonia por la hermandad y los ancianos elogiaron su sabiduría. Sin embargo él deseaba someterse a otras pruebas, y su petición fue aceptada, como dice el texto que hemos citado aquí en el capítulo 8.

11. La crucifixión

Jerusalén

Los sumos sacerdotes y los escribas decidieron que Jesús debía morir, pero temían el alboroto popular. Jesús estaba al tanto de la conspiración y anunció a sus discípulos lo que iba a suceder. También les predijo que sería negado por Simón Pedro y traicionado por otro de sus apóstoles. Llegados que fueron a un lugar llamado Getsemaní, dijo a sus discípulos que aguardaran mientras él rezaba. Estaba triste y lleno de presentimientos cuando, arrodillándose en tierra, rezó:

¡Abba, Padre!, todo te es posible; aparta de mí este cáliz, pero no sea lo que yo quiero, sino lo que quieres tú.[1]

Durante esta conmovedora oración entró en agonía y sudaba como gotas de sangre que caían al suelo. Y se le apareció un ángel del cielo para reconfortarlo.[2]

¿Por qué rezó Jesús? En la plegaria implora sinceramente a Dios que aparte de sus labios el cáliz de la muerte. En un sermón anterior había dicho que cuando se le pide una merced a Dios de todo corazón, la oración será correspondida en premio de la fe. Y también cuando se vio en el trance de resucitar a Lázaro de entre los muertos declaró que Dios le escucharía:

Padre, te doy gracias porque me has escuchado. Yo bien sabía que siempre me escuchas, pero lo he dicho por la gente que me rodea, para que crean que tú me has enviado.³

Sabiendo que iba a ser traicionado por Judas, dirigió una oración especial a Dios para que le salvase de la muerte. ¿Acaso temía a la muerte? Y si no la temía, por qué rezó «Abba, aparta de mí este cáliz»? Esta contradicción me intrigaba hasta que encontré la solución en las observaciones que Mirza Ghulam Ahmad plantea en su tratado sobre la vida oculta de Jesús, y paso a citar:

> Era necesario que escapase a la muerte en la cruz, porque está escrito en los libros sagrados que es maldito el hombre al que cuelgan del madero. Y sería una blasfemia cruel e injusta el atribuir una maldición a persona tan eminente como Jesús, el Mesías, pues según convienen cuantos conocen el idioma, «lanat», o la maldición, alude al estado de corazón de ese hombre. ¿Es admisible decir que el corazón de Jesús estuviese nunca separado de Dios? Por tanto, ¿cómo podríamos decir (no lo consienta Dios) que fue maldito?
> Buscad en la Biblia, y veréis en todas partes cómo Jesús afirma ser el Hijo predilecto de Dios. ¿Cómo atribuir una maldición a Jesús en contradicción con estas santas relaciones? En consecuencia, no cabe duda de que Jesús no fue crucificado, ya que esa personalidad no merece la consecuencia que se sigue de la muerte en la cruz.⁴

Los fariseos deseaban crucificar a Jesús para que muriese maldito. Según la ley mosaica sólo los malditos morían colgados y, evidentemente, ninguno de tales infames podía ser un mesías. Las Escrituras dicen formalmente que «el que muere colgado de un árbol es maldito de Dios».⁵ Jesús, que conocía a fondo la ley de Moisés, oró con pasión a Dios para que le ahorrase tal destino.

El juicio y la crucifixión

No me propongo pasar revista aquí a los acontecimientos que condujeron al juicio y crucifixión de Jesús según se describen en los Evangelios, sino indagar cualquier información de otras fuentes, por baladí que padezca, con tal de que arroje una luz distinta sobre el fatídico acontecimiento.

Jesús se hallaba en Cafarnaúm cuando se le apreció el ángel Gabriel y le dijo: «Levántate y ve a Jerusalén». Lo cual obedeció.[6] El viaje fue largo porque los samaritanos no consintieron que pasara por el territorio de ellos. Una vez en Jerusalén, Jesús enseñó en el templo todos los días y los sacerdotes, temiendo que capitanease una revuelta popular contra ellos en ocasión de la próxima Pascua, convocaron una asamblea presidida por el sumo pontífice Joseph ben Caifás. En ella decidieron que Jesús fuese muerto por haber asumido el papel del Mesías prometido y aspirar a proclamarse rey de los judíos.

Tal era la situación cuando Nicodemo quiso defender a Jesús diciendo que no era legal condenar a un hombre sin escucharle antes. Los sacerdotes y los fariseos rechazaron este argumento.[7] Nicodemo se reunió con José de Arimatea y otros amigos esenios para poner en su conocimiento el peligro que corría Jesús. Conociendo que los fariseos deseaban matar a Jesús cuanto antes, los esenios decidieron sustraerle a la venganza de sus enemigos.[8] Después de su prendimiento Jesús fue conducido ante Poncio Pilato, en la torre Antonia. Y mientras los discípulos de Jesús deliberaban con José de Arimatea, los sacerdotes presionaban a Pilato para que emitiese la condena de muerte contra Jesús.

Durante unas excavaciones en la ciudad antigua de Aquila (Nápoles), el comisionado de Bellas Artes del ejército francés halló dentro de una jarra de mármol una plancha de cobre cuya inscripción en hebreo fue traducida al francés en 1810. Al reverso de la placa se había grabado la frase siguiente: «Envíese una copia de ésta a cada una de las tribus». El documento fue confiado sin demora a la custodia de la sacristía de Certosa:[9]

> En el año decimoséptimo del Emperador Tiberio, al día vigésimo séptimo de marzo, en la ciudad santa de Jerusalén, siendo sumos pontífices Anás y Caifás, encargados de los sacrificios del pueblo de Dios, y sentado en el trono presidencial del pretorio Poncio Pilato procurador de la Galilea Inferior, condénase a la muerte en la cruz entre dos ladrones a Jesús de Nazaret, en razón de terminantes y notorias pruebas de las cuales resulta que:
>
> i. Jesús es un impostor.
> ii. Es culpable de sedición.
> iii. Es un enemigo de la ley.
> iv. Ha afirmado falsamente ser el Hijo de Dios.
> v. Ha afirmado falsamente ser el Rey de Israel.
> vi. Ha irrumpido en el Templo con una multitud que llevaba hojas de palmera en las manos.
>
> Por todo lo cual se dispone que el reo sea conducido al lugar de la ejecución por el primer centurión Quilio Cornelio, y se prohíbe a todos, pobres y ricos, toda acción encaminada a evitar la muerte de Jesús el Cristo. Firman esta condena contra Jesús los testigos:
>
> Daniel Ronani, fariseo, Juan Robani, Rafael Robani y Capeto, un ciudadano.

¿Cuándo tuvo lugar la crucifixión?

Sin entrar en la controversia sobre la autenticidad de esta plancha, me parece que la información que contiene merece una seria consideración. En primer lugar, nos da a conocer los nombres de los testigos que firmaron la sentencia contra Jesús. Segundo, la fecha en que se dictó tal sentencia, el 27 de marzo del año 17º de Tiberio César, que corresponde al 30-31 d. de C.

Esta fecha exige un examen detallado. Fue Poncio Pilato quien promulgó la pena capital contra Jesús, pero el veredicto le fue dictado por el sumo pontífice Joseph ben Caifás. Ambos personajes fueron desposeídos de sus cargos por los romanos hacia el 36 d. de C., de donde resulta que Jesús debió ser sentenciado antes de esa fecha, seguramente con uno o dos años de diferencia ya que la destitución de aquéllos fue motivada por la crucifixión de Jesús. En vista de ello me inclino por el 35 d. de C. como la fecha más probable de la crucifixión, aunque la cuestión dista de poder considerarse resuelta.

El Gólgota

Jesús fue conducido en procesión al Gólgota para ser crucificado. En esta peculiar modalidad de ejecución la víctima quedaba colgada de la cruz mediante sogas o clavándole las manos y los pies. El madero principal llevaba un pequeño soporte o *sedile* destinado a prolongar la agonía de la víctima, y en algunos casos un apoyo para los pies, con la misma finalidad. «Las víctimas de la crucifixión tardaban dos o más días en fallecer»,[10] mientras les quedasen fuerzas para buscar apoyo en el *sedile*.

Era costumbre que las mujeres judías se acercasen a administrar la *toska* a los supliciados. Era ésta una bebida hecha de vino mezclado con ajenjo, que embotaba los sentidos de la víctima.[11] En cualquier caso la intención del procedimiento consistía en prolongar varios días la agonía del reo. Por último, y como no debían quedar colgando de la cruz durante la jornada del sábado, si no habían muerto aún se les quebraban las piernas a bastonazos, y faltos del apoyo perecían por colapso circulatorio, o de agotamiento y hambre en fin de cuentas.

Hanna Williams, que presenció crucifixiones en época moderna, asegura que los crucificados generalmente languidecían unos tres días antes de morir.[12] Por mi parte he averiguado que en las Filipinas, los muchachos y muchachas que desean cumplir un voto transportan sus cruces a la espalda siguiendo un recorrido predeterminado y luego son crucificados por los sacerdotes; a veces los atan con sogas al travesaño, pero otros prefieren ser clavados. El mismo día, al anochecer, los descuelgan y les curan las heridas. Este rito se celebra todos los años entre los católicos de las Filipinas.[13] En África, donde la sentencia capital muchas veces se ejecuta por crucifixión, también vienen a tardar unos tres días en morir.[14]

La cruz en la cual fue clavado Jesús era distinta de las que se utilizaban habitualmente. Por lo general se clavaba el madero en el suelo y se remataba con el travesaño; en la cruz de Jesús, por el contrario, el madero perpendicular sobresalía del travesaño. Además clavaron delante de la cruz un madero más corto para permitirle descansar mientras lo ataban,[15] y luego los verdugos lo clavaron por las muñecas y por los pies, conforme a la práctica común.

Se asevera que este tipo especial de cruz fue hecho para Jesús a instancias de los criados del Sanedrín. ¿Por qué formularían esa petición especial, si no fue con intención de salvarle la vida? Sabemos que José de Arimatea había regresado a Palestina de uno de sus múltiples viajes, y también que fue recibido por Pilato.[16] Era un hombre rico e influyente, de quien se dice que fue además bueno y justo, discípulo de Jesús y, al igual que Nicodemo, miembro de la Orden esenia.[17] A lo que parece, informado a tiempo del destino que se le reservaba a Jesús prefirió mantenerse en un segundo plano, donde sería de más utilidad. En cuanto a Nicodemo, fariseo y discípulo oculto de Jesús, quiso interceder en favor de Jesús pero no fue escuchado. Él y sus correligionarios esenios celebraron también conciliábulos secretos buscando medios para salvarle.

La Pasión

Jesús sufrió en silencio, con los ojos vueltos hacia el cielo, hasta que dijo: «Padre, perdónalos, porque no saben lo que hacen».[18]

Consumido por la sed, tenía los labios resecos y agrietados. Entonces un soldado empapó una esponja en vinagre y se la tendió mediante una percha de hisopo para que bebiese.[19]

Jesús permaneció en la cruz desde la hora sexta hasta la nona, y luego la oscuridad cubrió toda la tierra.[20] Ante esta súbita irrupción de la oscuridad muchos de los presentes se dieron golpes de pecho y regresaron a sus casas, temiendo que cayeran sobre ellos los espíritus malos para castigarlos.[21] Algunos se mantuvieron a pie firme, no obstante: los enemigos de Jesús, los sacerdotes y los soldados, así como sus seguidores, entre los cuales se hallaban su madre María, la hermana de su madre, María la esposa de Cleofás, María Magdalena,[22] José de Arimatea,[23] María la madre de Santiago, Salomé y otras mujeres,[24] como la madre de los hijos del Zebedeo[25] y varias discípulas y devotas, así como los esenios del Gólgota.[26]

A la hora nona abatió la cabeza y antes de que le abandonasen las fuerzas gritó en voz alta diciendo: «Elo-i, Elo-i, Lama sabach-thani!».

De los cuatro evangelistas, sólo Mateo y Marcos citan esta frase.[27] Según Lucas lo que gritó Jesús fue: «Padre, en tus manos encomiendo mi espíritu». Juan escribe que antes de abatir la cabeza Jesús dijo: «Todo está consumado». Los otros dos Evangelios reproducen la frase en su idioma original y añaden «que quiere decir: «¡Dios mío, Dios mío! ¿Por qué me has abandonado?». Ello pese a lo que había predicado en el Sermón de la Montaña:

Pedid y se os dará; buscad y encontraréis; llamad y se os abrirá. Porque todo el que pide recibe, y el que busca encuentra y al que llama se le abre.[28]

Según Lucas, en la oración del huerto de Getsemaní la oración de Jesús fue escuchada y bajó un ángel de Dios para confortarle,[29] aunque responde a una lógica extraña, a mi juicio, el escribir que esto fue un consuelo, sobre todo si recordamos las palabras de Jesús citadas al principio de este capítulo, cuando da gracias a su Padre por escucharle siempre.

Se plantean las preguntas siguientes: ¿por qué cambiaron los compiladores de los Evangelios las palabras de la invocación de Jesús? Si todos los Evangelios fueron traducidos al griego, ¿por qué se dejó esa frase en su hebreo y arameo original? O mejor dicho, en el hebreo original las palabras *Eli, Eli, Lamah shavahhtani* significan en realidad «¡Dios, Dios, cómo me has glorificado!». ¿Cuál es la versión correcta? ¿Fue Jesús realmente abandonado por Dios?

Luego descubrí que la frase «Dios mío, Dios mío, ¿por qué me has abandonado?» aparece también en los Salmos. Pero la cuestión que se plantea es saber si Dios pudo abandonar a Jesús y por qué. La confusión desaparece si procuramos dilucidar la traducción de la frase. La versión sumeria demuestra que Jesús hablaba en hebreo y en arameo. Las primeras dos palabras, *Elo-i, Elo-i,* habitualmente traducidas como «Dios mío, Dios mío» darían en hebreo, más correctamente, *Elauia,* que significa «no hay otro Dios salvo Elohim»; las otras palabras están en arameo y deben transliterarse como *Li-mas-ba (la) g-ants,* y el significado de la frase completa: «Sólo Dios es Dios, glorioso y loado sea su enviado».[30]

La versión sumeria tiene un significado claro y ajustado al caso. Es interesante observar la semejanza de la frase con el símbolo de la fe islámica «sólo Dios es Dios y Muhammad es su enviado»; en árabe Muhammad significa «el glorioso» o «el alabado». *Elo-i* o *Eli* tienen otras correspondencias, por cierto, como el grito de Krishna en la guerra entre los Kaurava y los Pandava: *Elia, Elia!;*[31] también Buda recitaba la palabra *Elia* en sus oraciones cuando sentía la hostilidad de su pueblo.[32]

En la época, cuando se juzgaba que el reo debía estar casi muerto solían atravesarle los pulmones de una lanzada para acelerar el proceso. El soldado romano que clavó su lanza en el costado de Jesús sin duda ejecutó la orden con desgana, o tal vez creyó que Jesús estaba ya muerto. Poco se sabía entonces acerca de la circulación de la sangre, ni de los signos de lo que hoy llamamos la muerte clínica.

Jesús fue clavado en la cruz la víspera del sábado, que era también día de preparación de la Pascua. Al anochecer debían cesar todas las actividades y estar descolgados los cadáveres de los reos.[33] Marcos dice que Jesús fue crucificado en la hora tercia, y tanto este evangelista como Mateo aseveran que «entregó el alma» a la hora nona. Lo cual significaría que Jesucristo permaneció por lo menos seis horas en la cruz. Pero Lucas dice que entregó el alma hacia la hora sexta, según lo cual estuvo crucificado sólo tres horas; aunque el mismo Lucas cuenta que la extraña oscuridad duró desde la hora sexta hasta la nona. De acuerdo con Juan, Pilato juzgó a Jesús hasta la hora sexta.

Antiguamente y entre los judíos los días se contaban desde la salida del sol, de manera que la hora tercia podrían ser las 9 de la mañana, la hora sexta las 12 del mediodía y la hora nona las 3 de la tarde. Reuniendo las informaciones que aportan los Evangelios yo reconstruiría de la manera siguiente los acontecimientos de esa jornada:

- Las nueve de la mañana (hora tercia): la acusación contra Jesús presentada ante Pilato; discusión hasta poco antes de la hora sexta (mediodía), cuando se imparten las órdenes definitivas;
- las doce del mediodía (hora sexta): Jesús crucificado en el Gólgota;
- las tres de la tarde (hora nona): se autoriza el descendimiento de Jesús, teniéndole por muerto.

Parece probable, pues, que Jesús permaneciese sólo tres horas en la cruz, y luego fue preciso descenderle porque era la víspera del Sabbath y también la preparación de la Pascua.

Según *The Crucifixion by an Eye-Witness,* esto sucedió en la hora nona, las tres de la tarde, y Jesús estuvo tres horas crucificado. De la parte del mar Muerto se alzó una niebla rojiza, las laderas experimentaron una violenta sacudida y se difundió una espantosa oscuridad mientras Jesús abatía la cabeza sobre el pecho.[34] Pero comenzaba el sábado y las víctimas no podían quedar colgando de la cruz. Cuando los sacerdotes se enteraron de que José había obtenido la autorización para llevarse el cuerpo de Jesús, visitaron a Pilato y solicitaron que se les rompiesen las piernas a los reos, puesto que la ley prohibía dejarlos colgados en sábado.[35] Los soldados fueron allá y les rompieron las piernas a los dos ladrones, provocando su rápido fallecimiento. Pero cuando se acercaron a Jesús creyeron que había muerto y no le rompieron las piernas,[36] sino que uno de los soldados le asestó una lanzada en el costado derecho y según el evangelista Juan, brotó de la herida sangre y agua.[37] El soldado no reparó en esto, sino que se alejó, permitiendo que los deudos descolgasen a las víctimas.

En efecto sorprende que, mientras a los otros dos reos se les remató rompiéndoles las piernas, no se hiciera lo mismo con Jesús, lo cual podemos atribuir a negligencia, ignorancia, soborno o complicidad. Es muy posible que Jesús se hallase en coma,[38] o quizá fingió la muerte poniéndose a sí mismo en trance cataléptico. El hecho de que manase sangre y agua de la herida parece demostrar que estaba con vida, según los conocimientos médicos de hoy. ¿Estaba Jesús en coma o había muerto realmente?

12. El sudario de Turín

Historia de la Sindone

Si Jesús murió o no, es cuestión que sólo puede resolverse acudiendo al punto de vista médico. He mantenido nutrida correspondencia con numerosos profesionales y mi amigo el doctor Kittermaster, especialista en patología que ejerce actualmente en Turnbridge Wells (Inglaterra), ha manifestado especial interés por el asunto y opina que «vivo o muerto, es difícil de explicar cómo fluyó agua, pero lo seguro es que no fluye sangre cuando se inflige una herida punzante después de la muerte. El hecho de que el lanzazo hiciese salir sangre indica con bastante probabilidad que el reo estaba vivo y no muerto». Últimamente este facultativo ha publicado un artículo sobre el tema.[1]

El quid de la cuestión radica en una prueba de importancia esencial, el Santo Sudario de Turín. Este sudario, en el que se cree quedó envuelto el cuerpo de Jesús mientras lo tuvieron en el sepulcro, ha motivado grandes controversias en cuanto a su autenticidad. Resumamos aquí su historia. En la época de Cristo, Edesa era una ciudad-estado de Siria cuyas relaciones mercantiles alcanzaban hasta la India, a través de Babilonia.[2] Su rey Abgar Ukkama enfermó de artritis y lepra, y entonces su cuidador Ananías le habló de Jesús, un taumaturgo de Jerusalén que había hecho milagros y tal vez podría curarle. Ananías emprendió el viaje pero Tomás le dijo que Jesús había muerto y que después de la crucifixión el Maestro había desaparecido.

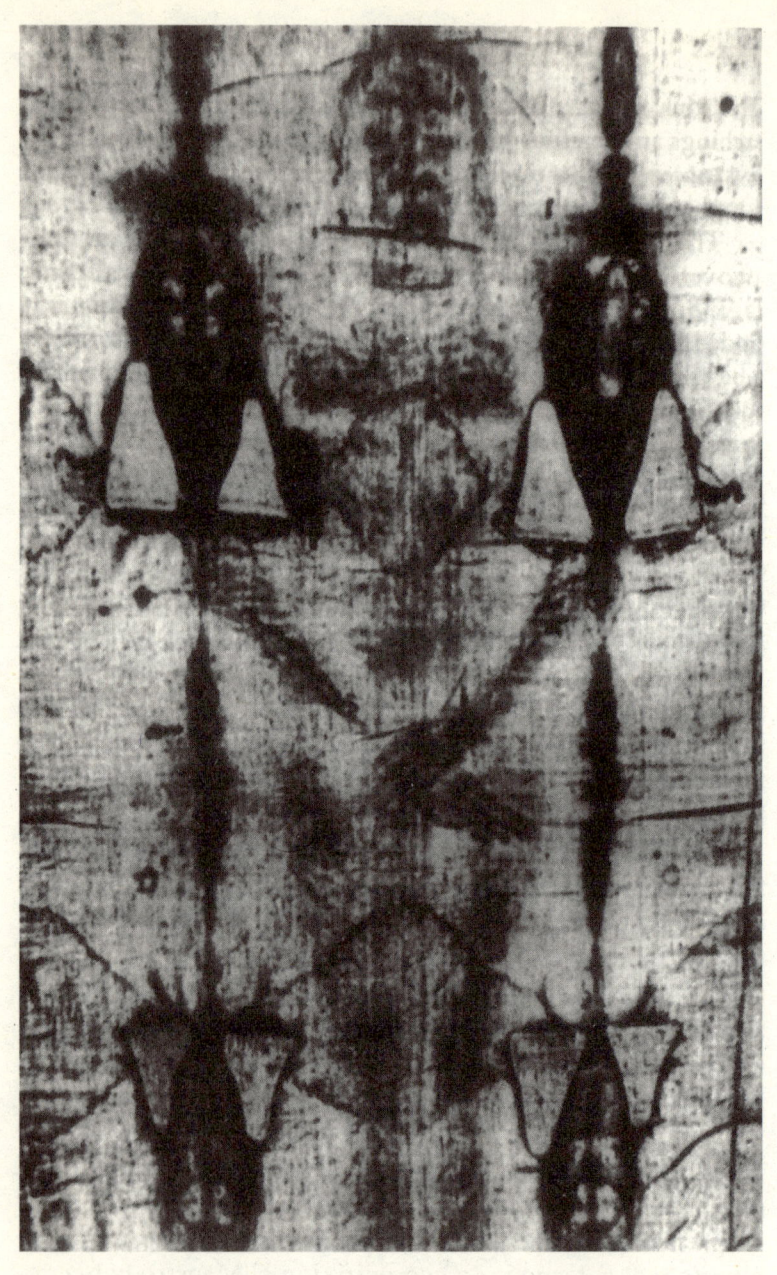

Imagen de Jesús en el Sudario de Turín (Enrie. Turín)

Sin embargo, le hizo entrega del sudario, diciéndole que aquella tela había envuelto el cuerpo de Jesús después de la crucifixión y que sin duda tendría poderes curativos maravillosos. Ananías regresó con Andrés a Edesa, y el rey sanó.[3] Tras lo cual el rey fomentó la difusión de las enseñanzas cristianas entre sus súbditos, que eran en su mayoría judíos. Muchos de éstos admitieron tales enseñanzas y algunos figuraron incluso entre los primeros obispos, aunque sin abandonar sus nombres judíos.

El Sudario fue llevado a Edesa alrededor del 30 d. de C., por consiguiente. En el 525 d. de C. fue descubierto en un nicho y se conservó en la catedral de la Hagia Sophia de Edesa. Cuando esta ciudad fue tomada por los musulmanes, la reliquia quedó en poder del obispo de Samosata (hacia el 944 d. de C.) y luego fue llevada a Constantinopla. En esta capital fue vista en 1058 por Abu Nasr Yahya, un escritor árabe cristiano, y también por el cruzado francés Robert de Clari en 1203. Al año siguiente la ciudad fue saqueada por los cruzados y el lienzo desapareció, pero halló refugio en Francia, donde fue expuesto por primera vez en público y en presencia de la real familia de la Casa de Saboya.[4]

En 1898 el italiano Secondo Pia fotografió por primera vez la Sindone, aprovechando una exposición de 1898. Al revelar las placas del negativo en el laboratorio, descubrió los rasgos de una persona, muy parecidos a los que solía atribuir a Jesús la iconografía. En la fotografía apareció una imagen de cuerpo entero, con las heridas de la corona de espinas, la lanzada en el costado y las heridas de los clavos.

Médicos y científicos

Las opiniones discrepan también acerca de cómo se formó la imagen sobre el Sudario. En 1902 el profesor de anatomía Yves Delage aseguró que la imagen de Cristo se había producido por efecto de un proceso físico-químico que tuvo lugar mientras permaneció envuelto en la pieza. En 1924 un biólogo, Paul Vignon, declaró que las coloraciones y las huellas fueron causadas por la transpiración del cuerpo de Jesús, ungido además en una mezcla de tintura de áloe y aceite. Algunos opinan que la imagen se debe a un desprendimiento de capas epidérmicas. En pruebas científicas se reveló que las huellas de las heridas eran de sangre, que no de pigmento, ya que los residuos contenían la proporción exacta de hierro que sería de esperar en unas manchas de sangre.[5]

En el ritual judío los cadáveres se lavaban antes de sepultarlos. En el caso de Jesús nada demuestra que se hubiese lavado el cuerpo. Los evangelistas dicen que José de Arimatea, Nicodemo y otros lo ungieron. Si hubiera sido cadáver lo habrían lavado.

Mis amigos alemanes me han indicado un libro titulado *Jesus ist nicht am Kreuz gestorben* («Jesús no murió en la cruz»), por Kurt Berna. El erudito autor aduce una serie de pruebas según las cuales el corazón de Jesús aún latía cuando fue descendido de la cruz. Una vez envuelto en el Sudario, las numerosas heridas de su cuerpo siguieron sangrando y el autor argumenta que los muertos no sangran. De donde extrae Kurt Berna la conclusión de que Jesús sobrevivió a la crucifixión y considera que la Santa Sindone es la prueba irrefutable. Escribí a Kurt Berna y hemos mantenido una larga discusión por correspondencia. En 1959 Kurt Berna escribió al papa Juan XXIII para comunicarle sus conclusiones, afirmando:

> Durante los últimos veinticuatro meses los especialistas de varias universidades alemanas han intentado refutar mis descubrimientos sin conseguirlo. Ahora reconocen y admiten la validez de mis investigaciones así como la importancia de éstas para las religiones cristiana y judía.
> Se ha demostrado sin lugar a dudas que Jesucristo descansó envuelto en este Sudario después de la crucifixión y de habérsele retirado la corona de espinas. Las

pruebas efectuadas hasta la fecha corroboran que el cuerpo del crucificado estuvo envuelto en este lienzo y debió permanecer algún tiempo en él.

Desde el punto de vista médico se demuestra que el cuerpo envuelto en el Sudario no estaba muerto, y que el corazón aún latía. Las manchas de fluido sanguíneo, su posición y su naturaleza, suministran la prueba científica positiva de que la supuesta ejecución no tuvo la conclusión legalmente prevista. Y dicho descubrimiento sugiere que las enseñanzas pasadas y presentes del cristianismo no son correctas en este punto.[6]

La cuestión relativa a la «sangre y agua» no sólo ha sido objeto de controversia sino también de sensacionalismo. Entre otros documentos he tenido ocasión de estudiar un informe elaborado por el doctor Primrose, de la Royal Society de Edimburgo (Escocia). Cito seguidamente varios párrafos del legado de dicho anestesista jefe:

> En el caso de Cristo la vitalidad quedó reducida a un nivel tan bajo que ni siquiera la respiración activa constituyó el intercambio metabólico principal después del colapso. De hecho la respiración no llegó a faltar completamente, como parecería obvio por la ausencia de movimientos respiratorios, al quedar suficiente respiración remanente debida a los latidos del corazón contra las paredes pulmonares que lo rodean en gran parte. De esto tenemos experiencia práctica en anestesia; el fuelle del aparato convencional de anestesia demuestra que siguen existiendo movimientos respiratorios pese a la inmovilidad del tórax y el diafragma.
>
> Se combina con esta respiración residual, en el caso de Cristo, la concentración de la sangre circulante debido a la pérdida de un gran volumen de líquido hacia la cavidad abdominal. Al no producirse ninguna hemorragia severa y necesitarse muy poco oxígeno para mantener el metabolismo bajo mínimos, fisiológicamente no fue pre-

cisa una respiración más activa. Y este ritmo fisiológico reducido explica que ninguno de los presentes en la crucifixión advirtiese la presencia de vida en nuestro Señor incluso después de dos horas de colapso.[7]

Pablo teoriza que la crucifixión de Jesús sirvió para expiar los pecados del mundo. Ante los descubrimientos científicos el Santo Sudario empezaba a convertirse en un asunto espinoso para la Iglesia, que consintió una valoración científica secreta a cargo de diez especialistas, los cuales pusieron manos a la obra el 16 de junio de 1969. Debían llevar sus trabajos y elaborar su dictamen bajo la más estricta confidencialidad, bajo la dirección del cardenal Pellegrini. De hecho, tan secreta era esta comisión que ni siquiera fueron dados a conocer los nombres de los especialistas.

Con todo la prensa publicó que según los análisis científicos las manchas de sangre eran auténticas. «Las huellas que muestra el Sudario no pudieron producirse *post mortem* teniendo en cuenta que la posición de aquéllas y la presencia de decoloración debida al suero sanguíneo alrededor de las manchas de sangre demuestra que hubo hemorragia activa debida a la actividad cardíaca. La existencia de esos halos de suero requiere la existencia y la actividad de la fibrina en la sangre derramada; pero esta presencia de la fibrina no se da en las efusiones de sangre *post mortem*.»[8]

Habiéndose filtrado estas informaciones acerca de la sangre, la Iglesia adoptó una postura defensiva. En 1973 se autorizó otro análisis secreto sobre muestras que eran hilos manchados y tomados de la Sindone; según el dictamen las manchas no eran de sangre. Así que cuando se publicaron estos resultados en 1976 la Iglesia pudo considerar restablecidas sus doctrinas en cuanto a la crucifixión de Cristo; por otro lado se declaraba que la Sindone era una falsificación. Cuando se hubo calmado un poco el alboroto, se le requirió a la Iglesia que dijese qué sustancias químicas se habían encontrado en las manchas y por qué, si el Sudario era una falsificación, la Iglesia seguía conservándolo como una reliquia venerable.

Pero en 1978 el Sudario fue examinado de nuevo por dos grupos de científicos dotados de instrumentos ultramodernos. Los datos obtenidos dieron lugar a numerosas dificultades y nuevos enigmas. En particular hubo algunas sorpresas cuando los investigadores lograron reconstruir una imagen a escala real y en tres dimensiones del cuerpo que estuvo envuelto en aquel lienzo. Cuando menos demostraba que ningún pintor habría sido capaz de inventar con tanto detalle el desarrollo de una figura tridimensional; difícilmente el Sudario podía ser una falsificación. La otra observación fue que la imagen no había sido producida por ninguna sustancia identificable, si bien se corroboró que las manchas contenían hierro, un componente característico de la sangre.[9] Los científicos norteamericanos llegaron a la conclusión siguiente: «Es casi unánime el parecer de que la Sindone no es una pintura, pues salvo una pequeña proporción de óxido de hierro no hallamos pigmento alguno. Y no creemos que fuese posible producir la imagen que vemos mediante ningún otro líquido, ni con el vapor de agua».[10]

En 1973 un botánico suizo, Max Frei, observó la presencia de diminutas partículas de polvo en el Sudario. Tras tomar muestras en doce puntos diferentes y estudiarlas, en 1978 había identificado 49 especies de polen vegetal mezclado con el polvo, clasificándolas en cuatro grupos principales: 1) plantas halofitas típicas de la región de Palestina y del mar Muerto, incluyendo variedades desérticas de Tamarix, Suaeda y Artemisia; 2) especies vegetales características de la estepa de Anatolia, zona seca donde no germina el polen natural; 3) algunas plantas características de la región de Estambul y 4) algunos especímenes típicos de Francia e Italia.[11]

En marzo de 1977 la Iglesia concedió permiso especial a un equipo de científicos de la NASA para procedieran a un examen, bajo condiciones muy severamente limitadas no obstante, porque sólo se les permitió observar las fibras en uno o dos puntos a lo largo del borde. Las conclusiones fueron:

1. La antigüedad de la pieza de lino queda corroborada por el tipo de urdimbre en espiga, el cual se usó efectivamente hacia el siglo primero de nuestra era.
2. La imagen del Sudario es el desarrollo de un objeto tridimensional, no un dibujo plano, y no pudo ser obra de mano humana.
3. Los pólenes son de las especies que existían en Palestina durante el siglo I.
4. Las manchas y trazas muestran la presencia de mirra en el ungüento empleado para tratar las heridas de Jesús.
5. Los pies superpuestos estuvieron atravesados por un clavo entre los dedos segundo y tercero, aunque no afectó a ningún hueso.
6. Ambas palmas de las manos estuvieron atravesadas por sendos clavos que perforaron el tejido carnoso.
7. Existe una herida punzante entre la segunda y la tercera costilla, a unos quince centímetros del eje de simetría del cuerpo y en ángulo ascendente con respecto al corazón.
8. Las fotos obtenidas positivando los rasgos faciales indican una persona de origen probablemente judío, con nariz larga, cabello largo y barba.[12]

El lienzo que se conserva en la catedral de Turín tiene 4,35 metros de largo por 1,1 metros de ancho. El cuerpo tenía una estatura de 1,62 metros y las manchas corresponden a la posición de la cabeza, manos y lado derecho del tórax.

El análisis más reciente que se haya publicado fue anunciado en octubre de 1988 por el arzobispo de Turín, cardenal Anastasio Ballestrero. Según se dijo, la datación al radio-carbono había establecido la antigüedad de la tela en sólo 728 años. A primera vista esa datación parece implausible, en primer lugar porque la técnica en cuestión no permite fijar una fecha exacta sino, como mucho, un intervalo. En segundo lugar no sería posible obtener una datación al radio-carbono con la sangre del lienzo, ya que las manchas de sangre secas no absorben carbono; únicamente los organismos vivos asimilan tanto los isótopos radiactivos como el carbono corriente C12 no radiactivo. En tercer lugar, el examen fue realizado bajo la exclusiva dirección del profesor Luigi Gonella, asesor científico de la Iglesia, cuya intervención no pude calificarse de enteramente imparcial. Cuarto, el equipo científico no realizó estudios de las trazas de polen, ungüentos y partículas de polvo de la Sindone; en suma, se practicó un examen incompleto.

De todo esto me permito deducir que Jesús no murió en la cruz sino que sobrevivió. Me consta que esta opinión es contraria a las creencias religiosas del cristianismo, y luego supe que Kurt Berna había sufrido encarcelamiento de resultas de su exposición pública del asunto, aun siendo católico romano. Yo, que soy musulmán, también podría contar algunas persecuciones a consecuencia de mi obra, lo cual me ha convencido de que la libertad no es compatible con las creencias religiosas.

La impronta de Sai Baba

Citaré aquí una anécdota en relación con un maestro contemporáneo, Sathya Sai Baba, o Prashanti Niliyam, de Bangalore (India). En agosto de 1988 recibí en mi casa de Cachemira la visita de Carol Bruce, quien había leído en los libros de Andreas Faber-Kaiser y Helger Kersten que yo era la fuente de las informaciones manejadas por estos autores en relación con las estancias de Jesús en Oriente. Traía una fotografía especial del Cristo resucitado milagrosamente manifestada a Baba, la cual se reproduce en este libro. El caso, según lo ha relatado Barbara McMalley, de Nueva Zelanda, fue como sigue:

Estuve en Puttaparti con una amiga neozelandesa. Ambas nos ayudábamos y orientábamos mutuamente, ya que era la primera visita de ambas a la India. Mientras mi curiosidad se fijaba en muchas cosas, a ella la preocupaban exclusivamente las vicisitudes de Cristo, y traía dos objetos mediante los cuales confiaba merecer las bendiciones de Baba, un crucifijo y una fotografía en blanco y negro de las facciones de Cristo tal como aparecen en el Sudario de Turín. Acudíamos todos los días al darshan (audiencia con el maestro) y en una de estas ocasiones, Sri Sathya Sai Baba se plantó delante de nosotras, contemplando los objetos ofrecidos a su bendición, pero no quiso aceptar el crucifijo.

Mientras yo miraba fascinada, Sai Baba, con un ademán de la mano, extrajo del papel fotográfico la imagen en blanco y negro de Cristo hasta dejarlo totalmente en blanco; pero luego, con otro ademán, proyectó en ese papel en blanco –exactamente como si lo hubiese puesto en la cubeta de revelado de un laboratorio fotográfico– la imagen que hoy puede contemplarse en ese papel, la de Jesucristo resucitado y a todo color. Un Cristo cuya mirada obsesiona de tan llena de amor y compasión.

Y despidiéndose con una bendición de las dos mujeres de Nueva Zelanda, el Baba continuó su camino.

Fotografía de Jesús vivo revelada por Sai Baba (Carol Bruce)

13. La resurrección

En cierta ocasión recibí algunos de los libros escritos por los musulmanes *ahmadiyya* polemizando contra las creencias del cristianismo. El fundador de esta secta, Mirza Ghulam Ahmad, aseguraba ser un profeta, reformador, mesías y *mahdi* entre los musulmanes. Y aseveraba que Jesús murió de muerte natural en Cachemira; por consiguiente, la doctrina cristiana de la redención mediante la sangre de Jesús era errónea. Por último, decía que el renacimiento del Islam era ineluctable y que no existía ninguna necesidad de seguir esperando al Mesías prometido, pues éste no era otro sino el mismo Mirza Ghulam Ahmad. Mis relaciones con los ahmadi me han proporcionado muchas informaciones relativas al asunto de mi investigación, aunque buena parte de estos escritos son fruto del celo misionero.

La versión hindú de la crucifixión

Algunos yoguis saben reducir su propio ritmo cardíaco casi hasta la detención total, y la respiración se reduce a una inhalación en el espacio de varios minutos.[1] Un antiguo *sutra* hindú conocido como Natha-nama-vali o sutra sagrado de los yoguis natha, suministra una versión diferente acerca de la crucifixión de Jesús, a quien llaman Isha Natha, y paso a citar:

Isha Natha arribó a la India cuando contaba catorce años, tras lo cual regresó a su país para predicar. A no tardar, sus embrutecidos y materialistas compatriotas empezaron a conspirar contra él y obtuvieron su crucifixión. Durante ésta, o tal vez incluso antes, Isha Natha logró el *samadhi* o trance profundo mediante el yoga.

Viéndole en estas condiciones los judíos le creyeron muerto y lo llevaron a una sepultura. En ese mismo instante, sin embargo, uno de sus gurus o maestros, el gran Chetan Natha, estaba en las estribaciones del Himalaya sumido en profunda meditación, y tuvo una visión en la que presenció las torturas que se le estaban infligiendo a Isha Natha, por lo que hizo que su cuerpo se volviese más ligero que el aire y se trasladó a las tierras de Israel.

El día de su llegada quedó señalado por el rayo y el trueno, porque los dioses habían montado en cólera contra los judíos, y toda la tierra se estremeció. A su llegada, Chetan Natha se llevó de la sepultura el cuerpo de Isha Natha, lo despertó de su samadhi y luego lo llevó a la tierra santa de los arios. Entonces Isha Natha se estableció en un *ashram* de las regiones bajas junto a los Himalaya y estableció allí el culto al lingam y al yoni.[2]

Esta alusión al culto del lingam y el yoni nos remite a los primitivos cultos orientales de la fertilidad, que alcanzaron gran preeminencia en la región comprendida entre los ríos Tigris y Éufrates, es decir Mesopotamia.[3] Las leyendas de los yoguis natha no pueden desdeñarse por irrelevantes, ya que Jesús fue un oriental, y las tradiciones y leyendas orientales alrededor de su persona tienen por lo menos el mismo interés histórico que las narraciones teológicas de los Evangelios. En la India actual existen todavía los yoguis de dicha escuela y algunos de sus himnos aluden a la persona de Juan el Bautista. En consecuencia, creo que las tradiciones acerca de Jesús contenidas en los *sutras* hindúes merecen consideración.

La versión esenia

José de Arimatea, nos cuenta el *Evangelio según Juan*, pidió autorización a Poncio Pilato para llevarse de la cruz el cuerpo de Jesús. Como apenas habrían transcurrido un par de horas, al procurador debió extrañarle que Jesús hubiese muerto ya, pero lo consintió, sin duda por haberle corroborado la guardia el fallecimiento del reo. En este episodio vemos un indicio claro de la intervención de los esenios, deseosos de salvar a Jesús. He aquí la versión esenia:

Dos de nuestros hermanos de entre los más influyentes y avezados pusieron en juego todo su ascendiente ante Pilato y el Sanedrín judío en favor de Jesús, mas no sirvieron de nada sus esfuerzos, por cuanto el mismo Jesús había solicitado se le permitiese sufrir el martirio de la fe, realizándose así lo prescrito por la Ley. Pues, como sabéis, no hay mayor sacrificio que morir por la verdad y la virtud.

Sucedió, pues, que después del terremoto y habiendo huido muchos de allí, José y Nicodemo consiguieron acercarse a la cruz. Y aunque deploraban en voz alta su triste suerte, no dejó de extrañarles que Jesús hubiese muerto ya, cuando aún no hacía siete horas que colgaba de la cruz. No pudiendo creerlo, se acercaron a examinar el cuerpo y entonces Nicodemo, muy conmovido, llevó aparte a José y le dijo: «Si valen de algo mis conocimientos acerca de la vida y la naturaleza, estoy persuadido de que podemos salvarlo».

Dicho lo cual, y obrando con arreglo a los preceptos del arte médica, desataron poco a poco sus ligaduras, sacaron los clavos y lo descendieron al suelo con gran cuidado. A continuación Nicodemo empapó en especias poderosas y ungüentos curativos unas vendas largas que traía, y envolvió con ellas el cuerpo de Jesús, especias y ungüentos que eran de gran virtud y que nuestros hermanos esenios conocen. Inclinados sobre

Jesús, bañaban el rostro de éste con sus lágrimas José y Nicodemo, y luego le insuflaron su propio aliento [reanimación artificial] y le frotaron las sienes para calentarle los pulsos.

Nicodemo recubrió de bálsamo las dos manos traspasadas por los clavos, pero dijo que sería mejor no taponar la herida del costado, juzgando que el flujo de sangre y agua ayudaría a restablecer la respiración y así restauraría la vida.

Luego bajaron el cuerpo a la sepultura excavada en la roca, en la propiedad de José, e hicieron en ella sahumerios de áloe y de otras plantas, y cubrieron la entrada con una losa grande para mantener dentro de la sepultura los vapores.

Treinta horas habían transcurrido ya desde la supuesta muerte de Jesús. Nuestro hermano, oyendo un rumor dentro de la gruta, fue a ver lo que había ocurrido. Con inexpresable alegría observó que los labios del yacente se movían, y que respiraba. Rápidamente se acercó para ayudarle. Veinticuatro hermanos de nuestra Orden se acercaron a la gruta con José y Nicodemo. Pero Jesús aún no tenía fuerzas para caminar, por cuyo motivo lo llevaron a una casa de Nuestra orden, cercana al huerto del Calvario.[4]

Así pues, mientras los Evangelios autorizados nos dicen que Jesús perdió la vida en la cruz, la versión esenia coincide con la hindú en afirmar que Jesús sobrevivió a la crucifixión y se salvó: según la versión hindú, de manera milagrosa, y según la esenia, de una manera bastante verosímil con arreglo a la ciencia médica. En cualquier caso nos consta por los Evangelios autorizados que José y Nicodemo habían intentado ayudar a Jesús y salvarlo.

El *Evangelio según Juan* dice que llevaron lienzos con aromas y cien libras de una mezcla de mirra y de áloe.[5] Lucas relata que José de Arimatea llevó especias y ungüentos para Jesús. ¿De qué iban a servir, si no queremos admitir lo que cuenta la versión esenia de los sucesos? Ciertamente el punto merece ser investigado.

A lo que parece, los esenios poseían la experiencia médica necesaria para socorrer a Jesús y salvarle la vida, por cuanto «habían investigado a buen fin, y en interés de la medicina, las virtudes curativas de las raíces y de las piedras».[6] Sabemos que la mirra y el áloe se reducían a polvo para introducirlos entre las vendas con que, vuelta sobre vuelta, se envolvían las heridas.[7]

Según los textos esenios,[8] Nicodemo le dio vino a beber, con lo cual Jesús se rehizo, pero los esenios lo mantuvieron escondido, por razones de seguridad, hasta que hubo recobrado las fuerzas. Le dieron ropa de trabajo para que pareciese un jardinero. Comía dátiles y pan empapado en miel. Nicodemo le cambió las vendas, le dio una pócima y le ordenó que descansara. Como no estaba seguro en el país, más adelante lo trasladaron en secreto a otro centro esenio.

Jesús restablecido

Fue Mirza Ghulam Ahmad, el fundador de la secta ahmadiyya, quien llamó la atención de los entendidos sobre el ungüento empleado para curar las heridas de Jesús:

> Poseemos una prueba de gran valor por lo que concierne a Jesús y su convalecencia después de la crucifixión, y es la receta del bálsamo llamado «marham-i-Issa» que puede hallarse en cientos de manuales médicos, algunos de éstos recopilados por los cristianos, otros por los magos y por los judíos, y algunos por los musulmanes. Muchas de estas obras datan de tiempos muy antiguos, y se tiene por cierto que esta preparación ha llegado a conocimiento de millones de personas gracias a la tradición oral. Las farmacopeas latinas lo registran en latín poco después de la crucifixión de Jesús, y también se

menciona que fue preparado para curar las heridas de Jesucristo.[9]

El erudito autor menciona asimismo los títulos de 23 tratados médicos que mencionan este bálsamo. Abu-bakr Mohammad Zakariya Razi (864-932 d. de C.), conocido en Europa con el nombre de Rhazes, escribió varios tratados médicos, algunos de los cuales se tradujeron al latín, y menciona el preparado en uno de éstos, publicado en 1489 bajo el título de *Liber Almansoris-Continens,* y traducido al inglés en 1848. El título original de esta enciclopedia médica era *Havi-Kabir.*[10]

Otro tratado árabe, el *Kamil-us-Sanaah* de Ali bin Abbas al-Majusi, fallecido en 994 y conocido en Europa como Hali Abbas, fue traducido al latín y publicado en 1492 como *Liber Regius;* en 1504 aparece en francés bajo el título de *Trois Traités d'Anatomie Arabe.*[11]

Citemos asimismo el famoso *Al-Qanun-fi-al-Tibb* de Abu Ali Hussain bin Abdullah bin Sena (980-1037), que traducido por Gerardo de Cremona se publicó en 1544, y aun hoy lo conocemos como *El Canon de la Medicina* de Avicena.[12] También otro tratado médico importante, conocido en Europa como el *Hesagps* de Jarjani, menciona el bálsamo.[13]

El ungüento que se usó con Jesús se conoce como *marham-i-Havarin,* el bálsamo de los apóstoles, o *marham-i-Rusul,* el bálsamo de los profetas, o *marham-i-Shalikha,* el bálsamo de Sheliaj, y alude Avicena a su poder maravilloso para sanar heridas,[14] diciendo que su empleo previene la formación de pus y restaura en pocos días las carnes llagadas.[15] No sólo apresura la formación de tejido fresco, sino que además estimula el flujo sanguíneo y la desaparición del embotamiento.[16]

Sus doce ingredientes eran 1) cera blanca, 2) goma *gugal,* también llamada balsamo dendron mukul, 3) plumbi oxidum, 4) mirra, también llamada *balsamo dendron myrrh,* 5) *galbanum,* 6) aristoelchia longa, 7) subacetato de cobre,

8) goma *ammonicum*, 9) resina de *pinus longifolia*, 10) *olibanum*, 11) áloe, y 12) aceite de oliva.

Estos doce ingredientes me fueron comunicados personalmente por Syed Abdul Hai, pakistaní estudioso de los manuscritos del mar Muerto, aunque de hecho la primera mención figura en la *Pharmacopoeia* griega.

El gran emperador abasí Mamun al-Rashid (913-983) estableció en Bagdad una biblioteca y una escuela de traductores, donde se elaboraron versiones al árabe de las obras griegas sobre medicina, ciencias y matemáticas. Fue durante esta edad de oro de la medicina islámica cuando la *Pharmacopoeia* griega se tradujo al árabe con el nombre de *Qarabadin-i-Rumi* o «farmacopea de los romanos». También la conocieron los persas bajo el título de *Qarabadin-i-Unani* o «farmacopea de los griegos». Todos estos tratados mencionan el bálsamo que se empleó con Jesús y sus ingredientes.[17]

Los científicos que han investigado hasta ahora el Santo Sudario de Turín desconocían, por supuesto, los verdaderos ingredientes del bálsamo, por lo que se limitaron a buscar trazas de mirra y áloe solamente. Creo que ahora que se ha dado a conocer la fórmula completa valdría la pena el emprender nuevos estudios de la Sindone.

Vida después de la muerte

Muchas disquisiciones se han escrito sobre si Jesucristo triunfó sobre la muerte en la cruz. Él mismo había predicho que resucitaría, y yo creo que resucitó efectivamente y logró escapar de entre las garras de la muerte. He aquí otra versión de los acontecimientos que tuvieron lugar después de la crucifixión.

El Maestro Yessu, aunque maltratado con brutalidad indescriptible, herido y habiendo perdido mucha sangre, se rehacía con más rapidez incluso de lo que habían esperado sus amigos. Una vez descendido de la cruz y debidamente atendidas sus heridas, sólo era cuestión de permitir que la naturaleza hiciese el resto.

Los amigos de su círculo íntimo habían decidido salvarle a toda costa, y ahí se echó de ver si habían entendido las ciencias superiores que él les enseñó. En efecto, tan pronto como descendieron el cuerpo de la cruz, lo introdujeron en la sepultura privada y tras sellar con precaución la losa de piedra, los amigos del Maestro enfilaron por el pasadizo secreto de acceso, y pusieron manos a la obra.

Al bajarlo de la cruz supieron que no había muerto, sino que sólo se hallaba en un estado inconsciente al que contribuía el láudano que tan ingeniosamente le habían administrado al amparo de la noche. Una vez el cuerpo en el sepulcro y lejos de miradas importunas, Yousef [José de Arimatea], Nicodemo, Mathaeli y otros pusieron en juego todos sus recursos para restablecer a su amado Maestro. Era casi medianoche cuando se repuso lo suficiente para permitir su traslado a casa de José.[18]

Vamos viendo que Jesús triunfó sobre la muerte en la cruz gracias a una combinación de imprevistos y de circunstancias planeadas. Prescindiendo de causas sobrenaturales, veamos cuáles fueron los principales errores cometidos por sus adversarios:

a) se utilizó una cruz diferente para Jesús, con *sedile* y apoyo para los pies,
b) lo crucificaron un viernes a la hora sexta, cuando la festividad del sábado debía comenzar ese mismo día a la puesta del sol, sólo tres horas más tarde,
c) no le rompieron las piernas,
d) Pilato permitió que José se llevase el cuerpo de Jesús.

No deja de resultar sorprendente que, según el evangelista Mateo, el mismo Pilato reconociese por indirecta que había incurrido en una equivocación:

Los fariseos fueron junto a Pilato y le dijeron: «Señor, nos hemos acordado de que ese seductor dijo cuando aún vivía: A los tres días resucitaré. Manda asegurar el sepulcro hasta el día tercero, no sea que vengan sus discípulos, lo roben y digan al pueblo: Ha resucitado de entre los muertos, y el último engaño sea peor que el primero». Pilato les dijo: «Tenéis guardias, id y aseguradlo como creáis».[19]

El primer error aludido fue permitir que José de Arimatea descolgase el cuerpo de Jesús para llevárselo, sin que constase si efectivamente estaba muerto.

Es interesante observar que el cuerpo de Jesús nunca fue hallado ni efectivamente inhumado. Los Evangelios nos hacen saber que se lo llevó José y lo dejó en una sepultura nueva excavada en la roca, y al día siguiente había desaparecido.

En el 326 d. de C. el emperador Constantino mandó construir en Jerusalén una basílica en honor de Jesucristo.[20] Dícese que el emplazamiento le fue sugerido por inspiración divina.[21] Sin embargo, allí sólo se han hallado enterramientos, pero no una gruta excavada en la roca. También es posible que desapareciese al cavar los fundamentos de la nueva basílica de Constantino; en cualquier caso, ningún arqueólogo ha encontrado allí reliquia alguna atribuible a Jesús.

Algo se sabe, no obstante, de una lápida según la cual Jesús no murió en la cruz, sino que sólo permaneció en ella algunas horas y luego fue salvado, curado y protegido por los esenios. Esta lápida se halla actualmente en posesión de la Sociedad Masónica alemana y fuera del alcance de las Iglesias cristianas.[22]

La Biblia nos relata que después de la crucifixión María Magdalena, María la madre de Santiago, y Salomé, con otros devotos, visitaron la sepultura de Jesús, y traían aromas preparados. Es decir, que se proponían ungir a Jesús otra vez.[23] Pero se encontraron con que la piedra había sido rodada a un lado y el cuerpo de Jesús no estaba allí.[24]

Mientras ellas estaban desconcertadas por esto vieron a un joven que se hallaba sentado allí, con una larga túnica blanca.[25] Según el relato de Marcos el joven les dijo que no se asustaran, y que dijeran a todos que Jesús iría a Galilea y podrían verle allí.[26] En consecuencia quedó convenido con los discípulos que irían todos a Galilea, y se guardó en secreto el incidente.[27]

Parece probable que ese joven fuese un esenio, pues en efecto éstos vestían obligatoriamente túnicas blancas. Según otra versión María Magdalena fue corriendo a decirle a Simón Pedro que Jesús había desaparecido del sepulcro; Pedro y otro discípulo corrieron allí, y asomándose al interior del sepulcro vieron los lienzos por el suelo, y el sudario con que le habían envuelto la cabeza a Jesús doblado en un lugar aparte.[28] Pero Jesús no estaba y lo único que indican los Evangelios es que desapareció. Ni rastro tampoco de José, ni de Nicodemo.

Los esenios han proporcionado más información acerca de lo que sucedió con Jesús durante los días y semanas siguientes. Jesús fue conducido por dos esenios a casa de un anciano de la Orden, cerca del monte de los Olivos. Estaba todavía muy débil y fatigado. Allí lo acostaron sobre un lecho de musgo, donde cayó en un profundo sueño. Un muchacho salió a por José de Arimatea, Nicodemo y los demás.

Al día siguiente la Orden se reunió en consejo para debatir la manera de seguir protegiendo a Jesús. Tanto José como Nicodemo le aconsejaron que no corriese ningún riesgo de volver a caer en manos de los pontífices, y que siguiera descansando porque «aunque las heridas de las manos empezaban a sanar y la del costado ya no supuraba, su cuerpo estaba todavía muy débil».[29]

Jesús deseaba reunirse con sus discípulos, pero sus protectores esenios no quisieron consentirlo, sino que lo trasladaron a Masada, en el valle de Rephaim, de noche y por sendas que sólo ellos conocían. En este valle desértico se le asignó un refugio y se le mandó que permaneciese allí hasta nueva orden, lo cual él prometió cumplir.

Hecho esto, José de Arimatea, Nicodemo y los demás partieron hacia Jerusalén, mientras Jesús permaneció allí durante una temporada. Todos los días enviaban un mensajero, a ver cómo progresaba su convalecencia. Jesús estaba triste y afligido por pensamientos melancólicos; él y Juan, por entonces ya muerto, habían recorrido con frecuencia aquel valle. Todos los días Jesús iba a un lugar elegido para tomar el fresco, y desde ese lugar divisaba el esplendor de la naturaleza así como el torreón de Masada y el valle de Sittim.[30]

El relato de la Resurrección

El *Evangelio de Pedro,* escrito hacia el 150 d. de C., aporta detalles sobre la resurrección de Jesús:

> En la amanecida del día del Señor, mientras los soldados de la guardia se turnaban de dos en dos, hubo un gran ruido en los cielos, y entonces vieron que el cielo se abría y bajaron dos hombres hacia la sepultura, envueltos en luz resplandeciente. Y la piedra con que la habían sellado rodó sola a un lado, quedando abierta la sepultura, y los dos jóvenes entraron en ella.
> Cuando vieron esto los soldados corrieron a llamar al centurión y a los ancianos, y mientras estaban contándoles las cosas que habían visto salieron tres hombres de la sepultura, y dos de ellos llevaban al tercero, y les seguía una cruz. Las manos de aquellos dos se alzaban hasta el cielo pero aquel a quien conducían se elevó aún más alto.[31]

Me parece que no por coincidencia tuvo Jesús dos acompañantes durante su transfiguración, y nuevamente aquí se le ve con dos hombres vestidos de blanco que lo sacan de la sepultura.[32] ¿Serían José y Nicodemo?

Más adelante, y ya curado, Jesús fue a una aldea llamada Emaús donde se encontró con dos de sus habitantes. Uno de ellos, llamado Cleofás, le preguntó si sabía lo que había sucedido en Jerusalén, que Jesús de Nazaret había sido condenado a muerte y crucificado por los sumos sacerdotes. A lo que Jesús les dijo:

¡Qué torpes sois y qué tardos para creer lo que dijeron los profetas! ¿No era necesario que Cristo sufriera todo eso para entrar en su gloria?[33]

Cuando estuvieron cerca de la aldea él demostró tener prisa, pero ellos le invitaron a quedarse para cenar y él aceptó la hospitalidad ofrecida.

Se puso a la mesa con ellos, tomó el pan, lo bendijo, lo partió y se lo dio. Entonces sus ojos se abrieron y lo reconocieron, pero él desapareció de su lado.[34]

Las repetidas desapariciones de Jesús crearon cierto malestar entre sus discípulos. Algunos creían que había resucitado, y otros no. Discutían en secreto su paradero y se solicitaban noticias los unos a los otros. Tomás opinaba que no era posible que ningún humano resucitase de su tumba. Durante una de estas reuniones Jesús se les apareció:

Jesús mismo se presentó en medio de ellos y les dijo: «La paz esté con vosotros». Aterrados y llenos de miedo, creían ver un espíritu. Él les dijo: «¿Por qué os asustáis y dudáis dentro de vosotros? Ved mis manos y mis pies. Soy yo mismo. Tocadme y ved que un espíritu no tiene carne ni huesos, como veis que yo tengo».[35]

La interpretación ortodoxa de todo esto es, naturalmente, que había muerto y luego resucitó milagrosamente. Pero también se puede interpretar que este pasaje desmiente que hubiese muerto en realidad, y sigue diciendo:

Y como ellos no creían aún de pura alegría y asombro, les dijo: «¿Tenéis algo de comer?». Le dieron un trozo de pez asado. Lo tomó y comió delante de ellos.[36]

De nuevo podemos interpretarlo como un intento de persuadir a sus discípulos de que estaba verdaderamente vivo y era un ser humano de carne y hueso. Otro día Jesús y sus amigos y protectores esenios se encontraron con el «incrédulo» Tomás, que seguía sin querer creer que Jesús estuviese vivo. Al verle Jesús le dijo:

Trae tu dedo aquí y mira mis manos; trae tu mano y métela en mi costado, y no seas incrédulo sino creyente.[37]

En este pasaje es obvio que Jesús quiere convencer a Tomás de que está vivo y es un humano. Muchas supersticiones estaban tejiéndose a su alrededor por parte de los discípulos, quienes hablaban a menudo de milagros. Jesús y muchos de sus amigos esenios poseían profundos conocimientos acerca de los poderes y procesos ocultos de la naturaleza. Pero él estaba vivo, no gracias a un milagro, sino en virtud de las leyes de la naturaleza y de la habilidad de sus valedores, y quiso convencer a sus discípulos de que su presencia podía entenderse sin recurrir a tales supersticiones.[38]

Si Jesús estaba físicamente vivo después de la crucifixión, no se necesita un gran salto de imaginación para creer que pudo continuar enseñando durante muchos años después de estos acontecimientos documentados en la Biblia.

El relato esenio continúa: Jesús iba de un lugar a otro y se alojaba exclusivamente en casas de esenios. En Betania lo hizo en la de Lázaro, donde estaban su madre María y varios discípulos. El mismo día compareció Nicodemo con la triste noticia de que habían prendido a José de Arimatea. Hubo gran angustia entre los esenios y Jesús rezó por la salvación de José. Pero como no tenían cargo contra él, lo pusieron en libertad. Jesús solicitó continuar su viaje a solas y se encaminó a Betsaida, donde paró en casa de Simón Pedro.[39]

Jesús se dirigió a orillas del lago de Galilea, donde Simón Pedro tenía una choza. Allí se reunió con Tomás, Nataniel, los hijos del Zebedeo y otros dos discípulos, que habían ido a pescar. Jesús les dijo que trajeran el pescado que tuviesen, y lo asaron en la hoguera, y Jesús y los discípulos comieron pan y pescado.[40] Al día siguiente Jesús reanudó el viaje.

Tras descansar y rehacerse varios días al pie del monte Carmelo regresó a Betania, donde confortó a su madre antes de continuar hacia el Cedrón, donde hizo alto y lloró por Jerusalén. Desde la cima del monte de los Olivos veía el país donde había vivido y predicado. Luego se puso en pie y desapareció entre la niebla.[41] Sus discípulos supieron que no volverían a verle y que en adelante les tocaba a ellos el difundir la palabra de Jesús.

En cierta ocasión éste había dicho:

Yo soy el buen pastor, y conozco mis ovejas y ellas me conocen a mí, igual que mi Padre me conoce a mí y yo conozco al Padre; yo doy mi vida por las ovejas. Tengo otras ovejas que no son de este redil. También a ellas tengo que apacentarlas. Ellas escucharán mi voz, y habrá un solo rebaño y un solo pastor.

El Padre me ama, porque yo doy mi vida para recobrarla de nuevo. Nadie me la quita, sino que la doy yo por mí mismo. Tengo el poder de darla y el poder de recobrarla. Tal es el mandato que he recibido de mi Padre.[42]

14. Partia

Si Jesús no murió en la cruz como los réprobos, ¿adónde fue? Las peripecias de su vida después de la crucifixión son un misterio. La Iglesia le dice al mundo que Jesucristo subió a los cielos, pero en nuestra época actual son cada vez más los que dudan de la verosimilitud de una ascensión. Jesús fue hombre y en tanto que tal debió morir en alguna parte. Si falleció en Jerusalén, ¿sería posible hallar su sepultura?

Hemos visto anteriormente que hay argumentos para creer que Jesús no murió en la cruz. Sabemos también que se reunió con sus discípulos, que comió con ellos y les enseñó sus heridas después de la crucifixión. Antes Jesús había anunciado que saldría a buscar las tribus perdidas de Israel; si hubiese muerto, su misión habría quedado incompleta. Por eso dijo a sus discípulos en términos inequívocos: «Tengo otras ovejas que no son de este redil. También a ellas tengo que apacentarlas. Ellas escucharán mi voz».[1]

Jesús guardó bien el secreto de su renovado destino, y no anunció a sus discípulos adónde pensaba dirigirse. A ellos les pareció que se alejaba entre nubes. O tal vez esto sea una leyenda urdida por los discípulos para corroborar la idea de que Jesús había sido un hombre milagroso.[2]

Pablo

A lo que parece Jesús sobrevivió y salió hacia Oriente, siendo visto en Damasco por Pablo, alrededor del 35 d. de

C. Pablo estaba encargado por los romanos de prenderle para volver a crucificarlo.[3] También se nos informa que Jesús tuvo un fiel discípulo llamado Ananías, quien se entrevistó con Pablo a petición de Jesús. Así se cuenta en los *Hechos de los Apóstoles*.

Se plantea así la cuestión: ¿por qué se narró el encuentro entre Pablo y Jesús? ¿Episodio visionario, intención desinformadora o suceso verosímil? Pablo se hallaba cerca de Damasco cuando oyó una voz que le decía: «Saulo, Saulo, ¿por qué me persigues?». Era Jesús quien le hablaba. Más adelante, cuando Ananías visitó a Pablo, le dijo que venía de parte de Jesús y puso en su conocimiento que él era el instrumento elegido y que debía predicar en nombre de Jesús a los israelitas.[4]

En consecuencia Pablo se quedó unos días con los discípulos de Damasco, transcurridos los cuales predicó en la sinagoga y logró muchas conversiones.[5] Estuvo en Jerusalén y en Tarso, y desarrolló más actividades misioneras en colaboración con Bernabé y con Juan.[6] El relato del encuentro entre Pablo y Jesús se califica de visión por parte de los compiladores de los *Hechos,* pero yo diría que esto fue una distorsión deliberada, con el fin de proteger a Jesús.

Sabemos que Pablo, anteriormente llamado Saulo, era oriundo de Tarso y se había formado como fariseo en Jerusalén. Al principio había sido uno de los adversarios de Cristo, pero después de su conversión emprendió la tarea de llevar la fe a toda Europa, y éste es un salto cualitativo cuya importancia no puede pasarse por alto. Para hacerlo se vio en la necesidad de inventar creencias y dogmas según él interpretaba las enseñanzas de Jesús, pero ¿no instituyó con esto una nueva religión?

Los historiadores de la Iglesia nos dicen que Pablo recorrió el imperio romano predicando el cristianismo entre los años 50 y 100 de nuestra era, pero los historiadores griegos y romanos de la época no lo mencionan para nada. Y sin embargo, apenas un siglo más tarde un 10 por ciento de la población del imperio romano, por lo menos, había abrazado el cristianismo. Aquéllos no mencionan a Pablo ni conocen ninguna de las Escrituras, como los Evangelios o las Epístolas. En *Antigüedades Judías* el historiador Josefo escribió un pasaje sobre Jesús, o eso creíamos hasta que se demostró que dicho texto era una interpolación perpetrada por los apologistas cristianos. Por otra parte se nos dice que Pablo fue luego condenado y ejecutado en Roma. ¿Cuál fue la causa de esa ejecución?

El apostolado

Antes de proseguir conviene observar lo sucedido una vez Jesús hubo abandonado a sus seguidores. No se sabe gran cosa de ello, aunque se nos da a entender que se dispersaron por varios países. Evidentemente, eran odiados por los judíos. La comunidad cristiana de Jerusalén eligió por jefe a Santiago, un hermano de Jesús, pero Herodes Agripa emprendió una salvaje persecución contra ellos e hizo ejecutar a aquél, y además encarceló a Simón Pedro. En consecuencia el primitivo apostolado se trasladó a Antioquía de Siria, donde Pablo había conocido a Simón Pedro y quedó enrolado como discípulo.[7]

Paso a paso los apóstoles propagaron las enseñanzas de Jesús siguiendo las grandes rutas comerciales hasta las ciudades principales de Arabia, Siria, Roma, Egipto, Persia y Armenia. El primitivo cristianismo cobró gran popularidad entre las gentes del común, lo cual no podía sino enconar el antagonismo de los jerarcas judíos.

Los fariseos juzgaron necesario un renacimiento del pueblo judío con el establecimiento de una monarquía teocrática independiente, y así alzaron la bandera de la insurrección contra Roma, que procedió a someter y arrasar Israel. Los romanos asaltaron Jerusalén y quemaron el templo en el 70 d. de C. Muchos miles perecieron y más aún fueron conducidos como esclavos. Según algunos cálculos, casi 11.000

prisioneros murieron de inanición.[8] Jesús había predicho la destrucción de Jerusalén:

> ¡Jerusalén, Jerusalén, que matas a los profetas y apedreas a los que te son enviados! ¡Cuántas veces he querido reunir a tus hijos como la gallina reúne a sus polluelos debajo de las alas y no has querido! He aquí que se queda desierta vuestra casa. Os digo que ya no me veréis más hasta que digáis: ¡Bendito el que viene en nombre del Señor![9]

Los romanos asolaron las poblaciones eliminando a todo el que fuese capaz de portar armas. Josefo describió la destrucción de los judíos:

> Se veía todo el lago enrojecido de sangre y lleno de cadáveres, pues ni un solo hombre logró salvarse.[10]

Acontecía todo esto unos 35 años después de la marcha de Jesús, pero se aprecia la continuidad en relación con el relato de su ministerio y crucifixión.

El exilio necesario

Jesús vivía oculto en casa de Ananías hacia la época de su encuentro con Pablo. Llevaba unos dieciocho meses allí cuando los judíos enviaron a Damasco una comisión encargada de buscarle, por lo que abandonó dicho lugar y se dirigió a Babilonia, dejando como sucesor suyo a Santiago.[11] Tomás había salido ya hacia la Partia y la India comisionado por Jesús.[12] Éste, habiendo efectuado ya ese recorrido en una época anterior de su vida, se halló relativamente seguro tan pronto como alcanzó la Partia, fuera del alcance de los romanos. El imperio de los partos alcanzaba desde Antioquía y Palmira, al oeste, hasta Kabul al este, el mar Caspio al norte y el mar Arábigo al sur.

Al salir de Damasco pasó por Nisibis, donde existía una colonia de judíos expatriados.[13] Esta ciudad era encrucijada de muchas rutas de las caravanas y vivían en ella, dedicados al comercio, los oriundos de muchas naciones.[14] Jesús procuraba ocultar su identidad y en aquel lugar se le conoció bajo el nombre de Yuzu Asaph. En su clásica obra titulada (en persa) *Rauzat-us-Safa*, Mir Khwand ha descrito de esta manera el viaje de Jesús a Nisibis:

> Hazrat Issa era llamado el Mesías porque fue gran viajero. Llevaba un pañuelo de lana a la cabeza y envolvía su cuerpo en una túnica de lana; caminaba con un bastón en la mano y pasaba de incógnito de un país a otro, alimentándose de frutas y verduras durante la travesía, hasta que sus acompañantes le procuraron un caballo.
> Por fin arribó a Nisibis, llamada Nasibain en aquellos tiempos. En la ciudad corrían misteriosas noticias acerca de él y su madre María, por lo que fue llamado a presencia del Gobernador, quien le trató con gran respeto y honores. Todos ellos se convirtieron en discípulos suyos.[15]

Mir Khwand escribió su *Rauzat-us-Safa* en el año 836 de la Hégira, que corresponde al 1417 d. de C. El libro menciona que Jesús ocultó su identidad en Nisibis dándose a conocer como Yuzu Asaph. También se nos cuenta que predicó allí sus doctrinas y que hizo muchos conversos, pero también algunos enemigos, quienes trataron de atentar contra él.[16] Se sabe que hubo cristianos en Nisibis desde época muy antigua por la siguiente epigrafía funeraria:

> Yo he visto la llanura de Siria, y todas las ciudades hasta Nisibis, habiendo cruzado el Éufrates, y en todas partes hallé gentes con quienes hablar.[17]

Nisibis estaba sobre la Ruta de la Seda, entre Damasco y Mosul y Babilonia. Jesús fue allí porque era un lugar relativamente seguro bajo la autoridad de un rey vasallo de los partos, Ezad, soberano del pequeño principado de Adiabene, entre Tabriz y Mosul, quien había sido convertido por Ananías. Contemporáneo y vecino de Ezad fue también Abgar, el que recibió el Santo Sudario.

En vista de que también estaba amenazado en Nisibis, Jesús continuó hacia el este, por Mosul a Babilonia, a Ur y a Jarax, la capital del reino mesenio, y puerto principal adonde arribaban las embarcaciones que traían los productos de la India y el Lejano Oriente. De manera que Jesús pudo escoger la vía marítima, pero prefirió internarse en Persia.

Persia

Jesús pronunció varios sermones en Persia y fue bien acogido. No obstante, en un momento dado lo prendieron por orden de un sumo sacerdote para preguntarle si era que anunciaba a un nuevo dios, y se le ordenó que se abstuviese de sembrar la duda en los corazones de los creyentes zoroástricos. Esta religión propugnaba que sólo Zoroastro había tenido el privilegio de comunicar con el Ser Supremo, de quien había recibido la Ley en exclusiva. Jesús les dijo:

> Yo no hablo de ningún dios nuevo, sino de nuestro Padre celestial que ha existido siempre y siempre existirá, cuando todas las cosa hayan terminado. De él hablo al pueblo, el cual, como los niños inocentes, no puede comprender a Dios por la sola fuerza de su inteligencia, ni se le alcanza la sublimidad divina y espiritual.[18]

Jesús se detuvo en las aldeas, los pueblos y las ciudades de Persia, donde predicaba y sanaba, lo cual obviamente le valió un numeroso seguimiento. A los sacerdotes les hablaba en estos términos:

Hay un silencio en que el alma encuentra a su Dios, y se halla la sabiduría. Todos cuantos entran en él quedan inmersos en la luz y llenos de sabiduría, amor y virtud. Este silencio no está circunscrito, ni contenido en los límites de unas paredes, ni en una escalinata, ni pueden guardarlo las espadas de los hombres.

Los hombres llevan consigo el lugar secreto en donde se reúnen con su Dios. No importa si esto sucede en poblado, ni en la cima de un monte, ni en el valle más umbrío, ni en el retiro del hogar. En cualquier momento puede abrirse la puerta de par en par y hallarse el silencio, porque la casa de Dios está en el alma.[19]

Durante su estancia en Persia, Jesús guardó silencio durante siete días en el oratorio de los magos. Después habló de los orígenes del bien y del mal, y les encareció que no adorasen al sol, porque éste no es más que un astro del cosmos. Que sólo a Dios deben los humanos cuanto poseen en este mundo. En oyendo esto los sacerdotes le preguntaron cómo era posible que los hombres vivieran según las normas de la justicia sin la guía de un preceptor. Jesús les contestó que los pueblos que no tenían sacerdotes se regían por la ley natural y conservaban la inocencia de sus almas. Y que mientras éstas permaneciesen con Dios, podrían comunicar con el Padre sin la mediación de ningún ídolo, ni animal, ni del sol, ni del fuego. Y les dijo:

Vosotros decís que es menester adorar al sol, el espíritu del bien y del mal. En verdad os digo que andáis errados con vuestra doctrina, porque el sol no tiene voluntad propia, sino la del Creador invisible que lo ha colocado en donde está.

El Espíritu eterno es el alma de todas las cosas animadas, y vosotros incurrís en un gran pecado al dividirlo en un espíritu del mal y otro del bien, porque no hay Dios fuera del bien, el cual, como un padre de familia, dispensa el bien a sus hijos y perdona todas sus faltas cuando se arrepienten de ellas.

Por tanto, yo os digo que debéis temer el día del juicio, porque Dios promulgará un castigo terrible sobre aquellos que han apartado a sus hijos del camino justo.[20]

En un diccionario persa he encontrado una interesante explicación del nombre Yuzu Asaph, que paso a citar seguidamente:

Hazrat Issa, quien sanó a muchos leprosos, fue conocido con el nombre de Asaph. Le llamaban Yuzu, y como curaba a los leprosos acabó llamándose Yuzu Asaph, pues no sólo los curó sino que los reunió bajo su misericordiosa protección.[21]

Según esto Asaph significa «sanador de leprosos» y también «el que reúne», puesto que logró que fuesen admitidos entre los sanos, lo cual era un hecho verdaderamente milagroso para estos enfermos.

Un estudioso persa, Agha Mustafá, menciona a Jesús en su *Historia de los santos persas*,[22] y dice que las palabras y las enseñanzas de Hazrat Issa o Yuzu Asaph eran similares a las que se leen en los Evangelios. Las prédicas de Jesús no hicieron un gran número de partidarios, aunque existió una minoría de seguidores suyos en la época en que el Islam dominó aquellas regiones, siete siglos más tarde. Con el triunfo del Islam tanto los judíos como los zoroastrianos desaparecieron y no ha quedado ninguna huella de los leprosos *asaph* de Jesucristo.

Otra fuente histórica persa importante es el *Kamal-u-Din* del historiador Al Shaikh Said-us-Saddiq, fallecido en 912 d. de C., libro conocido también como *Kashful Hairat* o *Ikmal-ud-Din* y muy apreciado por los orientalistas. El texto fue dado por primera vez a la imprenta en Irán en 1881, y traducido al alemán por el profesor Muller, de la Universidad de Heidelberg.[23] El autor fue un gran erudito de Jorasan, muy viajado, y recogió muchos materiales, principalmente de fuentes hindúes, en esta y otras obras suyas. En el libro describe los viajes de Yuzu Asaph a Sholabeth, o Ceilán, y otros lugares, hasta llegar a Cachemira, citando también sus enseñanzas y parábolas, que guardan muchos paralelismos con las de los Evangelios.

No tenemos información acerca de la ruta emprendida por Jesús y sus compañeros durante estos viajes. Se dice que estuvo en Mashag, donde visitó la tumba de Sem, el hijo de Noé.[24] Parece posible que visitaran Hamadan, o Nishapur, punto de confluencia de tres rutas, una de ellas procedente de Kashgar, en el Asia central, y las otras de Kabul y Herat, en el Afganistán. Atendido que Nicolai Roerich localizó una posible tumba de María Magdalena a unos diez kilómetros de Kashgar,[25] supongo que Jesús debió seguir la ruta que conduce a esa famosa ciudad pasando por Nishapur, Bujara y Samarcanda. Fue en Kashgar donde posiblemente falleció María Magdalena, la mujer que amó a Jesús más que ningún otro discípulo.

Las fuentes

Muchos años me ha llevado la búsqueda y localización de fuentes sobre la vida oculta de Jesús a través de la bibliografía en sánscrito, tibetano, árabe, persa y urdu. Los textos abundan y, a diferencia de los materiales manejados por la Iglesia, en líneas generales suelen hallarse en su estado originario. Estos documentos antiguos, en donde ha quedado registrada una relación entre el cristianismo y el Oriente escasamente conocida a estas fechas, ejercían sobre mí una fascinación extraordinaria. Cada descubrimiento encendía de nuevo mi pasión incitándome a continuar. Conforme progresaba mi investigación, se hacía posible reconstruir pieza a pieza gran número detalles sobre el segundo y último viaje de Jesús al Oriente.

Pero hubo también decepciones y descubrimientos entristecedores. El Asia central ha sido la cuna de varias civilizaciones exóticas y la sede de grandes imperios. Muchas culturas de distintas épocas han florecido en esa región, entre ellas la griega, la budista y la islámica. Y en ella nacieron muchos profetas, filósofos y grandes hombres.

La grandeza y la riqueza de estas variadas culturas pueden observarse en los tesoros que, procedentes de esas regiones, se guardan ahora en diversos grandes museos de todo el mundo. Los occidentales han robado caravanas enteras de bienes culturales de los templos, las mezquitas, las sepulturas, las catacumbas y demás yacimientos históricos del Asia central. Entre los principales saqueadores podemos mencionar: el inglés Aurel Stein, el alemán Albert von Le Coq, el sueco Sven Hedin, el francés Paul Elliot, el norteamericano Langdon Warner y el japonés Otani.

En 1907, por ejemplo, Stein se llevó de las cuevas de Tun-huang miles de manuscritos y documentos, escritos en varios alfabetos semíticos. Es seguro que algunos de los documentos en arameo mencionaban a Jesús, y Stein ocultó esa información intencionadamente, en interés de la Iglesia, asegurando que trataban de las enseñanzas de Mani, bastante parecidas a las de Jesús por otra parte.[26] Esta media verdad sirvió para poner sobre aviso a la Iglesia, que envió misiones especiales en busca de documentos relativos a Jesús con el propósito de destruirlos. De esta manera se ha perdido gran cantidad de informaciones preciosas acerca de esa figura histórica.

15. La India

Desde Kashgar, Jesús y sus compañeros seguramente padecerían muchas vicisitudes durante el viaje a Kabul y luego a Taxila. En el 326 a. de C. los budistas habían emigrado desde Taxila a Jotan, en el Asia central, empujados por la invasión greco-bactriana inaugurada por Alejandro Magno;[1] quizá Jesús siguió el camino inverso. Taxila fue conquistada por la invasión de los sakas (75 a. de C.), que no tardaron en ser vencidos a su vez por los partos. A la muerte del saka Azes II, el reino de Taxila quedó sometido a Gondafaros, un parto que figura en las primeras crónicas cristianas como aquel rey a cuya corte fue enviado Tomás como apóstol de Jesucristo.[2]

Tomás, el apóstol de la India

Tomás no fue a la India de buena gana. Reunido con Jesús en ocasión de unas bodas que se celebraron en Andrápolis de Anatolia, Jesús le pidió que viajase a la India:

Pero él no deseaba ir, y se excusó diciendo que no podía viajar por hallarse débil, y además: «¿Cómo yo, un hebreo, voy a viajar y predicar la verdad a los indios?». Dicho y considerado que fue todo esto, el Mesías se le apareció durante la noche y le dijo: «No te asustes, Tomás, y ve a la India y predica la palabra allí, porque mi gracia va contigo». Pero él no quiso obedecer y respondió: «Envíame adonde quieras, con tal de que sea otro lugar, porque no iré a la India».[3]

Como se cuenta en los *Acta Thomae* o *Hechos de Tomás*, el «insumiso» Tomás fue vendido por Jesús como esclavo a un mercader indio llamado Abban, que se hallaba en Taxila buscando un maestro de obras por cuenta del rey Gondafaros. Aunque el pasaje también puede interpretarse como un ascenso de categoría, de hermano de los esenios a nazareno de superior autoridad, por cuanto *abba* significa «padre» y la frase quizás expresa la consagración de Tomas a su misión.

Este Tomás, llamado también Dídimo, fue el séptimo de entre los discípulos principales de Jesús; su verdadero nombre era Judas y los *Hechos de Tomás* relatan sus actividades misioneras en Oriente. No deja de ser curioso que estos Hechos le asignen el atributo de *didymos*, que significa «hermano gemelo»: «El hermano gemelo de Cristo, apóstol del Altísimo que participó del conocimiento de la palabra oculta de Cristo y recipiendario de sus pronunciamientos secretos».[4] Este punto reclama una investigación más detallada. María tuvo otros hijos además de Jesús, o tal vez ese predicado alude a una relación especial de Tomás para con Jesús, como la de confidente, digamos. Cuando los discípulos se repartieron la asignación de las actividades misioneras en todo el mundo, la Partia y la India le correspondieron a Tomás.

En la época el imperio de los partos incluía la región noroccidental de la India, y se extendía entre el río Éufrates y el Indus. Por este motivo se conoce a Tomás como «el evangelizador de Partia y la India».[5] Predicó entre los partos, los medas, los persas, los bactrianos, los indios y los hircanos.[6]

Tras ser esclavizados, muchos de los miembros de las tribus perdidas de Israel se dispersaron hacia el noroeste de la India. Podemos imaginar que Tomás buscó en esa región a sus compatriotas. El mercader indio llamado Habban o Abban, que había visitado Jerusalén, se llevó a Tomás consigo, zarparon en Caldea y arribaron a Sindh después de hacer escala en Ormuz y Makran.[7]

Tomás, el apóstol que construyó un palacio para el rey en Taxila, siglo I d.C. (Archeol. Survey of India)

Taxila

Estas informaciones suscitaron mi interés y me movieron a profundizar en la vida y obra de Tomás en la India. Supe así que Tomás arribó a la India durante el reinado de Gondafaros, cuya capital era Taxila. Este monarca unificó los territorios que habían sido de los partos y de los sakas, llegando a reinar sobre todo el noroeste de la India; se han hallado monedas suyas tanto en Cachemira como en el norte de la India, e inscripciones en Takht Bhai.[8] Según las crónicas históricas,[9] Gondafaros reinó desde el 21 hasta el 50 d. de C. Era de la serie de soberanos greco-bactrianos que incluye a Eutidemo (220 a. de C.), Eucrátides (180 a. de C.), Hipóstrato (140 a. de C.), Menandro el Grande (110 a. de C.), Antímaco II (100 a. de C.), Azilises (20 a. de C.), Spalagadames, Vonoes, Spalyrises (10 a. de C.), Gondafaros (21-50 d. de C.) y Abdagases (60-100 d. de C.).[10] En aquellos tiempos Taxila ocupaba una posición importante sobre las rutas comerciales entre la India, el Asia central y el Oriente próximo. Alejandro Magno hizo alto allí en el 326 a. de C., invitado por el soberano.

Tomás fue presentado a Gondafaros por Abdagases en Attock,[11] y fue Tomás quien supervisó la construcción de un palacio para el monarca en el 48 d. de C. En Char Sadah, cerca de Taxila, las excavaciones arqueológicas han revelado muchas antigüedades cristianas, como efigies de Tomás y de Simón Pedro, así como lápidas con imágenes de la crucifixión. Estos trabajos arqueológicos han establecido que Taxila era importante foco de la cristiandad durante el siglo I.

Fue sir John Marshall quien, como director del Catastro Arqueológico de la India, organizó excavaciones en Taxila hacia 1924, cuyos hallazgos describió en dos libros titulados *Taxila* (dos volúmenes)[12] y *A Guide to Taxila*. Al describir las estatuas halladas en la celda 29 dice que por su indumentaria y rostros barbudos sugieren que no representaban a personajes indios, sino extranjeros.[13] Todas las figuras de este grupo van descalzas, excepto el personaje central, que lleva sandalias. Y éste es peculiar porque usa el gorro apuntado de los viajeros sirios, túnica hasta la rodilla como se solía llevar en Siria por la época, y calzado, como queda dicho. Los rasgos faciales son decididamente judíos.[14]

Estas figuras de extranjeros se hallaron en Julian de Taxila, donde fue construido un monasterio de tipo asirio por un Julián que acompañó a Tomás en sus viajes por la India.[15] Cerca de este monasterio ordenó el rey Gondafaros se construyese su palacio, en donde se ha excavado una inscripción aramea que dice:

> Un maestro de obras extranjero muy considerado, el cual es piadoso seguidor del Hijo de Dios, construyó este palacio de cedro y marfil para el gran rey.[16]

El palacio quedó construido en el plazo de seis meses y Tomás dedicó la totalidad de sus honorarios a repartir limosnas entre los pobres y menesterosos. Los libros de historia dicen también que durante su estancia en Taxila, Tomás ganó muchos devotos, y hasta un hermano del rey Gondafaros se hizo cristiano. Mencionan asimismo que obró muchos milagros y señas prodigiosas.[17] Cuando el rey le exigió explicaciones por dilapidar los dineros que se le daban para que construyese el palacio, Tomás respondió que estaba construyendo otro palacio para el rey, mucho más duradero, en los cielos.

> Predicaba con tanto celo y buen tino que el rey, su hermano Gad y muchas gentes del pueblo abrazaron la fe. Muchos signos y maravillas hizo aquel santo apóstol.[18]

Tomás llegó a Taxila el 40 d. de C.[19] Según se dice, dirigió la construcción del palacio real el 48, y tuvo una entrevista con Jesús en Taxila el 49; los *Acta Thomae* mencionan que Tomás agradeció a Jesús la oportunidad de realizar tantas buenas obras:

«Gracias te doy, mi Señor, por morir por breve espacio de tiempo para que yo pudiera vivir en ti eternamente, y por venderme para que otros pudieran emanciparse a través de mí.» Y no dejaba de enseñar y de dar la paz a los afligidos, diciendo: «El Señor te da esto, y asegura a todos el alimento. Porque Él es el sustento de los huérfanos y el que provee a las viudas, y concede el consuelo y la paz a los atribulados».[20]

Los *Hechos de Tomás* en la versión de Klijn[21] aportan informaciones muy interesantes sobre un suceso que coincidió con este encuentro, durante una ceremonia de bodas reales en Taxila:

Y el Rey mandó que los testigos del novio abandonaran la cámara nupcial, y cuando todos hubieron salido y quedó cerrada la puerta de la cámara, el novio alzó la cortina para reclamar que la novia acudiese a su presencia.
Entonces vio a Nuestro Señor bajo la figura de Judas [Tomás] que estaba allí de pie hablando con la novia, a lo que dijo el novio: «¡Cómo! ¿Pues no habías salido? ¿Cómo estás aquí todavía?». Y Nuestro Señor le dijo: «No soy Judas, sino su hermano». Y sentándose en la cama, les mandó que se sentaran delante de él y le escucharon.

Los cristianos de santo Tomás

Tomás fue a la India para que se cumpliese lo que había solicitado Jesús al decir: «Íd a las ovejas perdidas de Israel». Los *Acta Thomae* revelan que Tomás arribó a la costa malabar en 52 d. de C. y estableció allí su primera iglesia, tras haber permanecido varios años en la corte de Gondafaros. En esta época el norte de la India sufría la invasión de los kushana bajo el mando de Kanishka, procedentes del Asia central.

Veinte años después arribó a Mylapore, cerca de Madrás, en el sur de la India, donde sufrió el martirio y se conservan sus reliquias en una catedral a él dedicada.[22] Según otra fuente, Tomás visitó Travancore, en el sur de la India, y bautizó a los primeros cristianos indios el 59 d. de C.[23] La tumba de Tomás se halla cerca de Fort St. George, en Tamil Nadu.[24]

Los cristianos de santo Tomás se llamaron también cristianos siriacos por hallarse vinculados, hasta el 325 d. de C., con la Iglesia de Edesa, en Siria. Asimismo se llamaron sencillamente «nazarenos». Esta comunidad cristiana fundada por Tomás en el siglo primero ha sobrevivido hasta la época actual. Más adelante las invasiones de los hsiung-hu (hunos) en el norte de la India, alrededor del 430 d. de C., empujaron a todas las minorías no hindúes en todas direcciones; los budistas huyeron hacia Ladakh, el Tibet y el este, y los judíos y los cristianos hacia el sur, especialmente Malabar. Los hindúes sivaitas del norte no tuvieron inconveniente en adaptar sus creencias a las exigencias de los tiempos, pero otras minorías no quisieron hacerlo, de manera que no quedaron comunidades cristianas en Taxila y Cachemira.

Simón Pedro en la India

Allá en Israel, poco antes de la crucifixión, Jesús había predicho que Pedro le negaría tres veces. Jesús ordena a sus discípulos que se amen los unos a los otros como él los ha amado, y entonces Simón Pedro le pregunta:

«Señor, ¿adónde vas?». Jesús respondió: «Adonde yo voy, no puedes seguirme ahora; me seguirás más tarde».[25]

¿Qué fue de Pedro después de la crucifixión de Jesús? Al poco hubo una asamblea de los discípulos y Pedro habló ante ella,[26] para luego seguir predicando, y añadió unos tres mil conversos a las filas de los primeros cristianos.[27] Pedro y Juan predicaban en Jerusalén, con la consecuencia de que el número de conversos aumentó a unos cinco mil.[28] Ambos fueron prendidos y conducidos a presencia del Sanedrín; los sacerdotes los amonestaron y les ordenaron que dejasen de hablar en nombre de Jesús. Al mismo tiempo, sin embargo, otros como Bernabé y Ananías les prestaban apoyo moral y económico. Los apóstoles fueron encarcelados, pero unos ángeles (¿tal vez esenios?) los pusieron en libertad durante la noche.

De nuevo se pusieron a predicar, y una vez más fueron llevados ante el Consejo judío, el cual les ordenó tajantemente, esta vez, que abandonaran sus actividades, a lo que Pedro y los demás apóstoles contestaron que obedecerían a Dios, pero no las órdenes de los hombres. Sólo la intervención de Gamaliel los salvó de la matanza.[29] Simón Pedro fue a Lida, Jafa y Cesárea, e iba predicando y curando. Luego Herodes hizo matar a Santiago y encarceló a Pedro.[30] De nuevo fue rescatado por el ángel, y fue a Cesárea, donde vivió algún tiempo. A continuación nos enteramos de que estuvo en Antioquía y fue censurado allí por Pablo, habiéndose negado a comer con los gentiles.[31]

Mientras Pablo predicaba entre los romanos y los griegos, Pedro volvió sus miras al norte y al este para comunicar con las comunidades de judíos expatriados en Anatolia, el Ponto, Galacia, Capadocia, Asia y Bitinia,[32] y escribió:

> Sois de una raza elegida, de un sacerdocio real, de una nación santa, del pueblo de Dios, a fin de que declaréis los prodigios del que os sacó de las tinieblas a esta luz maravillosa. Antes no erais un pueblo, pero ahora sois el pueblo de Dios; antes no teníais la gracia, pero ahora habéis recibido la gracia.[33]

Es posible que Pedro se dirigiese a los anatolios desde Babilonia, o desde algún lugar en la ruta entre Babilonia y Anatolia.[34] Después de esto nada sabemos acerca del paradero de Simón Pedro. Otros hallazgos ulteriores han revelado, no obstante, que Pedro siguió el camino de Tomás hasta Taxila.[35] En sus investigaciones, Shaikh Abdul Qadir llamó la atención sobre una figura de bronce hallada por el Catastro Arqueológico de la India en Char-saddha y cuya fotografía se publicó sin identificación.[36] Esa estatua de bronce es una de las primeras antigüedades cristianas en la India, y los orientalistas identifican al personaje como Simón Pedro, sentado en un trono y vistiendo indumentaria real, la barba y el cabello espesos y rizados.[37] En una mano ostenta una llave, y levanta la otra en ademán de bendecir. Los rasgos craneanos, el vello espeso y el ángulo facial apuntan a una persona de tipo mediterráneo.

María la madre sepultada en Muree

La madre de Jesús posiblemente le acompañó a la India con María Magdalena, según relata el *Evangelio de Felipe*:[38]

> Estaban las tres que siempre anduvieron con el Señor, su madre María, y su hermana, y la Magdalena, a quien llamaban su compañera. Las tres, su madre, su hermana y su compañera tenían por nombre María.

La persona de la madre de Jesús goza de gran consideración entre los cristianos. Ella concibió a Jesús, lo crió como madre, lo protegió y educó entre privaciones, y sufrió por causa de él grandes tribulaciones, como cuando se perdió en Jerusalén después de la visita por Pascua, cuando tenía doce años de edad. Después de la resurrección le acompañó a Oriente, y posiblemente estuvo con él en Taxila. Poco después, cuando la región fue invadida por los de Kush, huyeron a los montes y María, la madre de Jesús, murió en el camino y fue sepultada en un lugar que hasta 1875 se llamó Mari, aunque luego alguien juzgó oportuno cambiar la transliteración a Muree.[39] La tumba se llama Mai-Mari-de-Asthan o «el descanso de la madre María».[40]

Sepulcro de María en Muree

Mumtaz Ahmad Farouqi, que ha investigado el lugar, declara lo siguiente:

María era descendiente de la clase sacerdotal de los israelitas y por tanto le correspondía una sepultura destacada, como el alto de Muree. Según la tradición local esta tumba se conoce como el lugar de descanso de la madre María y ha sido centro de peregrinaje tanto para los hindúes como para los musulmanes; la ofrenda consiste en colocar una lámpara de aceite.

En 1898 el jefe de ingenieros de la guarnición ordenó que derribaran la tumba para construir una torre de vigía, pero poco después murió en un accidente, que los lugareños no dejaron de atribuir a sus perversos designios contra la sagrada tumba. Desde entonces nadie ha intentado dañar esa sepultura, que está orientada al este, y que actualmente se halla decorada con pendones conmemorativos.[41]

Muree, a setenta kilómetros al este de Taxila, es un idílico poblado de montaña cerca de la frontera de Cachemira. Cuando Jesús estuvo en esta región María debía contar setenta años como mínimo. No existe en el mundo ninguna otra sepultura de María. Ésta, orientada de este a oeste como hacen siempre los judíos, se halla en Pindi Point, a las afueras del pueblo, en zona actualmente prohibida por los militares dada su proximidad a la frontera kashmiri. Esta región, que era hindú en tiempos de Jesús, no tiene sepulturas hindúes porque los de esa religión incineran los cadáveres y aventan las cenizas. Los musulmanes conquistaron la comarca en el siglo VII d. de C. y destruyeron todos los monumentos de los «infieles», pero la tumba de María fue respetada, posiblemente porque era uno de los «personajes del Libro» reverenciados por el Islam.

Presencia ulterior de cristianos en la India

En 1295 Marco Polo llevó a Occidente la nueva de la existencia de cristianos en la India, visitada por él desde China, diciendo haber visto a cristianos que rezaban ante la tumba del apóstol Tomas en Mylapore, sobre la costa sudoriental. También hubo cristianos en la costa occidental, alrededor de Malabar, de lo cual existe asimismo testimonio histórico.[42] Tertuliano menciona la India entre los países que habían recibido la influencia del cristianismo, y esto no pasaba desapercibido en Roma. Efraín (ca. 306-373 d. de C.) escribió sobre la misión de Tomás en la India, y Anorbio (ca. 305 d. de C.) también incluyó la India entre los lugares de influencia cristiana. En el concilio de Nicea participó un personaje a quien llamaban «el Preste [obispo] Juan de toda Persia y de India la mayor».[43]

El *Evangelio arameo según Mateo,* elaborado hacia el 180 d. de C., menciona un viaje misionero de Panteno de Alejandría. Hacia el 300 d. de C. David, obispo de Basora (Partia) fue a la India y predicó allí con gran éxito. Alrededor del 335 el emperador Constantino envió al obispo Teófilo para que reformase las iglesias de la India, según Filostorgio. Hacia finales del siglo IV, Simeón de Mesopotamia menciona el martirio de unos «bárbaros» de Cristo en la India. El geógrafo Cosmas Indicopleustes, en la detallada descripción de su viaje a la India alrededor del 525, halló cristianos en Sri Lanka y en la costa occidental de la India, «en Male [Malabar] y en el lugar llamado Kalliana [Kalyan, cerca de Bombay]», y menciona también una sede episcopal cuyo titular había residido antes en Persia.[44]

Finalmente podemos citar las inscripciones de las ruinas de Fatehpur Sikri, en cuya mezquita construida alrededor de 1569 por Akbar el Grande (1542-1605) dice:

> Jesús, la paz sea con él, ha dicho: «El mundo es un puente. Puedes pasar por él pero no quedarte. Una hora de esperanza vale por una esperanza de eternidad. El mundo es sólo una hora: dedícala a la devoción, pues lo demás nada te vale».

En otro lugar de la mezquita, otra inscripción asevera:

> Jesús, la paz sea con él, ha dicho: «El mundo es una casa vana, tenlo en cuenta y no edifiques sobre ella».

Pacifista por naturaleza, Akbar fue tolerante con los seguidores de todas las religiones. En su corte tuvo a misioneros jesuitas portugueses, aunque no es de suponer que conocieran la procedencia de estas palabras de Jesús, que era el *Evangelio de Tomás,* una recopilación de 114 palabras, cada una de las cuales empieza siempre por la fórmula «Jesús ha dicho»; pero tal evangelio estuvo perdido durante 1.600 años y hasta el siglo actual. Por tanto, la única explicación posible es que fuesen comunicadas por los cristianos indios de santo Tomás.

16. Hazrat Issa el profeta

Los historiadores islámicos

Son numerosas las tradiciones islámicas alrededor de Jesús de Nazaret, en general procedentes del siglo VI; de acuerdo con una de ellas:

> Jesús, hijo de María, era hombre de complexión clara tirando a pálida, de cabello largo que llevaba sin ungüentos. Andaba descalzo y podía caminar sobre las aguas.

Abu Hiraira dice que después de salvarse de la cruz, Jesús emprendió una extraña odisea, pero Alá le guió a través de todas las vicisitudes y le salvó de persecuciones.[1]

Jesús y su madre huyeron de Jerusalén hacia un lejano país, cruzando por muchas naciones.[2] Según las tradiciones islámicas Jesús vivió hasta la edad de ciento veinte años; en particular ésta se adscribe a Hazrat Asyesha Siddiq, la esposa del Profeta del Islam, Hazrat Muhammad, quien le dijo en cierta ocasión a Ayesha que Jesús el hijo de María había alcanzado tal longevidad.[3]

Los musulmanes conservan asimismo varias de las «palabras de Jesús»:

> Jesús, hijo de María, la paz sea con él, ha dicho: «El que busca los bienes de este mundo es como quien bebe agua del mar; cuando más bebe más aumenta la sed, hasta que lo mata».[4]

Jesús, hijo de María, la paz sea con él, ha dicho: «El mundo consiste en tres días: el ayer, que es lo pasado, de lo cual no has sacado nada; el mañana, del que no sabes si llegarás a verlo o no; y el hoy, en que tú existes, así que toma buena nota de ello».[5]

Cuando le preguntaron a Jesús, hijo de María, la paz sea con él: «¿Cómo te encuentras esta mañana?, él contestó: «Incapaz de prever si se cumplirá lo que espero, ni de evitar lo que temo, obligado por mis obras y puestos mis bienes en manos de otro. Nadie más pobre que yo».[6]

Antes de examinar las referencias islámicas sobre seguidores de Jesús en Oriente conviene que intentemos dilucidar si Yuzu Asaph y Jesús de Nazaret fueron la misma persona, ya que se conoció a Jesús bajo diversos nombres.

Los nombres de Jesús

Cuando nació tenía destinado el nombre de Immanuel, que significa «Dios con nosotros».[7] Uno de sus primeros nombres fue Joshua, pero los Evangelios evitan el designarle por dicho nombre, ya que entonces debería figurar como Joshua II, puesto que hubo otro Joshua en el Antiguo Testamento. En arameo el nombre de Jesús era Jesu, que da Yuzu en urdu y también en persa, o Issa en árabe.

En Cachemira Jesús era conocido como Yuzu, también derivado del arameo Jesu, a su vez derivado del nombre originario Joshua. Por extraña coincidencia, Yuzu Asaph es también un nombre hebreo, en donde Yuzu equivale a Jesús y Asaph significa «el que reúne», y no sabemos si guarda alguna relación con el Asaph que compuso varios salmos del Antiguo Testamento. En su *Tarikh-i-Kashmir* Mulla Nadri corrobora que Jesús se llamó Yuzu Asaph en Cachemira:

He hallado en las antiguas escrituras hindúes que Issa, el Espíritu de Alá, asumió el nombre de Yuzu Asaph en Cachemira.[8]

Esta información es muy importante y significativa, y además viene confirmada por algunas pruebas arqueológicas. He averiguado que una de las inscripciones del Takhat-i-Sulaiman o «Trono de Salomón» dice: «En este año, Yuzu Asaph proclamó su Ministerio, esto es, en el año 54».

Él era Yusu, el Profeta de los Hijos de Israel, y considero suficientemente probado que Yuzu Asaph fue el mismo Jesús. Otras pruebas derivan de los manuscritos del mar Muerto, donde se revela que Asaph adn Ya Asaph era el nombre místico de Jesús.[9]

El Santo Corán

Mis estudios sobre los viajes de Jesús revelan que Basílides de Alejandría, Mani de Persia y Juliano (331-363) manifestaron palmariamente que Jesús no murió, sino que emigró a la India. Testimonios que han sido silenciados por la Iglesia, puesto que todos debían creer que Jesús dio la vida por la redención de nuestros pecados.

En Oriente circularon otras opiniones, y en toda Asia central, el Tibet, Ladakh, Cachemira y la India las gentes siguieron creyendo que Jesús visitó estos lugares. Motivo por el cual emprendí la búsqueda de las fuentes relacionadas con el Islam. El Libro Santo del *Quran* es la fuente primordial del conocimiento islámico acerca de la persona de Jesús, respetado por los musulmanes como uno de los principales profetas de Dios, y paso a citar:

> Hicimos que les sucediera Jesús, hijo de María, en confirmación de lo que ya había de la Torá. Le dimos el Evangelio, que contiene Dirección y Luz, en confirma-

ción de lo que ya había de la Torá y como Dirección y Exhortación para los temerosos de Dios.[10]

El Santo Corán menciona el nacimiento milagroso de Jesús con estas palabras:

¡María! Dios te ha escogido y purificado. Te ha escogido entre todas las mujeres del universo.
¡María! ¡Ten devoción a tu Señor, prostérnate e inclínate con los que se inclinan!
¡María! Dios te anuncia la buena nueva de una Palabra que procede de Él. Su nombre es el Ungido, Jesús, hijo de María, considerado en la vida de acá y en la otra y será de los allegados.
Hablará a la gente en la cuna y de adulto, y será de los justos.
Dijo ella: «¡Señor! ¿Cómo puedo tener un hijo, si no me ha tocado mortal!». Dijo: «Así será. Dios crea lo que Él quiere».

Y rechaza la crucifixión de Jesús en estos términos:

Y por haber dicho: Hemos dado muerte al Ungido, Jesús, hijo de María, el enviado de Dios, siendo así que no le mataron ni le crucificaron, sino que les pareció así. Los que discrepan acerca de él, dudan. No tienen conocimiento de él, no siguen más que conjeturas. Pero, ciertamente, no le mataron, sino que Dios lo elevó a Sí. Dios es poderoso, sabio.[11]

Este pasaje me incitó a seguir profundizando en la cuestión de la supervivencia de Jesús. Parecíame posible que el Islam, con sus diversas escuelas de pensamiento, poseyese alguna clave en tal sentido. El Santo Corán cuestiona el episodio de la crucifixión, pero además existen entre los musulmanes muchas leyendas según las cuales fue colgada otra persona en lugar de Jesús, mientras él era llevado audazmente al cielo por Dios, aunque tales leyendas no quedan corroboradas por el Corán ni por las tradiciones auténticas.

Hay en el Corán un versículo que ha sido ardientemente debatido entre las diversas sectas musulmanas:

> ¡Jesús! Voy a llamarte a Mí, voy a elevarte a Mí, voy a librarte de los que no creen.[12]

La expresión «voy a elevarte a Mí», puesta en boca de Dios, ha originado confusión y algunos musulmanes creen que Jesús fue arrebatado por Dios o que subió en vida a los cielos. Sobre esta cuestión hubo grandes discordias entre los musulmanes y fue remitida a la Universidad de Al Azhar, en El Cairo, cuyo rector emitió la siguiente *fatwa* o veredicto:

a) No consta en el Corán nada que permita asegurar que Jesús se elevó corporalmente a los cielos.
b) Dios hizo que falleciese de muerte natural y luego lo exaltó.
c) Quienquiera que niegue la ascensión corporal no es apóstata.[13]

Empecé a comprender que si bien el Corán refleja el relato de la crucifixión, se han establecido muchas leyendas arbitrarias y no sólo entre los cristianos, sino también entre los musulmanes. En segundo lugar, y mientras los cristianos influidos por el dogma del mitraísmo, remanente de la época romana, asumieron la creencia de que Jesús había muerto en la cruz para remisión del pecado original, los musulmanes siguieron el razonamiento de que Jesús, en tanto que profeta de Dios, no pudo morir como un réprobo y por tanto, fue físicamente exaltado a los cielos por Dios.

Para los judíos la crucifixión es una forma de ejecución infamante, reservada a los reos de delitos de sangre. Para los musulmanes la crucifixión es la muerte de los réprobos y tiene un sentido peyorativo. Por tanto los musulmanes exaltan y honran a Jesús cuando declaran que Dios lo elevó a Sí. Y vemos que existen dos corrientes de opinión entre los musulmanes, la de los que declaran que esto sucedió estando en vida, y la de los que dicen que ocurrió después de su muerte natural.

Siguiendo el hilo de esta discusión descubrí a Mirza Ghulam Ahmad, el fundador de la secta Ahmadiyya, quien se había pronunciado en el sentido de que Jesús murió de muerte natural y subió en vida a los cielos. En su tiempo causó una indignación tremenda entre los musulmanes, quienes no sólo le criticaron sino que además lo declararon apóstata. Mirza Ahmad nació en Qadian (India) en 1835 y falleció en 1908, tras escribir ochenta libros sobre el Islam y fundar la Comunidad Ahmadiyya.

Afirmaba ser un profeta de Dios en su segundo advenimiento como Jesucristo, lo cual causó no poco trastorno entre sus seguidores. En cualquier caso estaba clara para mí la necesidad de proceder a una detenida investigación de las obras del islamismo, y más particularmente en las de la comunidad mencionada. Establecí contacto con ellos y obtuve material pertinente al asunto, entre el cual figuraba un importante tratado debido a la pluma del fundador.

«Masih Hindustan Mein»

El *Masih Hindustan Mein* o *Jesús en la India*, de Mirza Ghulam Ahmad, es un meritorio trabajo de investigación y se publicó como obra póstuma en 1908. En 1890 y en otro libro titulado *Izalah Auham,* el autor había propugnado la opinión de que según la Santa Biblia y el Santo Corán, Jesús se había salvado de la muerte infamante en la cruz gracias a la voluntad divina, y que había salido en secreto de Palestina para ir en busca de las tribus perdidas de Israel. Esta obra fue leída con interés por sus seguidores.

En 1899 el Jalifa Noor ud Din, residente en Cachemira, puso en conocimiento de Mirza Ghulam Ahmad que existía en la capital Srinagar una tumba atribuida al profeta Yuzu Asaph, que vino a Cachemira procedente de un país extranjero en tiempos antiguos. Los estudios comparativos demostraron que Yuzu Asaph no podía ser otro sino Jesús, y contando con estos datos Mirza Ghulam se dedicó a recopilar un completísimo tratado sobre el tema, el cual dejó inconcluso. Sin embargo, estamos ante una obra única en muchos sentidos.

La tesis principal es que Jesucristo no murió en la cruz como un réprobo, puesto que fue salvado y curado por sus discípulos, y que luego fue a Cachemira y vivió allí hasta su muerte natural. El objetivo de este viaje de Jesús había sido la búsqueda de las tribus perdidas de Israel.

17. Rozabal

La tumba de Yuzu Asaph

El estudio de Mirza Ghulam Ahmad no sólo menciona la tumba de Jesús, sino que además proporciona una larga relación de fuentes en persa y árabe que tratan de la vida de Jesús en Oriente. Lo primero que hice fue visitar la sepultura de Yuzu Asaph en Rozabal, un santuario de Srinagar (Cachemira). En esa época yo era director de Arqueología del estado de Jammu y Cachemira, y no sólo podía visitar ese monumento sino incluso disponer reparaciones.

Pronto me di cuenta de que aquel lugar era tan estimado por los musulmanes que de ninguna manera podrían practicarse investigaciones a gran escala, y no digamos excavaciones, ni que se me permitiese abrir la sepultura para examinarla. Pero la visité varias veces y recogí algunas informaciones muy valiosas acerca de ella. También realicé un descubrimiento que alegró mi corazón y me persuadió de que me hallaba sobre la pista correcta.

La sepultura de Yuzu Asaph está en Rozabal o «el mausoleo sagrado de Cachemira», situado en Anzimar, Janyar Srinagar, la capital de verano de Cachemira. Las gentes creen que hace dos mil años llegó al valle de Cachemira un profeta procedente de Egipto, llamado Yuzu Asaph, el cual predicaba las mismas parábolas que Jesús, y era un profeta del «Pueblo del Libro», es decir de los seguidores de Abrahán, Moisés y Jesús.

Las leyendas acerca de la presencia de Yuzu Asaph en Cachemira provienen de Persia, Afganistán y Cachemira; el

Sepulcro de Yuzu Asaph en Rozabal (Lino Cremon)

profeta llamado Yuzu Asaph llegó al valle y fue inhumado en esa tumba. Así lo reiteran numerosos libros impresos y manuscritos conservados en la Biblioteca de Estudios Orientales de Srinagar. El tiempo dedicado a profundizar en estos manuscritos aportó ricos dividendos, y además supe que también existen manuscritos en sánscrito con alusiones a Jesús, de todo lo cual se hallarán citas por extenso en las páginas siguientes.

Como responsable de las actividades arqueológicas me interesaba saber más acerca de aquella sepultura. Me entrevisté con los cuidadores e hice averiguaciones acerca de la situación jurídica de la finca. El custodio de la tumba era un anciano llamado Sahibzada Ghulum Mohi-ud-din, quien me presentó una escritura al respecto.

Las edificaciones antiguas del valle de Cachemira presentan un rasgo peculiar. Casi todas las casas tienen la entrada a levante. En cuanto a las sepulturas, si son judías están orientadas de este a oeste, y si son musulmanas, de norte a sur. Otra característica común de los edificios antiguos es que son de piedra, ya que la introducción del ladrillo data de la época medieval. El edificio actual no es antiguo, sino que se alza sobre una estructura anterior.

Es una edificación de ladrillo con entramado de madera, de planta rectangular, edificada sobre una estructura anterior a su vez construida en un montículo. Tiene una antecámara que forma como un anexo en la fachada oriental, con la puerta de entrada hacia el norte y una puerta interior orientada al oeste. Las ventanas son tres al norte y tres al sur, cinco al oeste y cuatro al este, todas ellas de madera labrada en celosía y con la figura de una cruz en medio.

En el interior hallamos una sala que contiene el sarcófago externo, de tipo rectangular, en madera, los cuatro costados de celosía (véase la ilustración de la página siguiente). Tiene dos mirillas con cristal, la una al sur, que permite acceder al sarcófago interior, y la otra en el lado derecho, cerca de una esquina, que permite ver una lápida con huellas de los pies de Yuzu Asaph. En el suelo y junto a la esquina meridional del sarcófago hay otra lápida.

Dentro del sarcófago se guarda un ataúd también de madera, los paneles sur y norte decorados con motivos florales de talla, y recubierto por una túnica sagrada. No se permite abrir el sarcófago exterior ni el ataúd, aunque gracias a mi cargo oficial y mis buenas relaciones con los celadores se me permitió ver el sarcófago por dentro.

En el decurso de mis visitas pude observar la piedra con las huellas de pies, que aparecen llagados. En la esquina sur vi otra losa rectangular, posiblemente también una lápida o reliquia por el estilo. Pero el hallazgo más interesante fue una cruz de madera y una estela de unos sesenta centímetros de altura. Todos estos detalles fueron fotografiados por mí.

Debo referirme ahora al emplazamiento y fundamentos de este edificio. Al entrar en el sarcófago principal me pareció que me hallaba sobre el techo de otra edificación, dado que el suelo sonaba a hueco bajo mis pies. Perplejo,

El sarcófago de madera de Yuzu Asaph en Rozabal (Lino Cremon)

salí del edificio y examiné con atención su aspecto exterior tratando de adivinar si existiría otra estructura debajo de la obra vista. Se me informó que debajo de los fundamentos actuales hay paredes de piedra tallada, lo cual indicaría la antigüedad de la estructura anterior.

El ataúd con sus paramentos de seda y textos sagrados (Frank Sache)

Los textos antiguos mencionan que las gentes visitaban esta sepultura para solicitar favores sobrenaturales. Libros en kashmiri de bastantes decenios de antigüedad aluden a una cripta interior, a la que se accedía por una puerta y exhalaba olor a almizcle.[1] Esta puerta de piedra estaba hecha de losas cinceladas y aunque actualmente no es visible, contamos por fortuna con una fotografía de su parte superior, tomada por Khwaja Nazir Ahmad mientras investigaba acerca de la cuestión para su libro.[2]

Sepulcro de St. Issa en Rozabal, Srinagar, después de las reparaciones (Lino Cremon)

Según mis estudios, los muros de piedra hoy subterráneos eran las paredes del antiguo edificio que contiene las sagradas reliquias de Yuzu Asaph. En la actualidad el acceso a las cámaras interiores no es visible, ya que ha desaparecido bajo los cascotes. Algo más al este se observa un montículo sobre el cual se han edificado casas particulares.

Asimismo y como ha quedado dicho, antes existían dos tipos de sepulturas, las musulmanas orientadas de norte a sur y las judías orientadas de este a oeste; hoy todas han sido reformadas en sentido norte-sur para que parezca que pertenecen a musulmanes exclusivamente; pero quedan las fotografías de esas mismas tumbas tomadas hace un par de decenios, en las que se aprecia con claridad que son sepulturas judías.

Por supuesto he pensado alguna vez en realizar excavaciones exploratorias y he comentado la cuestión con los celadores y con la junta de gobierno, pero nadie quiere arriesgar la integridad del sagrado lugar para realizar experimentos. En la práctica esa sepultura está vedada a toda clase de investigación científica.

El decreto de 1194 d. de H.

El encargado me mostró una escritura otorgada a favor del santuario por el gran muftí de Cachemira; es un decreto fechado el 1194 de la Hégira (1766 d. de C.), debidamente sellado y legalizado, cuya traducción dice:

Sello del Justicia del Islam Mulla Fazil, en 1194. Ante el Tribunal Superior de Justicia, departamento de Enseñanza y Religión del Reino de Cachemira.

Expone el demandante Rehman Khan, hijo de Amir Khan, que desde los tiempos más remotos muchos reyes, nobles, ministros y el pueblo en general visitan el santo sepulcro de Yuzu Asaph y presentan ofrendas en metálico y en especies.

La cruz de madera delante del ataúd en el sarcófago de Yuzu Asaph

Solicita el demandante que se le reconozca como único y exclusivo encargado de las ofrendas y que nadie más pueda recibirlas, y que se le otorgue pública escritura en garantía de tal derecho y exclusiva.

Considerando este Alto Tribunal las pruebas que concurren, a saber:

Haberse probado que durante el reinado de Raja Gopadatta, quien hizo construir y reparar muchos templos, incluyendo el Trono de Salomón en el monte de Salomón, llegó al valle de Cachemira el llamado Yuzu Asaph, de estirpe principesca y vida piadosa, de santidad y renunciamiento a todas las cosas terrenales para dedicarla por completo a la oración y a la meditación.

Que el pueblo de Cachemira había caído en la idolatría después del gran Diluvio de Noé, hasta que apareció Yuzu Asaph entre el pueblo y este gran profeta proclamó la unidad de Dios. Y que cuando exhaló su último aliento fue enterrado en este sepulcro, conocido con el nombre de Rozabal. Y que junto al sepulcro de Yuzu Asaph fue enterrado en el año 871 de la Hégira Syed Nasir-uddin, un descendiente de Hazrat Imama Mosa Raza. En vista de lo cual:

Disponemos que atendido que la sepultura está siendo visitada por numerosos devotos y que el demandante Rehman Khan ostenta la condición de custodio hereditario del santuario, se le designe recipiendario exclusivo de las ofrendas con exclusión de cualquier otro derechohabiente.

Dado de nuestro puño y letra a 11 de Jamad-Ulsani de 1184, firmado y sellado: Mulla Fazil, Mohammad Azam, Hafiz Ahsan Ullah, Khizar Mohamad, Faquir Baba, ABdul Shakoor, Mohamad Akbar, Raza Akbar Atta.

Este documento suministra algunos indicios nuevos. Menciona la reparación del Trono de Salomón o Takhat-i-Sulaiman, que se había creído ser un templo hindú sobre la colina que domina el lago Dal de Srinagar. Más adelante pude comprobar que efectivamente había sido restaurado, de lo cual quedan pruebas arqueológicas. Un repaso a la historia de Cachemira nos dice que el rajá Gopadatta reinó sobre el país en el período 49-109 d. de C., luego es evidente que Yuzu Asaph se presentó en Cachemira hacia mediados del siglo primero. Queda por desvelar la cuestión de la identidad de Yuzu Asaph: ¿Era Jesucristo de incógnito?

Las pisadas de Jesucristo

En 1975 visité la sepultura con un colega, el profesor Ghulam Mohi-ud-din. Entramos con cuidado en el sarcófago por la ventana lateral y descubrí con sorpresa la cruz de madera, que fotografié. En un rincón, una piedra en la que se había tallado un nicho para alojar una lámpara, y en otro rincón una losa empotrada en el suelo y recubierta de barro.

Al limpiarla vimos con asombro que representaba las huellas de unos pies con marcas de heridas en relieve. Tomé varias fotografías de esa losa y al día siguiente hice que me acompañara el señor Bhan, director de Museos del estado, para sacar un molde de escayola de la losa. El resultado fue estupendo; quienquiera que hubiese cincelado la losa había visto personalmente los pies de Yuzu Asaph. Y si Jesús había sido crucificado atravesándole con un clavo los pies superpuestos, una cosa tenían en común Yuzu Asaph y Jesús: las señales de antiguas heridas en las plantas de los pies.

Dediqué varios meses al examen y estudio de la losa. Ésta se halla fija en el suelo, como queda dicho, en un rincón del sarcófago. La piedra está pulida como un espejo y es de color negro reluciente. El bajorrelieve es de extraordinaria precisión pues, por una parte, presenta en relieve las cicatrices de las heridas, y por otra, muestra además dos plantillas o postizos puestos en las plantas de los pies. Muchos años después se echó de ver que esas plantillas eran la prueba definitiva de la autenticidad de las impresiones.

Un erudito alemán,[3] que acudió a examinar estas impresiones con ánimo crítico, me dijo que esas plantillas tenían un significado especial en relación con Jesús. Sin duda se vio obligado a usarlas durante sus viajes para que no se le irritasen las cicatrices de los pies. Y que la extraordinaria representación de aquéllas en el bajorrelieve demostraba que el artista había sido un testigo presencial, que había visto efectivamente las secuelas de unas heridas en los pies en forma de deformaciones permanentes. E incluso había tenido en cuenta las pequeñas diferencias entre uno y otro pie.

Además uno de los pies presenta una pequeña cavidad o agujero, demostrando que los pies se habían clavado superpuestos, siempre según el profesor alemán que estudió la losa, y que luego me felicitó por mi descubrimiento.

En el ínterin recibí una carta de Kurt Berna, residente en Ludwigsburg (Alemania), que me solicitaba unas copias fotográficas de la losa. Se trata del científico que llamó la atención del mundo erudito sobre las impresiones faciales de Jesucristo en el Sudario de Turín, y que solicitó permiso al Vaticano para realizar un estudio científico de dicho Sudario para someter a prueba su hipótesis de que Jesús no estaba muerto cuando fue envuelto en el lienzo. Posteriormente tuvo la atención de remitirme su dictamen, el cual paso a citar:

En este caso es interesante observar que mientras la herida correspondiente al pie izquierdo se sitúa más cerca de los dedos, la del pie derecho se halla en el lugar exacto que siempre ha representado la iconografía. Esto significa que se trata de un hombre que fue crucificado con el pie izquierdo superpuesto sobre el derecho y ambos pies atravesados por un solo clavo.

Las huellas de la losa no son necesariamente pisadas reales de la persona que está sepultada en ese lugar. Pero significan que el escultor quiso destacar los signos indicativos de que la persona en cuestión era un crucificado y que como tal tenía marcas inconfundibles en las plantas de los pies.

Tenemos un hecho, y es que esa tumba corresponde a un crucificado. Ahora bien, si consideramos el Santo Sudario de Cristo en Turín hallaremos que el pie izquierdo fue clavado en la cruz por encima del derecho, ya que la rodilla izquierda estaba más flexionada que la de la pierna derecha. Lo cual constituye otro indicio de que el hombre del Sudario de Turín es la misma persona enterrada en el sepulcro de Srinagar.[4]

El interés de esta carta de Kurt Berna, el investigador del Sudario de Turín, reside en que por primera vez establece la relación entre Yuzu Asaph de Rozabal, Cachemira, con el Santo Sudario de Jesucristo que se conserva en la catedral de Turín, Italia.

Barlaam y Josafat

La sepultura de Yuzu Asaph merece la periódica atención de misioneros y eruditos cristianos no muy dispuestos a admitir que ésa sea la tumba de Jesús y que éste fuese enterrado en Cachemira. En 1895 se publicaron dos libros con la historia de *Barlaam y Josafat*.[5] Se postula que Yuzu Asaph había sido confundido con Josafat y que este personaje no era otro sino el Buda, según estos libros.

Esta versión se hace eco de una fábula nestoriana según la cual Josafat había sido hijo único de un rey indio llamado Abenner. En la hora de su nacimiento los astrólogos predijeron que se convertiría al cristianismo y el rey, no deseando que su hijo se hiciera cristiano, lo retuvo prisionero en un palacio, aunque rodeado de toda clase de lujos. Pero un día Josafat obtuvo de su padre permiso para salir del palacio, y se entristeció ante el espectáculo de un anciano ciego y enfermo. Entonces conoció a Barlaam, un cristiano que le habló de Cristo y de su crucifixión y resurrección. Tras lo cual Josafat abrazó el cristianismo y fue bautizado por Barlaam, y el primero se dedicó a predicar en la India... y algo más que predicar, pues se dice que hizo quemar templos budistas e hindúes. Por último Josafat se quedó en Cachemira y murió allí.[6]

A todas luces tal leyenda es una falsificación ideada para aumentar la confusión alrededor de la sepultura de Yuzu Asaph en Cachemira. Es de observar que la narración procede de la India y fue publicada por los misioneros cristianos cuando se vieron en la necesidad de suministrar alguna explicación acerca de aquella sepultura.

La conferencia de Londres de 1978

Convocada en 1978 por la organización londinense de los musulmanes ahmadiyya, con carácter internacional, fui invitado a ella en razón de la difusión alcanzada por mis investigaciones sobre la vida oculta de Jesús. Elegí como tema de mi comunicación la sepultura de Yuzu Asaph.

Al principio los organizadores de la conferencia objetaron que no tenían propósito de polemizar contra ninguna religión o doctrina religiosa, sino que su intención era buscar la verdad y demostrar que Jesús, en tanto que hombre justo y profeta de Dios, no pudo morir como un réprobo. Según los judíos había muerto en la cruz y por tanto le afectaba el carácter infamante previsto en Deuteronomio 21, 23, donde dice taxativamente:

> Si un condenado a muerte es ejecutado colgándolo en el patíbulo, su cadáver no podrá quedar allí durante la noche, sino que lo enterrarás el mismo día, pues el que muere colgado en el patíbulo es una ofensa a los ojos de Dios.

Es de observar que las versiones de la Biblia difieren en cuanto a estas dos palabras, patíbulo y ofensa. Los traductores de la antigüedad cambiaron cruz por patíbulo o árbol, y también maldito por ofensa. Quienes modificaron los versículos de la Biblia con arreglo a sus propias intenciones sabían que en el Antiguo Testamento el colgado es un maldito, o réprobo, y que los judíos jamás admitirían como Mesías a quien hubiese sufrido muerte en colgado de un patíbulo, un árbol o una cruz.

La conferencia tuvo mucho éxito y suscitó tremendo interés entre las organizaciones cristianas y musulmanas que habían enviado observadores. El British Council of Churches solicitó entrevistarse con los organizadores y un intercambio de ideas acerca de Jesús, aunque no sin reafirmarse en su postura:

> En el relato de la crucifixión y muerte de Jesús corroborado por los cuatro Evangelios y por el testimonio unánime de la prístina tradición cristiana, admitimos que la muerte de Jesús en la cruz pueda parecer un escándalo y una afrenta a la justicia divina, pero creemos que se manifiesta en ella el amor de Dios, que padeció por amor a los hombres y que sólo concede el perdón mediante una penitencia.[7]

Después de la conferencia el jefe de los musulmanes ahmadiyya declaró que «saludamos la declaración del Consejo Británico de las Iglesias admitiendo que la muerte de Jesús en la cruz puede parecer un escándalo y una afrenta a la justicia divina, ya que tal declaración suscita la esperanza de que, si nuestros hermanos cristianos exploran la realidad de estas cuestiones con amor y ánimo constructivo, acabarán por modificar sus discutibles dogmas».

La conferencia internacional de Londres duró tres días y participaron en sus deliberaciones 1.500 delegados procedentes de muchos países del mundo. Es obvio que la muerte infamante de Jesús en la cruz era un asunto escandaloso y debía ser desmentida para librar a Jesús de tal estigma. Lo cual planteaba en segundo lugar la necesidad de explorar en serio los años olvidados de Jesús. Las actas de esta conferencia fueron para mí como una inyección de moral, y proseguí mis investigaciones con renovados ánimos.

18. Retorno a Cachemira

La dispersión de las tribus judías

De hecho la Diáspora comenzó con la destrucción de Samaria por el rey asirio Sargón II hacia el 721 a. de C. Continuó con los dieciocho meses de sitio y la destrucción de Jerusalén por el babilonio Nabucodonosor II el 587 a. de C. que inauguró el cautiverio de Babilonia, cuya duración fue de 48 años. Y siguieron emigrando y estableciéndose en remotos países. Tan remotos, en efecto, como el Yemen y Etiopía, Gales, Armenia y Ucrania. En particular, los que salieron de Israel hacia el este llegaron a Bamiyan, Bujara, Samarcanda, Jorasán, Kashgar y Cachemira.

Algunos de estos exiliados llegaron incluso a las regiones occidentales de China.[1] Muchas de las tribus actuales del Afganistán son descendientes de tribus judías; varios estudios etnológicos revelan que la mayoría de la población pathan de Bamiyan, Kabul, Hazara y Cachemira desciende de las tribus perdidas de Israel.[2] En el decurso de los siglos estas tribus judías adaptaron sus creencias en diversos sentidos, acercándolas al budismo, al sivaísmo y al Islam según los altibajos de la política y los períodos de persecución. Sin embargo, y pese a tan drásticas vicisitudes, algunos de estos pueblos siguen llamándose *Bani Israel* o Hijos de Israel.[3]

Hallamos a Jesús en Taxila el año 49 d. de C. El rey Gondafaros murió el año siguiente y poco después Kadfises, soberano kushana, se anexionó Taxila. Para entonces Jesús probablemente había emigrado a Cachemira, pero

¿por qué Cachemira? ¿Sería obedeciendo a las circunstancias del momento, o por una razón definida? Él era el Mesías de los israelitas y había declarado con palabras inequívocas que se consideraba enviado a las ovejas perdidas de la casa de Israel.[4]

Durante los cinco milenios de la historia conocida, el valle de Cachemira estuvo habitado por diferentes pueblos; entre las principales tribus que lo ocuparon cabe citar los naga, los pishachi, los gandhara, los tungan y los khash. Estos últimos no son sino los cassitas históricos procedentes de Mesopotamia, cuya deidad suprema se llamaba Cush o Kash. En su marcha hacia Oriente, este pueblo fundó muchas poblaciones, en cuyos toponímicos queda constancia de dicho nombre, como Kashan en Irán, Kashgar en Asia central, Kashtawar y Cachemira (Kashmir) al norte de la India. En 1644 escribía Bernier:[5]

> En este país se encuentran muchos vestigios del judaísmo. Al entrar en el reino me sorprendió el aspecto judío de los pobladores de las aldeas fronterizas.

Al Beruni, enviado a Cachemira en el siglo XIII por el sultán Mahmud Ghazni, puntualiza sobre la cuestión:[6]

> Velan particularmente sobre las defensas naturales de su país y así han procurado fortificar especialmente los pasos y accesos que conducen al mismo. En consecuencia resulta muy difícil comerciar con ellos. En el pasado concedían salvoconducto a uno o dos extranjeros, sobre todo judíos.

La cita parece indicar que en tiempos antiguos existieron algunas colonias judías en el valle de Cachemira, y es posible que esto decidiese a Jesús y le indujese a trasladarse allí hacia el 55 d. de C., de acuerdo con lo declarado por él mismo en cuanto a las tribus perdidas de Israel:[7]

Tengo otras ovejas que no son de este redil. También a ellas tengo que apacentarlas. Ellas escucharán mi voz, y habrá un solo rebaño y un solo pastor.

Jesús quiso ir en busca de su pueblo y salvarlo, y por esa razón eligió la India. Es evidente que halló buena acogida, como lo muestran muchos patronímicos y toponímicos de origen pre-islámico. En el pasado como ahora muchas familias ponen a los niños el nombre de Issa, y podemos citar asimismo Yusu-Marg, el arrojo de Yuzu, Yusu-Maidan, una región mesetaria de la cordillera del Pir Panchal, Yusu-Nag, nombre de otro arroyo, Yusu-Gam, una aldea, Yusu-Raja, nombre de persona, Yusu-Varman, un rey kasmiri, Issa-Vihara, el monasterio de Issa, e Ishbar, un santuario a orillas del lago Dal.

En del decurso de mis investigaciones conseguí un documento histórico que menciona concretamente la visita de Jesús a Cachemira durante el reinado del rey kashmiri Shalivahana. Esta información estaba en uno de los más antiguos manuscritos sánscritos de la colección del difunto maharajá de Cachemira. Ante todo me vi obligado a establecer la historicidad de este rey Shalivahana, así como la autenticidad del manuscrito sánscrito *Bhavishya Maha Purana*. Empecemos por el soberano.

Cuando Alejandro Magno salió de la India, hacia el 327 a. de C., los griegos establecieron varios reinos en la región, en Chitral, Gilgit, Kabul, Hazara y Cachemira. En el ejercicio de mi cargo oficial llegué a descubrir varios centenares de monedas acuñadas por estos soberanos, de las cuales una media docena de los que mandaron sobre Cachemira. Me he referido a estos reyes en varias obras mías publicadas dentro de la especialidad.[8]

Uno de estos monarcas griegos del norte de la India fue Kadfises, quien se adueñó de la región hacia el 60 d. de C., y su virrey Kanishka sometió el valle de Cachemira hacia el 73 d. de C. En la misma época aparece en escena Shalivahana como campeón del hinduismo brahmánico frente a los griegos, el cual logró expulsar del valle de Cachemira al virrey griego, aunque sólo temporalmente. En conmemoración de su victoria introdujo un nuevo cómputo del tiempo, el cual ha llegado hasta nosotros como la era Shalivahana, que cuenta a partir del 1º Baisakh de 3179, correspondiente al 14 de marzo del 78. Cuando hube corroborado la existencia del rey Shalivahana emprendí el estudio del manuscrito sánscrito intitulado *Bhavishya Maha Purana*.

El «Bhavishya Maha Purana»

Esta obra, escrita en el alfabeto sharda de la antigua Cachemira sobre papiro hecho de corteza, fue compilada por Sutta en el 3191 de la era Laukika, correspondiente al 115 d. de C. Este raro manuscrito perteneció al maharajá de Cachemira, quien lo envió al Oriental Research Institute de Poona (India) para su estudio, y en 1910 fue publicado en Bombay.[9]

Entre otras cosas menciona la existencia de los seguidores de Moisés en la India. El *Bhavishya Maha Purana* es un libro de crónicas, informaciones y profecías iniciado por los devotos de un culto solar que existió durante el siglo III a. de C. De manera que el manuscrito elaborado por Sutta es transcripción y continuación de los libros anteriores. Contiene también una interesante mención acerca de Jesús, cuando escribe que el rey de los sakas (escitas o *yueh-chi*) conoció a un santo procedente de un país extranjero que se presentaba a sí mismo como el Hijo de Dios, y nacido de una doncella.

Según consigna Sutta, el rey Shalivahana era el soberano de Cachemira hacia el 78 d. de C. En este año partió hacia el sur en expedición de conquista, pero no regresó. Sutta dice que estando el rey en Wiyen, una antigua población de Cachemira cercana a Pampur y famosa por sus tres fuentes de aguas minerales, el rey de los sakas conoció a un santo de complexión rubia, que vestía una larga túnica blanca. Interrogado por el rey, respondió:

El Bhavishya-Maha-Purana, 115 d. de C. Este antiguo manuscrito sánscrito menciona la visita de «Issa Mashiha», el Hijo de Dios, nacido de una virgen» en Cachemira

Llamadme Ishvara Putaram, o «Hijo de Dios», y Kanya Garbam o «nacido de una virgen».

Encargué la traducción al inglés de todo este pasaje a un equipo de profesores de la Universidad de Cachemira; el resultado fue interesante y da mucho que pensar:

En aquel tiempo Shalivahana, nieto de Vikrama-Ditya, se apoderó de los reinos de su padre, derrotó a los invencibles sakas [escitas] y combatió a las horas de Cheen [China], Balhika [Bactria], Kamrupa [Partia], Tatari [Mongolia], Roma [Roma, o mejor los griegos, seguramente] y Khura [Jorasán].

Tomó posesión de sus tesoros y castigó a quienes se habían hecho merecedores de castigo. También estableció la frontera entre los arios y los *mleechas* [amalecitas], fijando el Sindhu [el río Indus] como divisoria entre ambos pueblos.

En cuyo período el rey de los sakas fue a Himatunga [Himalaya]. En esta región montañosa el rey vio a un solemne personaje de complexión rubia, que vestía una larga túnica blanca. Asombrado al ver aquel extranjero, el rey le preguntó: ¿Quién eres? A lo que el personaje contestó con dignidad:

Llamadme Ishvara Putaram, o «Hijo de Dios», y Kanya Garbam o «nacido de una virgen». Dedicado a la verdad y al renunciamiento, predico la verdad a los amalecitas.

Creció el asombro del rey al escuchar estas palabras, y preguntó: ¿Qué religión predicas? Y el personaje replicó:

¡Oh rey!, soy de un país muy lejano en donde no existe la verdad y la malicia no conoce límites. Me aparecí en el país de los amalecitas y padecí en manos de ellos.

Me aparecí como Isha Masih o Jesús el Mesías, puesto que recibí el mesianismo o cristiandad.

Y les hablé diciendo: Apartad toda impureza de vuestras mentes y vuestros cuerpos. Recitad la oración revelada. Orad sinceramente y con las palabras correctas. Cumplid la Ley. Honrad el nombre de Dios Nuestro Señor. Meditad acerca de Aquél que reside en el centro del sol.

Cuando me aparecí en el país de los amalecitas, enseñé el amor, la verdad y la pureza de corazón. Exigí a los humanos que sirvieran al Señor. Pero padecí en poder de los malvados y los pecadores.

En verdad, ¡oh rey!, todo poder pertenece al Señor, que está en el centro del sol. Y los elementos, y el cosmos, y el sol, y Dios, son eternos, perfectos, puros y serenos. Dios está siempre en mi corazón. Por eso se estableció mi nombre de Isha Masih.

Tras escuchar estas pías palabras de labios de aquel personaje me sentí lleno de paz y, obedeciéndole, volví sobre mis pasos.[10]

Atendido que Shalivahana desaparece de la historia en el año 78 d. de C., es probable que el incidente aludido ocurriese antes de esa fecha. Tampoco me consta si el rey mencionado es Shalivahana u otro soberano que se presentase como rey de los escitas. El texto del *Bhavishya Maha Purana* que se ha manejado es el del manuscrito que fue propiedad del maharajá Pratap Singh de Jammu y Cachemira, de manera que la autenticidad del original, en tanto que tal, es indiscutible.

Tras haber localizado una referencia a Jesús en una obra sánscrita se me ocurrió seguir investigando, por si existían otros manuscritos por el estilo en los archivos de Cachemira, y así descubrí que nuestra historia antigua en sánscrito conoce también el relato completo de la crucifixión y la resurrección.

El «Rajatarangini» de Kalhana

Esta obra sánscrita fue compilada por Kalhana hacia 1148 d. de C. y es la más antigua historia de Cachemira que conozcamos. Fue traducida del sánscrito al inglés por Aurel Stein en 1900 bajo el patrocinio del Gobierno británico de la India.[11] Dice Kalhana que vivía en Issabar de Cachemira, a orillas del lago Dal, un gran santo llamado Issana, que tuvo muchos discípulos. El más destacado de éstos era Samdimati, príncipe de los arios. Este discípulo era tan grande que en todos los hogares se decía: «¡Pertenezca a Samdimati el reino entero!».

Los malvados influyeron en el ánimo del rey y encendieron su animadversión en contra de Samdimati, quien fue crucificado. Cuando Issana se enteró acudió al lugar, donde imperaba un celestial aroma a incienso, y en la tercera noche «Samdimati despertó del profundo sopor, cubierto de bálsamos sagrados. Había resucitado de la muerte, y llevaba una túnica magnífica». Antes de pasar a examinar el caso, permítaseme citar una traducción resumida de estos versículos del *Rajatarangini:*

En aquel tiempo se difundieron unos misteriosos rumores que decían «pertenezca a Samdimati el reino entero». Por lo cual el rey mandó que fuese aherrojado y encarcelado, y sufría fuerte tormento en las piernas. Y se le ocurrió al rey que la única manera de frustrar el decreto del destino sería matar al prisionero. Así conspira el hombre enloquecido para evitar un acontecimiento inminente, mas es seguro que el destino abrirá cien caminos nuevos.

Samdimati fue puesto en la cruz por orden del rey. En oyendo la triste noticia Issana, el gran guru, acudió al lugar y vio que Samdimati estaba reducido a un esqueleto en la cruz. «¡Ay de ti!, y que mis ojos te hayan visto en tal miseria.» Y entonces lo desclavó de la cruz.

Mientras se llevaba el esqueleto, vio que en su frente decía: «Vivirá en la pobreza, padecerá la cárcel, morirá en la cruz, y sin embargo reinará luego». El destino da cumplimiento a todos los milagros. En medio de la noche notó un aroma celestial y vio que todos los miembros del esqueleto estaban siendo reparados por yogins. Cubierto de santos ungüentos, Samdimati se alzó del profundo sopor. Samdimati se alzó llevando un vestido magnífico y se inclinó ante su guru Issana.[12]

Lo sorprendente de este relato es que se trata del único caso de crucifixión registrado en toda la larga historia de Cachemira. Esta crónica de Kalhana en el año 1148 nos indica que a comienzos del siglo XII aún existía en aquellas regiones una vaga idea de que alguna persona había sido crucificada por orden de un rey. Kalhana, el historiador más célebre de la India, era hindú y en su época el Islam todavía no había invadido el valle de Cachemira, ni él tuvo noticia alguna del cristianismo. Pero asegura que su obra se basa en manuscritos más antiguos que tuvo oportunidad de consultar. Lo cual indicaría que el suceso de la crucifixión y posterior resurrección debe figurar en otras crónicas de Cachemira todavía más antiguas.

Es significativa la coincidencia entre la época de la crucifixión de Jesús en Palestina y la crucifixión de Samdimati en Cachemira; la confusión está en que según la versión kashmiri, Issana es el maestro del supliciado Samdimati. ¿Qué otros parecidos podemos hallar entre Jesús y Samdimati?

Un examen detallado de ambos incidentes revela que ambos fueron crucificados por la autoridad real y acusados de haber querido proclamarse reyes, es decir de lo que hoy llamaríamos alta traición. Ambos fueron cubiertos de bálsamos y ungüentos. Ambos resucitaron después de la crucifixión. La conclusión principal que extraigo de mi estudio es que el relato de la crucifixión era conocido en Cachemira hace poco menos de dos mil años. Alguien, poco antes del siglo XII, debió conservar un recuerdo del mismo, aunque poco preciso. Con independencia de si refleja más o menos exactamente unos hechos reales, la propia existencia de esa narración es significativa, en el sentido de que indica unos contactos y unas influencias culturales.

Final del cristianismo en Cachemira

En el siglo III, según mis investigaciones, aún existían comunidades cristianas en Persia, Afganistán y Cachemira. Estos cristianos se llamaban Nasara y Kristani. Misioneros cristianos de épocas posteriores descubrieron cruces en algunas tumbas de los valles del norte de la India,[13] aunque por lo general supusieron que eran sepulcros de los nestorianos; por cierto que no he sido capaz de averiguar el paradero actual de esas cruces. Pero sí he descubierto otras informaciones interesantes.

Los Nasara contaban con cuarenta sacerdotes bien versados en el Talmud, la Torá, la Biblia y el Apocalipsis de Abrahán, los cuales tenían asiento en la corte real y emitían su veredicto sobre los casos que les consultaba el rajá de Cachemira. Después del advenimiento del Santo Profeta del Islam, aquellos sacerdotes llegaron a saber que el Santo Profeta había sido anunciado por las escrituras de ellos. Y con objeto de efectuar averiguaciones sobre este punto enviaron a Balakh del Asia central una misión encabezada por Ganum Hindi, para que consultase con el sumo sacerdote. Pero cuando Ganum Hindi arribó a la región vio que toda ella había aceptado la verdad del Islam. Transcurrido algún tiempo regresó a Cachemira y los Nasara y Kristani restantes se convirtieron y se hicieron musulmanes, tras lo cual todos permanecieron colectivamente en el seno del Islam.[14]

Esta conversión debió tener lugar en alguna época posterior a la del Profeta, es decir después del 570. La mención, aunque pasajera, indica la presencia de un pequeño grupo de cristianos en Cachemira y su conversión colectiva, con la consiguiente pérdida de su identidad, en una fecha comprendida entre el 570 y el 962, año en que fallece el cronista Shaikh-us-Sadiq. El cristianismo desapareció de Cachemira, pues, sin dejar otra huella sino la tumba de Yuzu Asaph en Rozabal.

Los musulmanes de Issa

Otro dato interesante recogido por mí es la existencia de una comunidad en el Afganistán, cuyos miembros se dan a sí mismos el nombre de musulmanes de Issa:

> Los seguidores de Issa, hijo de Mariam, por lo general se llaman a sí mismos musulmanes y habitan cierto número de aldeas dispersas en la región occidental del Afganistán cuyo centro es Herat. Había oído hablar de ellos varias veces, pero consideraba que probablemente serían de los conversos por los misioneros europeos procedentes del este de Persia, o quizá los sobrevivientes de la época en que Herat fue floreciente obispado de los nestorianos, antes de que los árabes conquistaran Persia en los siglos VII y VIII. Por lo que ellos mismos cuentan, sin embargo, y por lo que pude observar, me parece que su origen debe ser mucho más antiguo. El número total de estos cristianos se acercará a las mil almas y su jefe es Abba Yahiya, quien todavía recita de memoria los nombres de los maestros a través de casi sesenta generaciones hasta llegar a Issa, hijo de Mariam de Nasara, el kashmiri.[15]

Es enigmática esta alusión de Burke a Issa de Nasara, el kashmiri. La expresión implica que vino de Cachemira para enseñarles, o que ellos le creyeron oriundo de Cachemira. Por una coincidencia pude localizar en el *Mujuzat-i-Masih*, publicado por Farooq Argalli, otra mención a Issa, hijo de Mariam, aunque dice que predicaba el Islam, y no el cristianismo. He aquí el interesante pasaje:

> En su juventud Issa recibió a través de Jabreel una revelación de Alá, e invitaba a las gentes a deponer la kufur [véase la nota]. Los *Beni Israel* se alzaron contra él como un solo hombre. Él obró muchos milagros, y muchos se hicieron musulmanes pronunciando la invoca-

ción «La-illa-ha-illul-la Issa Roh Alla», lo cual significa «sólo Alá es Dios, y Jesús es el espíritu de Alá». Una vez Issa emprendió un largo viaje con su madre y ésta murió de fatiga. Después de sepultarla fue a la ciudad y siguió llamando a las gentes en nombre de Alá. Los kafir se hicieron enemigos suyos y utilizaron a un yuhudi llamado Shiyuh para darle muerte. Los kafir rodearon la casa de Issa y Shiyuh entró, pero no halló en ella a Issa, porque Alá se lo había llevado a los cielos. Cuando salió Shiyuh su rostro estaba transfigurado, y los kafir se apoderaron de él creyendo que era Issa, y le dieron muerte. Alá había protegido a Issa.[16]

De nuevo paso a citar a Burke:

Los seguidores de Issa, hijo de Mariam, se consideran musulmanes. Una vez por semana celebran una cena ritual durante la cual toman pan y vino como símbolos de los alimentos pesados y ligeros, que son las experiencias del acercamiento a Alá. También comparten la convicción de que llegará el día en que el mundo descubra la verdad acerca de Jesús.[17]

Esta línea de investigación exige más trabajos y celebraría que otros eruditos quisieran ayudarme a desvelar la verdad en relación con estos aspectos.

19. Las escrituras de los mullas

Crónicas persas sobre Yuzu Asaph en Cachemira

Continuando mis investigaciones, supe que Jesús también había sido mencionado por un historiador persa, a saber, el Mulla Nadri en su *Tarikh-i-Kashmir*. El manuscrito se hallaba en posesión de un amigo mío, hijo del celador principal de Rozabal y llamado Sahibza Basharat Salim. Éste eludió la cuestión durante años, hasta que llegué a saber el motivo de tanta reticencia en cuanto a enseñarme el manuscrito. Al principio yo ignoraba que Sahibza Basharat Salim sustentaba la pretensión de ser descendiente de Yuzu Asaph. En 1976, en cambio, informó a Andreas Faber-Kaiser que cuando Yuzu Asaph llegó a Cachemira casó con una pastora kashmiri llamada Miran, y que él, Salim, era un descendiente de ellos.[1]

Conocía yo otra referencia a este supuesto matrimonio de Jesús en el *Nigariatan-i-Kashmir* de Zahur-ul-Hassan. A la llegada de Jesús a Cachemira, el rey hindú le ofreció poner a su servicio cierto número de mujeres, pero él declinó el ofrecimiento diciendo que se contentaría con una sola sirvienta. Por mi parte supuse que Jesús pudo tener hijos con esa mujer, y que tal vez Sahibza Basharat Salim tenía razón cuando se decía descendiente de esa unión. Pero él, aunque musulmán, no podía decirlo públicamente sin indisponerse con sus correligionarios, y ése era el motivo por el cual no quería enseñarme el manuscrito histórico de Mulla Nadiri, ni documento alguno tocante al linaje de su familia. En

209

cambio cuando habla con extranjeros no tiene inconveniente en decirles que él desciende de Yuzu Asaph.[2] Mientras perseguía el manuscrito de Mulla Nasiri me vi arrastrado a otra controversia: Si Jesús se casó alguna vez, y si lo hizo en Palestina o en Cachemira.

El estudio de la historiografía en persa sobre Cachemira y el Irán revela muchas informaciones útiles acerca de las Tribus Perdidas de Israel, sus asentamientos, su asimilación en el seno de los pueblos orientales, y también sobre la figura de Jesús de Nazaret. Entre los musulmanes Jesús recibe los nombres de Issa o Yusu, y ésos son los que debemos buscar en aquellas obras. El *Rauz-us-Safa* de Mir Mohammad, escrito en 1417, trata del viaje de Jesús de Jerusalén a Nisibis. Otro libro persa, el *Kamal-ud-Din* de Shaikh Said us Sadiq (912 d. de C.), cuenta la visita de Tomás a Cachemira, pero son más importantes, en esta obra, los datos relativos a las enseñanzas y predicaciones de Jesucristo en Persia.

En cuanto al libro de Mulla Nadiri, escrito en 1420, trata del ministerio de Jesús en Cachemira. Dice que Yuzu Asaph llegó a este país procedente de Palestina, y traduzco el pasaje en cuestión:

> Raja Ach accedió al trono y reinó durante 60 años, durante los cuales fundó la ciudad de Achabal en Kotiar, Cachemira. Después de su muerte, su hijo Gopananda reinó en el país tomando el nombre de Gopadatta. Bajo este reinado se construyeron y repararon muchos templos. En aquella época se había agrietado la cúpula del templo que está en lo alto del monte de Salomón y él ordenó a uno de sus ministros, llamado Sulaiman, oriundo de Persia, que la hiciese reparar. Pero los hindúes de la localidad objetaron a esto que Sulaiman era un infiel y seguidor de otra religión, y no les parecía bien que él reparase el sagrado templo de los hindúes.
>
> Por esa misma época Hazrat Yuzu Asaph, procedente de Tierra Santa, Bait ul Maqqadas, se hizo presente en el

Valle Santo, Uadi a Aqddas, y proclamó su ministerio. Permanecía absorto en la oración día y noche, y tras alcanzar una elevada posición en virtud y piedad declaró al pueblo que era el mensajero de Dios, y le exhortó a seguir la palabra de Dios, y muchos creyeron en él. Por lo cual el Raja Gopadatta le consultó sobre las objeciones de los hindúes contra su decisión. Y fue por indicación suya que Sulaiman, a quien los hindúes del país llamaban Sandiman, terminó la reparación de la cúpula agrietada en el año 54. Y también Sulaiman hizo grabar la inscripción siguiente en las losas delante de la escalinata por donde se accede al templo: «En este tiempo declaró su ministerio Yuzu Asaph, y él es Yusu, el Profeta de los Hijos de Israel».

En una obra de un hindú se dice que este Profeta era en realidad Hazrat Issa, el Espíritu de Dios (sea con él la paz y nuestro saludo), el cual asumió el nombre de Yuzu Asaph mientras vivió en este valle. La verdad, sólo la conoce Alá. Después de su fallecimiento Hazrat Issa (sea con él la paz y nuestro saludo) descansó en la tumba que está en la localidad de Anzimar. También se dice que emana de la sepultura de este Profeta la aureola de la santidad. Raja Gopadatta falleció después de haber reinado durante 60 años y 2 meses.[3]

El análisis completo del valor de las informaciones aportadas por Mulla Nadiri me llevó varios meses. Para resumir las conclusiones:

a) Yuzu Asaph es el Issa de los musulmanes y el Jesús de los cristianos.
b) Yuzu Asaph pasó de Palestina a Cachemira durante el reinado de Raja Gopadatta (79-109 d. de C.)
c) Yuzu, Profeta de los Hijos de Israel, proclamó su ministerio en Cachemira el año 54.
d) Y así lo hizo constar Sulaiman ante la escalinata del sagrado templo del monte de Salomón.

Takhat Sulaiman

Este último resultado reclamó mi interés, dada mi dedicación a la arqueología. Cerca del lago Dal de Srinagar hay un promontorio en cuya cima se alza la edificación conocida por los musulmanes kashmiri como Takhat Sulaiman o Trono de Salomón. En tiempos de los reyes hindúes, es decir a partir de 1848, lo rebautizaron Sankarachariya. Tuve ocasión de inspeccionarlo varias veces, pero no pude hallar ninguna inscripción. No obstante, se observan en las cercanías los restos de lo que fue una mezquita, y a escasa distancia del templo algunas sepulturas semiocultas entre la hierba crecida. En un relato de viaje Vigne mencionó que éstas eran las tumbas de los artesanos hebreos empleados por Sulaiman en la reparación del templo.[4] He averiguado también que Mirza Haider Malik Chaudura (siglo XVI) menciona cuatro inscripciones en lugar de dos:

El albañil que hizo esta columna es Bhisti Zargar, año 54. Khwaja Rukun hijo de Mirjan levantó esta columna. En este tiempo declaró su ministerio Yuzu Asaph. Él es Yusu, el Profeta de los Hijos de Israel.[5]

En su tratado arqueológico *Illustrations of Ancient Buildings in Kashmir,* el comandante H. H. Cole daba una fotografía de dos inscripciones y observa que hay otras dos inscripciones mutiladas en las paredes a cada lado de la escalinatas, en caracteres persas.[6]

Mulla Nadiri menciona que Sulaiman, el ministro encargado de la reparación del templo, era oriundo de Persia. Lo cual explicaría por qué las inscripciones están en persa. En segundo lugar, los nombres de los dos albañiles corresponden a judíos de Persia. Las cuatro inscripciones han sido recogidas por otros historiadores kashmiri,[7] con más o menos paráfrasis a criterio de los autores. No obstante la mención del año 54 es significativa en la medida en que proporciona

Takhat-i-Sulaiman o Trono de Salomón, templo del monte Sankarachariya de Srinagar, que conmemora la visita de Salomón a Cachemira (Frank Sache)

una fecha de la llegada de Jesús a Cachemira y el comienzo de su ministerio.

Obsérvese que, atendido que no existía el Islam durante el reinado de Gopadatta (79-109 d. de C.), sería absurdo que refiriésemos el año 54 a la era musulmana de la Hégira. En la época se computaba el tiempo en Cachemira exclusivamente en razón de la era Laukika. Teniendo en cuenta que dicha era comenzó el 3076 a. de C., el año 54 que menciona la inscripción sería el 22 a. de C. o bien el 78 d. de C. (puesto que el año 1 de la era Laukika es el 3076 a. de C., el 3054 sería el 22 a. de C. y el 3154 el 78 d. de C.). Como no era posible que Jesucristo llegase a Cachemira el 22 a. de C., admitiré que el 78 d. de C. es la fecha correcta de su llegada.

Corroboraciones

Shaikh-us-Sadiq Ali Mohammed, el gran escritor de Jorasán fallecido en 912 d. de C., compuso su monumental obra en idioma persa. Fue el primer erudito musulmán que mencionó los dos viajes de Yuzu Asaph a Oriente. Aseveró que Yuzu Asaph murió en Cachemira, y que Tomás estuvo presente en el momento de su muerte. La obra cita asimismo las palabras y parábolas de Yuzu Asaph, que como luego se verá concuerdan con las que citan los Evangelios.

Mulla Nadiri terminó su obra *Tarikh-i-Kashmir* antes de 1416 y en ella declara expresamente que Jesucristo llegó a Cachemira procedente de Palestina y proclamó en aquella su ministerio. También él fija la fecha en el año 54 (78 d. de C.) e indica el lugar de la sepultura de Yuzu Asaph.

En su clásica obra en siete volúmenes titulada *Rauzat-us-Safa,* Mir Mohammed Khwand describió el viaje de Jesús desde Jerusalén hasta Nisibis, pero luego no dice más aduciendo que luego Jesús «puso el sello del silencio sobre sus labios».

Khwaja Mohammed Azam Deedamari, en su *Waqiat-i-Kashmir,* de 1729, menciona a Hazrat Yuzu Asaph, un profeta que llegó a Cachemira en tiempos antiguos, procedente de un país lejano. Dice que los habitantes de Cachemira fueron invitados por Yuzu Asaph a arrepentirse y vivir dedicados a las prácticas pías y a la oración. Que fue el Profeta de Alá para el pueblo de Cachemira. En cuanto a la sepultura de Anzimar, elogia sus mercedes y bendiciones.

El decreto emitido a favor del guardián del sepulcro por el gran muftí de Cachemira en 1766 expresa que Yuzu Asaph fue un mensajero de Dios ante el pueblo de Cachemira, y que proclamó su ministerio bajo el reinado de Gopadatta, hacia el 78 d. de C.

En su investigación titulada *Masih Hindustan Mein,* compilada en 1899 y publicada en 1908, Mirza Ghulam Ahmad declara que Jesucristo no murió en la cruz, sino que emigró a la India en busca de las tribus perdidas de Israel.

Que estableció su hogar en Cachemira y murió allí, habiéndose buscado y encontrado su sepultura en dicho país.

Los sermones de Yuzu Asaph

Sobre los sermones de Jesucristo en Cachemira la información, aunque no abundante, sí es muy significativa. Los he comparado con sus enseñanzas según el Nuevo Testamento, y los paralelismos son sorprendentes. He aquí algunos ejemplos.

¡Escuchad! Yo os digo palabras de sabiduría y verdad, a fin de que sepáis distinguir entre el bien y el mal. Pues tal es el deber de los que reciben la palabra de Dios. Yo os digo que quien desdeña la justicia no entrará en los cielos.[8]

Buscad el reino de los cielos y no los reinos de este mundo. ¡Ay de los que sólo buscan lo mundanal, porque ellos perecerán! En verdad os digo que la muerte no respeta ningún calendario. Cuando llega la hora, ni siquiera los pájaros pueden huir de sus enemigos si falta la fe.

Yo os digo: mientras haya luz es posible viajar, pero vosotros mantened en secreto vuestras buenas acciones, y no sean sólo para exhibirlas. Benditos quienes así lo hacen porque saben que así serán tratados.[9]

El contenido de estos pasajes guarda notable semejanza con muchos lugares bíblicos. Cito ahora otro sermón atribuido a Jesús según lo reflejan los autores orientales:

Mi alimento es el ayuno, mi estado natural el temor, mi vestimenta un saco de lana. Mi corazón es el sol en invierno, la luna mi lámpara en la noche, los pies me transportan y los frutos de los bosques me sustentan. Cuando me acuesto nada llevo conmigo y me levanto con las manos vacías. ¡Nadie más rico que yo en esta tierra!

Dirigid vuestros pensamientos a Dios y vivid en la renunciación. Si aspiráis a Dios, sólo en Él debéis pensar. Yo os digo: despreciad los deseos mundanos, olvidad el rencor y sed puros de corazón. Si aplicáis vuestra voluntad a alcanzar ese objetivo con el pensamiento claro, hasta un zarzal se convertirá en una corona de rosas.[10]

Por la Biblia sabemos que Jesús enseñaba por medio de memorables parábolas, y una de las más conocidas es la del sembrador:

Escuchad: Salió el sembrador a sembrar y, al sembrar, parte de la semilla cayó junto al camino, vinieron las aves y se la comieron. Otra parte cayó en un pedregal, donde no había mucha tierra, y brotó en seguida porque la semilla no tenía profundidad en la tierra; pero al salir el sol la abrasó, y por no tener raíz se secó. Otra cayó entre zarzas; las zarzas crecieron, la ahogaron y no dio fruto. Otra parte cayó en tierra buena y dio fruto lozano y crecido, una treinta, otra setenta y otra ciento. Y añadió: ¡El que tenga oídos que oiga![11]

Por lo visto Jesús enseñó esta misma parábola en Oriente, aunque quizás algo modificada. Shaikh-us-Saddiq ha retenido la interpretación siguiente:

El sembrador es el hombre sabio y la semilla es la palabra de sabiduría. La semilla que comieron los pájaros es la palabra que no fue entendida. La que cayó en el pedregal es la palabra de sabiduría no aceptada. La que cayó entre zarzas es la palabra no obedecida. Pero las semillas que caen en tierra buena se refieren a los que entienden, aceptan y obedecen.[12]

Queda una última cuestión, y es saber qué impresión causarían estas predicaciones en el pueblo. En el decurso de la historia aquel valle ha visto invasiones e inmigraciones de todas clases; muchos kashmiri fueron brutalmente exterminados o sometidos. Hubo conversiones religiosas, y otros cambiaron de religión para salvarse en lo terrenal. En distintas épocas hubo budistas, sivaítas e hindúes brahmánicos, y ahora la mayoría son seguidores del Islam. De ahí que su cultura nos parezca de aluvión, una amalgama de las más variadas tradiciones y civilizaciones. Pese a los siglos transcurridos conservan muchos rasgos judíos, y también algunas enseñanzas morales de Buda y ciertas costumbres y tradiciones budistas, como la reverencia a las reliquias y el colgar hilos en las capillas. A mí me parece que las enseñanzas de Jesús bajo su nueva personalidad de Yuzu Asaph ejercieron cierta influencia sobre los budistas, por lo que plantearé la cuestión en el capítulo siguiente.

20. Budismo y cristianismo

En ocasión de su primer viaje a la India, Jesús vivió con los budistas seis años. Según los manuscritos budistas de Hemis, «el Buda lo había designado para difundir su santa palabra, y él se convirtió en un perfecto exponente de las sagradas escrituras».[1] Es interesante la información que aporta Meer Izzut-Oolah, viajero islámico de comienzos del siglo XIX:

Todo tibetano hace de uno de sus hijos un lama, el cual renuncia al mundo. Los lamas, hombres o mujeres, viven sin contraer matrimonio a manera de monjes y monjas, y son los guías espirituales del pueblo. No adoran los ídolos que tienen en sus monasterios, de los que dicen que son simples representaciones de santos fallecidos. Algunas de estas figuras, según se cuenta, representan a determinado profeta que vive en los cielos, lo cual parece apuntar a Jesucristo.

Los tibetanos consideran que sus escrituras son inspiradas, y contienen muchos preceptos morales y exhortaciones a rendir culto a Dios, a cumplir la palabra dada, decir la verdad y renunciar al mal. Entre otras cosas ordenan que si uno te quita la sábana le des también la manta, y si uno te hiere en la mejilla, le ofrezcas la otra mejilla. Muchas de estas observancias son similares a las del cristianismo.

Celebran su fiesta grande en las fechas en que el Sol entra en Capricornio, en correspondencia con la Navidad. Otra costumbre semejante es la de jurar en nombre de la Trinidad, que ellos llaman «Kunchok Sum» o «Tres Dioses». Los monjes budistas se asemejan también a los cristianos en lo de infligirse a sí mismos severos castigos. Los tibetanos aseveran que sus escrituras originales estaban en un lenguaje que ahora no comprenden, y que fueron traducidas. Se me informó que algunos pasajes de la Biblia fueron revelados a los tibetanos.[2]

Es difícil averiguar quién tomó prestado de quién, pero no dejan de sorprender las extraordinarias semejanzas entre la doctrina, las tradiciones y los ritos de los budistas y los católicos. Incluso se parece la escala jerárquica de las órdenes monásticas. Los unos y los otros hacen voto de celibato, pobreza, castidad y obediencia. También choca la semejanza de los sufragios (oraciones en que se solicita la intercesión divina), las limosnas, las oraciones y los exvotos, a tal punto que un estudioso ha observado que «el budismo es el cristianismo de Oriente y como tal se halla en mejor estado de conservación que el cristianismo o budismo de Occidente».[3]

Sería ingratitud por mi parte si me abstuviese de mencionar que fue el tratado de Mirza Ghulam Ahmad el que me decidió a investigar las fuentes budistas acerca de la vida y hechos de Jesucristo. En esta obra el gran erudito ha propuesto muchas ideas sugerentes acerca de las semejanzas entre el cristianismo y el budismo. Señaló que tanto Jesús como Buda sufrieron tentaciones diabólicas. El modelo de enseñanza mediante parábolas es el mismo en ambos. Sus títulos son parecidos, sus enseñanzas son parecidas y algunas de las parábolas son las mismas. Ambos sentaron la misma pretensión: «Yo soy la Luz y el Camino».[4]

En busca de manuscritos budistas

Hipólito, obispo de Roma hacia el 220 d. de C., menciona una escritura judeocristiana en el país de Seres, en Partia. Por aquel entonces el toponímico Seres designaba una región productora de seda, situada al norte de la India. Según sus tradiciones el libro sagrado de la Revelación cayó de los cielos para Elxai, quien era la encarnación de Dios en la Tierra. Su secta creía en una sucesión de encarnaciones del poder celestial. Se me ocurrió que podía existir alguna relación entre Elxai y su escritura, por una parte, y los lamas budistas y sus informaciones acerca de Jesús, por otra. Es interesante observar que los primeros cristianos occidentales ya conocieron la existencia de libros orientales sobre el cristianismo a comienzos del siglo III d. de C.

Los ebionitas sustentaban creencias parecidas a las que propugnan los budistas. Así se llamó a los primeros judeocristianos que creían en la misión celestial de Jesús, pero le consideraban un hombre normal, nacido de José y María. Fueron seguidores de Santiago el Justo, el jefe de la iglesia de Jerusalén, quien en tanto que tal combatió las enseñanzas de Pablo. Observaban la ley de Moisés, por lo cual fueron luego declarados herejes. Su evangelio, conocido primitivamente como *Evangelio según los Hebreos,* sufrió varias modificaciones, alteraciones y revisiones hasta adoptar la forma del *Evangelio según Mateo.*

Creen en la reencarnación del Cristo que sobrevendrá, lo mismo que los budistas creen en un Buda futuro, lo cual destaca otro paralelismo en las doctrinas de ambas comunidades. De ahí que no haya sido yo el primero en sentir la necesidad de buscar documentos y manuscritos acerca de Jesucristo en el norte de la India, el Tibet y Asia central. Por desgracia muchas de estas reliquias han sido robadas por los eruditos, los arqueólogos y los orientalistas occidentales. Pero todavía es posible que algunos documentos permanezcan enterrados o en las inmensas colecciones de los monasterios budistas de Ladakh, el Tibet y el Asia central.

Emprendí varios viajes a Ladakh para investigar, siguiendo los pasos de Nicolas Notovich cuando descubrió los manuscritos budistas. Éstos pueden dividirse en tres partes, la que trata de la reencarnación de Jesús, la que describe sus viajes a la India y la que menciona su ministerio en Palestina. La publicación de estos textos por parte de Notovich, primero en francés y luego en inglés, causó gran escándalo entre los cristianos de la época. Algunos negaron la existencia de los rollos diciendo que se trataba de una impostura. Pero otros admitieron dicha existencia así como la necesidad de seguir buscando datos sobre los años de la vida oculta de Jesús. Por tratarse de un asunto que tocaba de cerca los propios fundamentos del dogma cristiano, la Iglesia intensificó sus esfuerzos para mandar a la India, el Tibet y otros países agentes encargados de «localizar, comprar, confiscar o robar cualquier documento antiguo que se refiriese, *inter alia,* a la vida y muerte de Jesús en Cachemira».[5]

Notovich encontró estos manuscritos en 1887, en el gompa de Hemis (Ladakh). En 1922 Swami Abhedananda logró hallar otra versión que difería ligeramente de la descubierta por Notovich, y publicó un relato de su viaje y fragmentos de los textos hallados en Hemis en su libro *Kashmir-o-Tibbate,* en idioma bengalí.[6]

El gran lama advirtió seriamente a Nicolas Notovich que a muchos musulmanes les gustaría tener aquellos manuscritos, lo cual me parece significativo, aunque no se entiende por qué iban a querer estos documentos los musulmanes.[7] Tal vez la Iglesia recurrió a agentes musulmanes, como en 1894 cuando envió a Ladakh un converso, Ahmad Shah, precisamente con ese siniestro propósito. Cuyo agente escribió luego un libro, *Four Years in Tibet,* encaminado a «refutar los hallazgos de Nicolas Notovich».[8]

Pese a mis esfuerzos no pude encontrar los manuscritos. Supongo que por temor a los británicos, amos de la India hasta 1947, los lamas escondieron sus rollos en las celdas subterráneas que ellos llaman «el Tesoro Negro».

En 1939 Elizabeth Casperi visitó el monasterio de Hemis y con no poca sorpresa por su parte los lamas le enseñaron algunos rollos afirmando «estos libros dicen que vuestro Jesús estuvo aquí». Ella y sus compañeros contemplaron los pergaminos con perplejidad y respeto.[9]

Mis investigaciones me han persuadido de que casi todos los documentos acerca de Jesús se hallan en manos de neo-cristianos de Ladakh, o de las autoridades eclesiásticas. Con mucho esfuerzo y no poca persuasión pude localizar una traducción del antiguo manuscrito chino *Historia de las religiones y de las doctrinas, o Espejo de Cristal* al tibetano, realizada en 1802 por Le-zan Chhes-kyi Nima e intitulada *Grugtha Thams-chand kyi Khuna dan Dod-Thsul Stonpe Legs Shad Shel-gyi Melong*.[10]

> Yesu, el maestro y fundador de la religión, nacido milagrosamente, se proclamó a sí mismo el Salvador del Mundo. Ordenó a sus discípulos que observasen los diez votos, entre los cuales figuraba la prohibición de matar, con la promesa de la felicidad eterna a cambio de las buenas acciones. Predicaba que las acciones malas le precipitan a uno en el infierno, donde el tormento y la aflicción son eternos. Un pecado cometido conscientemente no puede ser perdonando ni borrado. Éste es uno de los virtuosos resultados producidos por las enseñanzas del Buda. Sus doctrinas no alcanzaron mucha extensión pero sobrevivieron largo tiempo en Asia. Esta información se ha tomado de los tratados chinos sobre las religiones y las doctrinas.

Este manuscrito se halla en poder de S.S. Gergan, propietario de una rica colección de documentos, rollos y manuscritos de China, el Tibet y Ladakh; su padre el reverendo Gergan fue el primer sacerdote cristiano oriundo de Ladakh y tradujo el Nuevo Testamento al idioma de esta región. Como cristiano lógicamente desarrolló una intensa actividad misionera y posiblemente halló muchos documentos relativos a las huellas del cristianismo en Ladakh y el Tibet.[11]

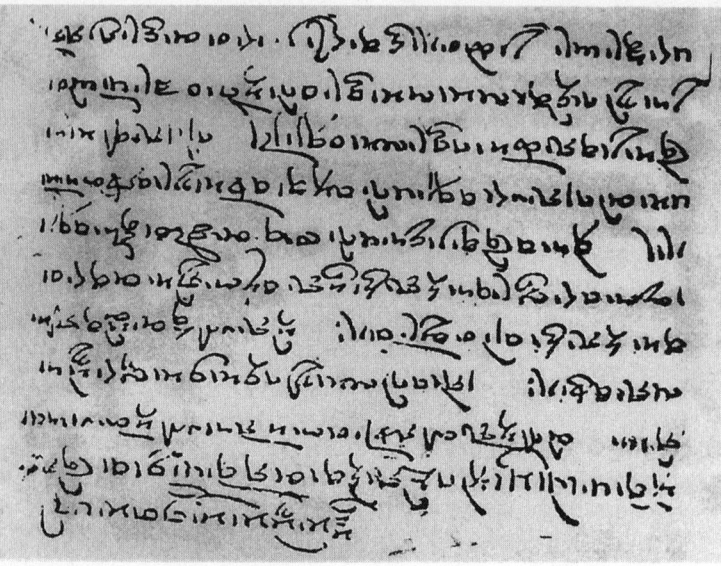

El Espejo de Cristal, antigua historia china de las religiones (traducida al tibetano como Grub-the-Thamas-Chad) menciona a «Yesu» y sus enseñanzas en Asia

La misma fuente nos dice que fue un tal Babaad quien realizó la ceremonia funeral de Yuzu Asaph con arreglo a la tradición judía. ¿Quién era este Babaad? Interesa consignar que Babaad significa en árabe «hermano gemelo o hermano de leche». Según la tradición judía los cadáveres se tenían en un pudridero hasta que fuese posible recoger los huesos en un ataúd de madera o piedra. No me ha sido posible allegar más detalles al respecto, salvo que Yuzu Asaph fue sepultado conforme a la tradición judía. Posiblemente se excavó una cueva en algún montículo.

Restos paleocristianos

Es interesante anotar el descubrimiento de antiguos restos y tumbas de cristianos en las regiones noroccidentales de la India, así como en Ladakh, Gilgit, Afganistán, Beluchistán, Tibet y el Asia central.

En Tangste de Ladakh se hallan cruces esculpidas en algunas peñas, y una inscripción en arameo dice que Churn, un oriundo de Samarkanda, hizo a pie varios cientos de jornadas para llegar a ese lugar. El nombre de Yusu aparece también cerca de las cruces halladas en excavaciones arqueológicas del norte de la India.[12] Estas huellas demuestran la existencia de asentamientos judeocristianos en la región desde tiempos muy antiguos, aunque la Iglesia niega esta conclusión afirmando que aquellos restos pertenecen a los cristianos nestorianos de comienzos del siglo V.[13]

Sin embargo conviene recordar que el arameo apenas se hablaba ya en el siglo V; estos restos y estas sepulturas corresponden a los primeros tiempos del cristianismo. Cuando el Catastro Arqueológico de la India descubrió esas huellas judeocristianas su director, un cristiano, ofreció la interpretación siguiente:

> En Hindan, sobre la orilla derecha del río Hab y no lejos de Las Bela de Sind, existe una importante necrópolis que contiene cerca de un centenar de esculturas revestidas de piedra arenisca. Estas sepulturas, construidas mediante superposición de losas de arenisca, se asemejan a unas pirámides más apuntadas.
>
> Un detalle peculiar de estas losas es que la ornamentación exhibe primitivas representaciones de la Cruz. En algunas aparece una figura humana con los brazos abiertos, o montada sobre un asno, junto a la representación de un crucifijo. En otra se ha esculpido una cruz en miniatura sobre el rostro del jinete. Otro rasgo que excluye un posible origen islámico de estos sepulcros es la forma peculiar del enterramiento, que corresponde a las costumbres siriacas o romanas.[14]

Las tumbas que exhiben cruces y crucificados datan del siglo primero; la ornamentación parece indicar que estas sepulturas son de los primeros cristianos que quizás emigraron o se establecieron en Hindan. Es importante la observación del *Report of the Archaeological Survey of India* en cuanto a los dos tipos de enterramientos, aunque no aporte otra explicación sino que son típicamente siriacos o romanos y no islámicos.

Hay también muchas losas con flores de loto e inscripciones en árabe, lo cual sugiere que en épocas posteriores aquellos cristianos se vieron obligados a cambiar de religión. Algunos se harían budistas, según indican las flores de loto. Y las inscripciones arábigas demuestran que por último abrazaron el Islam. También es significativo que se atribuya a aquellos primeros cristianos un origen siriaco o romano.

En el valle de Cachemira he descubierto sepulturas orientadas de este a oeste, lo cual es contrario a la tradición islámica; también allí hay sepulturas de una construcción diferente conocida con el nombre de Mosai o «al estilo de Moisés». En los primeros tiempos del Islam los musulmanes solían orar de cara al templo de Jerusalén, pero luego el Profeta dispuso que rezasen de cara a la Santa Casa de Dios en La Meca. Los seguidores del judaísmo construyeron sepulturas orientadas de este a oeste, pero luego, cuando se convirtieron en musulmanes, las orientaron de norte a sur.

Entre los restos cristianos me fascina especialmente un sello kushana del siglo I que se conserva en el Museo Británico de Londres. Representa un dignatario escita a caballo, con la cruz en la mano, y la inscripción del sello lo designa como «RA», que significa rajá, título que adoptaron los monarcas indo-escitas. La cruz que ostenta nos indica que se trata de un cristiano del siglo I, pero la gorra y la brida de la montura son de tipo asiático, indicando que en época tan remota existieron cristianos en Asia central.

Revisión de las fuentes cristianas

Entre los primeros escritos cristianos, los Evangelios del Nuevo Testamento son las fuentes primordiales de información acerca de Jesús. Se nos cuenta su genealogía, su nacimiento y su viaje a Egipto. Estos acontecimientos abarcan cuatro años de su vida. Luego hay un silencio de ocho años, hasta que le hallamos a los doce en el templo de Jerusalén. Después de esto su vida queda envuelta en el misterio durante otros diecisiete años. Se dice que comenzó su vida pública a los treinta años y que tuvo muchos seguidores. A instancias de los sacerdotes judíos el procurador romano mandó que Jesús fuese crucificado, lo cual fue cumplimentado por cuatro soldados romanos, pero se le descolgó a petición de José de Arimatea. Tras lo cual se levantó de entre los muertos y pasó cuarenta días con sus seguidores.

El Nuevo Testamento, sin embargo, no es nuestra única fuente de información acerca de la vida de Jesús. Pero no es fácil rellenar los huecos utilizando los textos existentes. Por ejemplo la crucifixión según la describieron los gnósticos difiere en varios aspectos importantes de la que describen los Evangelios neotestamentarios. Los manuscritos hallados en Nag Hammadi de Egipto dicen que:

> Yo no sucumbí como ellos planeaban. No he muerto en la realidad sino en la apariencia, pues fue otro el que bebió la hiel y el vinagre. Fue otro, Simón, quien llevó a espaldas la cruz. A otro pusieron la corona de espinas. Mientras tanto, yo me burlaba de su ignorancia.[15]

Evidentemente, hay muchas narraciones de la vida de Jesús y grandes contradicciones entre ellas, de manera que sería absurdo que nos limitásemos a una selección reducida de las fuentes disponibles. Pero tampoco sería razonable el confiar demasiado en la selección realizada por la Iglesia, que obviamente obedeció a una serie de intereses teológicos, y tal vez a otros más dudosos, y no soporta el examen histórico-critico realizado con un mínimo de objetividad.

A los 20 o 25 años de la desaparición de Jesucristo los devotos empezaron a recoger transcripciones fragmentarias de sus palabras y narraciones de sus hechos.[16] Hacia esa época debió comenzar Pablo la redacción de sus epístolas. El relato de los hechos de la vida de Jesús según Pedro probablemente es algo posterior. Mateo recogió la vida y enseñanzas de Jesucristo en dialecto hebreo,[17] pero esta versión original se ha perdido y sólo disponemos de una traducción algo posterior al griego de ese primer evangelio. Parece bastante probable que el *Evangelio según Mateo* original se escribió antes del 85 d. de C., y tal vez incluso antes del 70. También el *Evangelio según Marcos* suele datarse antes del 70 d. de C. Las fechas que se citan comúnmente son: Marcos, 60-70 d. de C., Mateo, 85 d. de C. o anterior; Lucas, 90-95 d. de C., y Juan, 110 d. de C.

Lucas dice inequívocamente que su compilación está basada en escrituras anteriores:

> Ilustre Teófilo: Puesto que muchos han intentado componer la narración de las cosas realizadas entre nosotros según nos lo han enseñado los mismos que desde el principio fueron testigos oculares y ministros de la palabra, me ha parecido también a mí, que he investigado cuidadosamente todo desde los orígenes, hacerte una narración ordenada, para que conozcas el fundamento de las enseñanzas que has recibido de palabra.[18]

Expresa aquí el evangelista que muchos habían intentado reconstruir la vida de Jesús a partir de relatos proporcionados por testimonios anteriores. Por desgracia la Iglesia destruyó la mayor parte de estas informaciones anteriores. Lucas pudo manejar el *Evangelio de Marcos* al igual que los de otros apóstoles que no han llegado hasta nosotros.

Ha sido muy discutida la autoría del *Evangelio según Juan*. Por su estilo y por las enseñanzas que contiene presenta fuerte similitud con algunas de las escrituras esenias halladas entre los manuscritos del mar Muerto. Aseveran los esenios que Juan el Bautista perteneció a su Orden, y muchos de los discípulos de Jesús lo habían sido antes de Juan. El *Evangelio según Juan* proporciona interesantes informaciones acerca de los primeros discípulos, las mujeres de Samaria, la confesión de Pedro, los detalles de la crucifixión, la segunda venida de Jesús y su reunión con los discípulos, y el último sermón que les dirigió antes de dejarlos definitivamente. Habla de José de Arimatea, de Nicodemo y de otros (quienes según sabemos por los esenios también eran miembros de la Orden) que intentaron salvar a Jesús.

Incluso limitándonos al Nuevo Testamento como fuente acerca de la vida de Jesús, la tarea dista de ser sencilla.

Textos rechazados por la Iglesia

La búsqueda del Jesús histórico ha dado lugar al descubrimiento de muchas escrituras del primitivo cristianismo, pese al afán de la Iglesia por eliminar cualquier documento contrario a sus enseñanzas. Existen otros muchos evangelios que han sido repudiados por la Iglesia por «faltos de autenticidad» (aunque es dudoso que estas decisiones se basaran en ningún criterio historiográfico u otros indicios de autenticidad), o tajantemente rechazados por «heréticos», tales como los *Evangelios apócrifos,* que aportan un gran caudal de informaciones sobre la vida y enseñanzas de Jesús.

De éstos conocemos unos cincuenta hasta la fecha; pese a los decretos eclesiásticos que promulgaban su destrucción, algunas copias se salvaron. La tradición establece la lista de los apócrifos en veintiséis Evangelios, siete libros de hechos y diez epístolas, todos los cuales fueron normalmente manejados en los primeros tiempos del cristianismo. De algunos de estos escritos sólo ha llegado hasta nosotros el título, y de otros tenemos sólo fragmentos.

En el siglo II Taciano, el famoso apologista de Edesa, tras un profundo estudio de las fuentes griegas y hebreas reunió cinco evangelios en un volumen que se llamó el *Diatessaron* o los *Cinco Evangelios de Taciano* y que fue durante siglos el libro litúrgico de la Iglesia siriaca. La Iglesia romana lo declaró hereje y ordenó la destrucción de sus escritos, que al parecer se ejecutó en forma de quema general.

Taciano negaba que María y Jesús fuesen del linaje de David y, según se cree, también postuló que después de la resurrección Jesús se reunió con sus discípulos y especialmente con su madre María varias veces, y que era hombre vivo en carne y hueso.

Entre los apócrifos que han llegado hasta nosotros cabe citar como los más destacados el *Evangelio de los Hebreos*, el *Evangelio de los Egipcios*, las *Actas de Pilato* o *Evangelio de Nicodemo*, el llamado *Pseudo-Tomás*, el *Protoevangelio de Santiago*, el *Evangelio de Bernabé*, el *Evangelio de Pedro*, el de *Los Doce* o *de los Ebionitas* y el *Evangelio de Felipe*.

El *Evangelio de los Hebreos* estuvo originariamente en arameo y se tradujo al griego y al latín. Concede un papel destacado a Santiago, el hermano de Jesús. El de *Santiago* proporciona información acerca de la infancia de Jesús. El de *Bernabé* fue compilado por un levita llamado Joses, de sobrenombre Bernabé que quiere decir «hijo de la consolación», aunque se presenta como apóstol de Jesucristo y dice haber recibido directamente del Señor la orden de escribir la vida y hechos del Maestro. Bernabé colaboró con Pablo en la difusión del cristianismo; era tío de Marcos, predicó el evangelio en Palestina y desde Antioquía acompañó varias veces a Pablo hasta que se separaron debido a sus diferencias de opinión. Murió apedreado por los judíos en Slamis (Chipre).

Merece atención el *Evangelio de Bernabé* porque fue canónico para las iglesias de Alejandría hasta el 325 d. de C., cuando el concilio de Nicea dispuso su destrucción bajo amenaza de muerte, con lo que casi quedó perdido para la posteridad; en el 382 un decreto de la Iglesia occidental renovó su proscripción, aunque por lo visto se conservó un ejemplar en la biblioteca privada del papa Dámaso, En el siglo V apareció un ejemplar, supuestamente de puño y letra del propio Bernabé, sobre el pecho de éste en su tumba de Chipre. Este manuscrito fue el que se conservaba en la biblioteca de Sixto V (1500-1590) y se cree que lo copió el italiano Fra Marino, quien se encargó de su publicación.

Los evangelios de Tomás y Felipe reciben el nombre de *coptos* por hallarse en dicho idioma, habiendo sido descubiertos en Al-Hammadi (Egipto). Arrojan mucha luz sobre la vida oculta de Jesús y de ellos se desprende que los primeros cristianos no creían que el Salvador hubiese muerto en la cruz, sino que se restableció y vivió en la clandestinidad con sus discípulos hasta fallecer de muerte natural.

Los *Hechos de Tomás* o *Acta Thomae,* escritos por Leucio a comienzos del siglo II d. de C., se basan en las cartas que escribió Tomás desde la India; traducido al alemán por Max Donet, dicho texto se publicó en Leipzig (1883). El *Pseudo-Tomás,* datado alrededor del siglo III d. de C., fue descubierto en 1947 en Luxor (Egipto),[19] aunque se conocía una traducción del griego al ruso del siglo XIII.

Fue Tomás quien introdujo el cristianismo en el sur de la India hacia el 52 d. de C. Erigió muchas iglesias pero sufrió martirio en el 72 y fue enterrado en Mylapore, donde actualmente tiene una catedral basílica. Los cristianos siriacos de Malabar (India) le consideran su fundador. Algunos indicios sugieren que también Tomás era un esenio.

Este libro fue proscrito por la Católica romana posiblemente porque niega la virginidad de la madre de Jesucristo; calificado de herético por un decreto de Gelasio en 495, entre otras cosas relata un encuentro entre Jesús y Tomás en Taxila, años después de la crucifixión.

Me parece a mí que la mayoría de estos libros «heréticos» fueron proscritos por la Iglesia porque de una manera u otra presentaban a Jesús como mero ser humano. Por ejemplo el *Evangelio de Tomás* cuenta el matrimonio de María y José. En el de los Ebionitas se afirma que Jesús nació de manera natural, hijo de José y María. En otro de estos libros se lee:

> Hermano, voy contarte un hecho milagroso, y es que a veces, deseando tocarle, palpaba un cuerpo sólido y material, pero en otras ocasiones su ser era inmaterial, tal como si no existiese en realidad.[20]

Los motivos de la proscripción del *Evangelio de Felipe* son evidentes, por cuanto relata cómo Jesús viajó a Oriente con su madre y con María Magdalena, a quien presenta como consorte de Jesús.

La Iglesia, por medio de sus diferentes concilios y cánones, aceptó y rechazó los diferentes evangelios y lo que ha resultado de semejante supresión es que ahora nos falta un gran volumen de materiales útiles y auténticos acerca de la vida terrenal de Jesús. Sería deseable una ordenación reformada del Nuevo Testamento, con todos los Evangelios disponibles, los libros de Hechos y las Epístolas. La continuación de la política de censura no puede surtir otro efecto sino la decepción de todos los seguidores de la Iglesia.

Los manuscritos del mar Muerto

Después de los primeros descubrimientos de 1947 en una cueva de Uadi Qumran, cerca del mar Muerto, en 1949 se hallaron en la misma cueva algunos fragmentos del Nuevo Testamento. En 1952 apareció un considerable número de fragmentos y de monedas en las cuevas de Uadi Murabbaat. Estos manuscritos, popularmente conocidos como *los manuscritos del mar Muerto,* eran compilaciones de los esenios, cuya comunidad de Jirbet Qumran fue destruida por los romanos alrededor del 70 d. de C.

Algunos son anteriores a Jesús. El primer *Libro de Enoc* se ha datado hacia el 170-164 a. de C., y el *Testamento de los Doce Patriarcas* alrededor de 109-107 a. de C. En vida de Jesús todos ellos serían accesibles, incluyendo los *Salmos de Salomón,* el *Testamento de Dios* y el *Libro de los Jubileos.* De hecho el Sermón del Monte, hoy incluido en el Nuevo Testamento, sin duda lo conoció Jesús por haberlo leído antes.

21. La desaparición de Yuzu

Lo mismo que su nacimiento, el fallecimiento de Yuzu está envuelto en el misterio. Mientras los Evangelios lo dan por muerto en la cruz a los treinta y pocos años de edad, los autores orientales le atribuyen una longevidad bíblica.

Un testimonio interesante al respecto nos lo aporta la tradición de los Profetas del Islam, que asignan una edad de 125 años a Hazrat Issa, o Jesús.[1] El relato de Shaikh-us-Sadiq sobre la muerte de Yuzu Asaph en Cachemira contiene muchos datos importantes.

Al sentir cerca la muerte hizo llamar a su discípulo Babaad. Dictó su última voluntad y dio instrucciones acerca de cómo debía continuarse su misión de paz. También dispuso la preparación del sepulcro en el mismo lugar donde exhaló su último aliento; por último tendió las piernas hacia el oeste y volvió la cabeza hacia el este, y falleció.[2]

La cámara interior del sepulcro fue revestida de piedra y tenía una puerta de acceso. Afamados escultores embellecieron la puerta con sus bajorrelieves. Los libros antiguos dicen que el sepulcro era frecuentado por muchos fieles que acudían a solicitar favores. En la pared occidental, una abertura dejaba escapar el aroma a almizcle.[3]

Un artista desconocido para nosotros, que había servido a Yuzu Asaph muchos años, esculpió en una losa de piedra negra las huellas de los pies del maestro. No olvidó destacar que aquellos pies estuvieron traspasados por un clavo, y para demostrar que en el momento de la crucifixión el pie izquierdo estaba sobre el derecho, esculpió un agujero redondo en un pie y una cicatriz en relieve en el otro. Junto al sarcófago se colocaron varias cruces de madera y de piedra.

Conforme pasaban los siglos las paredes de piedra fueron desapareciendo en el suelo, hasta que sólo pudo verse la parte superior del dintel de piedra, en la actualidad desaparecido también. Aunque por fortuna tenemos una fotografía tomada por un arqueólogo cuando aún se veía el remate superior, antes de su desaparición.

Esta sepultura fue mencionada en una Historia de Cachemira en verso y en idioma persa titulada *Bagh-i-Sulaiman* o *El Jardín de Salomón,* del poeta kashmiri Saad-Bllah; el pasaje me pareció tan interesante que lo he traducido:

¡He aquí el famoso Sepulcro! ¡Cuán iluminador este Sepulcro del Profeta! Quien ante él se inclina recibe la luz interior, el solaz y el contento. Dice la tradición que hubo un príncipe tan cumplido, tan pío y tan grande, que recibió el Reino de Dios, y era tan fiel a Dios Nuestro Señor que fue enviado por Él como Profeta. Y así llegó a ser el guía de cuantos habitan el bendito valle de Cachemira. He aquí la famosa Tumba de ese Profeta a quien conocemos con el nombre de Yuzu Asaph.[4]

Fue una coincidencia lo que me llevó a investigar los años de la vida oculta de Jesucristo. Creo que los tiempos han madurado y se puede exhortar a los occidentales para que aúnen sus esfuerzos en la empresa de redescubrir al Jesús histórico. No deja de ser paradójico que los eruditos occidentales, que tan grandes empresas han realizado en cuanto al estudio de las antiguas civilizaciones de Oriente, en cambio se hayan abstenido de escudriñar a fondo las cuestiones más esenciales para la cristiandad misma. Por esta razón, el contenido auténtico y el verdadero significado de los diversos testimonios, como los de los manuscritos budistas, los del mar Muerto, el *Bhavishiya Maha Purana,* el *Evangelio de Bernabé* y otros, han quedado como un secreto no revelado del cristianismo. Por ello someto los resultados de mi propia obra a la consideración imparcial de todos cuantos se juzguen concernidos por la vida de Jesús y las raíces de todas las culturas cristianas, confiando en haber realizado una aportación útil a los futuros investigadores deseosos de descubrir la verdad acerca de tan importantes cuestiones.

Notas

1. Cachemira y los hebreos

1. *Encyclopaedia of India,* Rima, Nueva Delhi 1992, vol. XI, 2ª parte, p. 1.
2. *Deuteronomio* 5.
3. Holditch, Thomas, *The Gates of India,* Macmillan, Londres 1910, pp. 49-50.
4. Khan, Roshan, *Tazkirah or History of the Afghans,* en idioma urdu, Karachi 1982, p. 74.
5. Benjamin, Yehoshua, *Mystery of the Lost Tribes,* Nueva Delhi 1989, p. 19.
6. *Deuteronomio* 34, 1-6.
7. Faber-Kaiser, Andreas, *Jesus Died in Kashmir,* Gordon & Cremonesi, Londres 1977, p. 120.
8. Khwaja Muhammad Azam Deedamari, *Tarikh-i-Azami,* en idioma persa, Muhammadi Press, Lahore 1747, p. 84; Pandit Hargopal Koul Khasta, *Guldasta-i-Kashmir,* en idioma persa, Arya Press, Lahore 1833, p. 17.
9. Abdul Qadir, *Hashmat-i-Kashmir,* manuscrito persa n° 42, Royal Asiatic Society of Bengal, Calcuta, f. 7.
10. Moore, George, *The Lost Tribes,* Longman Green, Londres 1861.
11. *Génesis* 28, 18-19.
12. Josefo, *Antiquities of the Jews,* ed. Loeb, Londres y Cambridge (Massachusetts) 1924 ss., XI, V, 2 y XV, II, 2. Véase también *Life,* tr. William Whinston, John C. Whiston, Filadelfia (Pennsylvania).
13. Wilson, Henry, *Travels in Himalayan Provinces,* John Murray, Londres 1841, p. 129.
14. Al Beruni, *Hind (India),* en idioma árabe, dos vols., tr. Edward Sachau, vol. 1, Trubner, Londres 1888, reimpreso por S. Chand & Co., Delhi 1964, vol. 1, p. 206. El gran estudioso musulmán al-Beruni (nacido 973 d. de C.) proporcionó una valiosa y muy exacta descripción de Cachemira, en la que dice: «Velan particularmente sobre las defensas naturales de su país y así han procurado fortificar espe-

cialmente los pasos y accesos que conducen al mismo. En consecuencia resulta muy difícil comerciar con ellos. En el pasado concedían salvoconducto a uno o dos extranjeros, sobre todo judíos, pero actualmente no se permite la entrada de ningún hindú a quien no conozcan particularmente ni mucho menos, naturalmente, a los de otros orígenes».

15. Catrou, *History of the Moghul Empire,* tr. Alex Moore, John Murray, Londres 1836, p. 195.

16. Claudius, Buchanan, *Christian Researches in Asia,* Ogle, Edimburgo 1912, p. 229. Al mencionar su descubrimiento de un manuscrito antiguo en hebreo precisa que lo halló escrito sobre un rollo de cuero de unos 48 pies (12 metros) de longitud.

17. Entrevista con Mir Alam Badshah Naqashbandi, jefe de la tribu pakhtoon, 5 de enero de 1982. Volví a hablar con él por segunda vez en 1989, poco antes de su fallecimiento. Benjamin Yehoshua, quien me acompañaba, da dado cuenta de sus impresiones en su libro *Mystery of the Lost Tribes,* Delhi 1989, pp. 30-32. En una entrevista anterior el caudillo había dicho: «Somos del grupo de judíos que desobedeció a Moisés negándose a comer el maná del cielo o *manan-salva.* Tras lo cual abandonamos a Moisés y a los nómadas y emigramos hacia Oriente. También los turcos son hermanos nuestros, pues fueron asimismo israelitas que desobedecieron a Moisés, como nosotros. Hace muchos siglos llegamos a Cachemira por Gilgit y Chitral».

2. Ladakh, la tierra del Buda

1. *Journal and Proceedings of the Asiatic Society of Bengal,* Calcuta, 2ª serie, VI, 1900, pp. 393-423. Véase también S.S. Gergan, *Ladags-r-Gyalrabs-Chimed-Ster,* en idioma tibetano, Srinagar 1976.

3. La leyenda de Jesús en Ladakh

1. Notovitch, Nicolas, *The Unknown Life of Christ,* Rand McNally, Chicago 1894 y Hutchinson, Londres 1895, p. 51.
2. Ibíd., p. 120.
3. Meer Izzut-oolah, *Travels in Central Asia,* tr. Henderson, Foreign Dept. Press, Calcuta 1872.
4. Ibíd., pp. 13-14.
5. Bock, Janet, *The Jesus Mystery,* Aura Books, Los Ángeles 1980, p. 20.
6. Ghose, Ashutosh, *Swami Abhedananda, The Patron Saint,* Calcuta 1967; cf. también Ghose, Ashutosh, *Kashmir O Tibbate,* Ramakrishna Vedanta Math, Calcuta 1927, p. 230.

7. Bock, Janet, *op. cit.,* p. 22.

8. Snellgrove, David, *The Cultural Heritage of Ladakh,* 1977, p. 127, y también Forsström, Johan, *The King of the Jews,* Nugedoga, Sri Lanka y East West Books, Hango (Finlandia) 1987, p. 197.

9. Roerich, Nicolai, *Altai Himalaya,* Nueva York 1929, pp. 89-90; Nicolai Roerich y Grant, Frances, *Himalaya, A Monograph,* Nueva York 1926.

10. Shah, Ahmed, *Four Years in Tibet,* Lazarus & Co., Benarés 1906.

11. *The Museum,* vol. 24, 1972, Newark Museum Association, 49 Washington Street, Newark (Nueva Jersey), p. 51.

12. Douglas, profesor Archibald, artículo en *The Nineteenth Century,* abril de 1896.

13. Forsström, *op. cit.,* p. 187. Este libro incluye una útil bibliografía de obras que tratan sobre el budismo y el cristianismo.

14. Merrick, Henriette, *In the World's Attic,* Putnams, Nueva York 1931, p. 215. Cf. también Harvey, Mrs., *The Adventures of a Lady in Tartary, China and Kashmir,* Londres 1854, 3 vols.

15. Le-zan Chhes-kyi Nima, *Grub-tha Thams-chand kyi Khuna dan Dod-Thsul Ston-pe Legs Shad Shel-gyi Melong,* en tibetano, traducido del chino, o *El Espejo de cristal. Historia de las religiones y las doctrinas,* en la colección de S.S. Gergan, Srinagar, Cachemira.

16. Prophet, Elizabeth Claire, *The Lost Years of Jesus,* Malibu 1984, p. 317; cf. también Bock, Janet, *op. cit.;* Edmunds, A.J., *Gospel Parallels,* de textos pali, Chicago 1900; Lillie, Arthur, *India in Primitive Christianity,* Londres 1909. En 1881 el reverendo G.J.R. Ouseley obtuvo en un monasterio tibetano un antiguo manuscrito arameo, el cual ha sido publicado en 1981 por Edmond Bordeaux Szekely bajo el título de *The Essene Gospel of Peace,* y revela muy estrechas afinidades entre las enseñanzas de Buda y las de Jesucristo.

4. Lo que los lamas sabían acerca de Issa

1. Nicolas Notovich publicó su traducción del Evangelio tibetano en francés, inglés y otros idiomas. En 1890 la obra apareció en Nueva York como *The Life of St. Issa.* En 1894 se publicó la edición francesa *La Vie inconnue de Jesus Christ.* Más o menos simultáneamente se dio a conocer otra edición en francés, *La vie de St. Issa,* que traducida por Heyina Loranger y Violet Crispe apareció en Londres y Chicago bajo el título de *The Unknown Life of Christ.* La edición alemana lleva el título de *Die Lücke im Leben Jesu,* Stuttgart 1894.

2. Lucas 2, 39-48.

5. El nacimiento de Jesús

1. Mateo 1, 1-17.
2. Lucas 3, 23-38.
3. Robinson Forbes, *The Coptic Apocryphal Gospels,* Methuen & Co., Londres 1902.
4. Lucas 1, 5.
5. El *Evangelio de Santiago* o *Protoevangelium Jacobi,* v. 11, 1. Descubierto en el siglo XVI, lo incluye Forbes Robinson en *Coptic Apocryphal Gospels;* para más detalles véase Hastings, J., *Dictionary of the Apostolic Church,* T. & T. Clark, Edimburgo 1918, y también Nazir Ahmad Khwaja, *Jesus in Heaven on Earth,* p. 131.
6. Hiren, Yrjo, *The Sacred Shrine,* Macmillan, Londres 1912.
7. Marcos 6, 3.
8. Lucas 2, 48: «Al verle, se quedaron maravillados, y su madre le dijo: "Hijo, ¿por qué has hecho esto? Tu padre y yo te hemos estado buscando angustiados?"».
9. Hastings, J., *op. cit.,* p. 434.
10. Mateo 1, 20: «Un ángel del Señor se le apareció en sueños y le dijo: «José, hijo de David, no tengas ningún reparo en recibir en tu casa a María, tu mujer». Los esenios dan una versión diferente: «José [...] fue persuadido por un mensajero de nuestra Orden para que no repudiara a la mujer ni la conturbase en la convicción de la santidad de su experiencia, y que pasara por ser padre del niño», de *The Crucifixion by an Eyewitness,* p. 40.
11. Lucas 1, 30-35.
12. Yrjo Hiren, *The Sacred Shrine,* Macmillan, Londres 1912, pp. 200-206; *The Ante-Nicene Christian Library,* 25 vols. T. & T. Clark, Edimburgo 1902.
13. El Evangelio de Santiago o *The Gospel of James* según se cita en Nazir Ahmard, Khwaja, *Jesus in Heaven on Earth,* Azeez Manzil, Lahore 1973, pp. 130-136. Primera edición de Woking Muslim Mission and Literary Trust, Woking (Reino Unido).
14. *The Book of Enoch,* 2 vols., tr. R.H. Charles, Clarendon Press, Oxford 1893; James, M.R., *The Apocryphal New Testament,* Oxford 1926; Charles, R.H., *The Old Testament Apocrypha and Pseudoepigrapha,* 2 vols., Oxford 1913.
15. *Encyclopaedia Britannica,* artículo «Essenes»; *Historia Antiqua Judaica* o *Antiquities of the Jews,* esto es las *Antigüedades judías* de Flavio Josefo editadas por Loeb, Londres y Cambridge (Massachusetts) 1924 y ss.; Dupont-Sommer, A., *The Jewish Sect of Qumram and the Essenes,* Macmillan, Nueva York 1956; Allegro, John, *The Dead Sea Scrolls: a Reappraisal,* Penguin, Middlesex 1964; Allegro, John, *Dead Sea Scrolls: The Mystery Revealed,* Nueva York 1981; Cannon, Dolores, *Jesus and the Essenes,* Gateway Books, Bath 1992.

16. *The Crucifixion by An Eye-Witness,* Indo-American Book Co., Chicago 1907, pp. 40-44. Este libro es traducción de un manuscrito latino propiedad de la Fraternidad Masónica de Alemania, publicado por primera vez en 1873, pero luego retirado de la circulación y destruidas todas las planchas. Se salvó un ejemplar, sin embargo, a partir del cual fue reeditado en 1907. Contiene la traducción de una carta enviada por un miembro de los esenios a un correligionario de Alejandría, sólo siete años después de la crucifixión, y en ella el testigo presencial describe la crucifixión, el descendimiento y la resurrección.

17. Lucas 2, 8.
18. Mateo 2, 1-3.
19. Keller, Werner, *The Bible as History,* Hodder & Stoughton, Londres 1956, pp. 338-339.
20. Davies, Powell, *The Meaning of the Dead Sea Scrolls,* Nueva York 1956, p. 20.
21. Nazir Ahmad, Khwaja, *op. cit.,* pp. 83-84.
22. Davis, Powell, *op. cit.,* p. 90.
23. Forsström, Johan, *The King of the Jews,* 1987, p. 44.
24. Lucas 2, 1-7: «Por aquellos días salió un decreto de César Augusto para que se empadronara todo el mundo. Éste es el primer censo que se hizo siendo Cirino gobernador de Siria».
25. Keller, Werner, *op. cit.,* p. 330.
26. Ibíd., p. 334. Sabemos que los sabios de Oriente fueron guiados hasta la cuna de Jesús por una estrella que ha recibido muchos nombres, como «la estrella de los Tres Reyes», «la estrella de Horus» y «la estrella de Oriente».
27. Mateo 2, 1-10.
28. Mateo 2, 11-12. El ofrecimiento de oro, incienso y mirra tiene un significado especial; el oro simboliza la realeza, el incienso la divinidad, y la mirra apunta a la espiritualidad.
29. Muses, G.A., recopilador, *The Septuagint Bible,* Falcon's Wing Press, Colorado 1954, p. xxi, Introducción; Ottley, *Introduction to the Old Testament in Greek,* edición revisada, Cambridge 1914: «Una misión budista del Ganges fue espléndidamente recibida en su corte [la de Ptolomeo Filadelfo]; y es de creer que el reinado que produjo la historia de las instituciones egipcias en griego por Manetón debió procurar también la traducción de los libros sagrados hebreos al griego».
30. Hassnain, Oki y Sumi, *Ladakh the Moonland,* Light and Life Publishers, Nueva Delhi 1975, p. 74: «La sucesión de los lamas encarnados es un asunto complejo, y se funda en varias pruebas basadas en una sanción religiosa. Ellos creen que cuando una persona muere su espíritu renace en otro cuerpo. Tal reencarnación se perpetúa involuntariamente debido a las fuerzas de *karma*. La categoría de lama encarnado o *Rinpoche*, tan exaltada y estimada, supone la seguridad de que él renacerá en la vida siguiente para dirigir y para enseñar el camino búdico».

6. La infancia de Jesús

1. Notovich, Nicolas, *The Life of Saint Issa*, R.R. Fenno & Co., Nueva York 1890, IV, 1-8; véase también, del mismo autor, *The Unknown Life of Christ,* Hutchinson, Londres 1893. Otro libro titulado *The Unknown Life of Jesús Christ* y publicado por Nababharat Publishers, Calcuta 1981, recoge en sus capítulos IV, V y VI el testimonio prestado por Swami Abhedananda en 1922.

2. Ameen, Hakim, *St Mark and the Coptic Church,* p. 8. Descripción completa en Levi, *The Aquarian Gospel of Jesús the Christ,* California 1978, pp. 50-55.

3. Keller, Werner, *The Bible as History,* p. 341.

4. Nazir Ahmad, Khwaja, *Jesus in Heaven on Earth,* p. 218.

5. *The Crucifixion by an Eye-Witness,* pp. 41-42.

6. Eusebio de Cesárea, *Historica Ecclesiastica,* ed. de E. Schwarz, Nueva York 1914, vol. 2, XVII, pp. 22-23; Josefo, Flavio, *Las guerras judaicas;* Dupont-Sommer, *The Jewish Sect of Qumram and the Essenes,* trad. de R.D. Barnett, Macmillan 1955.

7. Forsström, Johan, *The King of the Jews,* p. 289.

8. Aziz-us-Samad, Ulfat, *Great Religions of the World,* Lahore 1976, p. 44.

9. *The Crucifixion by an Eye-Witness,* pp. 41-43.

10. Nazir Ahmad, Khwaja, *op. cit.,* p. 114.

11. *The Crucifixion by an Eye-Witness,* pp. 44-47.

12. Lucas 2, 42-46.

13. Lucas 2, 48-49. Ese incidente establece la relación de amor entre Jesús y Dios, o como dice en otro lugar «el Padre es mayor que yo» (Juan 14, 28).

14. *Encyclopaedia Britannica,* Micropaedia, vol. III, p. 965; Szekely, Edmond Bordeaux, *The Essene Code of Life,* San Diego 1977.

15. *The Crucifixion by an Eye-Witness,* p. 49. «En el principio existía aquel que es la Palabra, y aquel que es la Palabra estaba con Dios y era Dios. [...] Y aquel que es la Palabra se hizo carne, y habitó entre nosotros» (Juan 1, 1-14) En la tierra Jesús se llamó a sí mismo Hijo de Dios e Hijo del Hombre. Véase también Fuller, R.H., *The Foundations of New Testament Christology,* Collins, Londres 1965 para mejor entendimiento de estos títulos de Jesús.

16. *The Crucifixion by an Eye-Witness,* pp. 49-53. «Y Jesús amaba grandemente los himnos védicos y el Avesta, pero sobre todo frecuentaba la lectura de los Salmos de David y las impresionantes palabras de Salomón. Se recreaba con los libros proféticos de los judíos, aunque desde la edad de siete años ya no necesitaba seguir leyéndolos, pues su memoria los había retenido palabra por palabra», según *The Aquarian Gospel of Jesus the Christ,* p. 50.

7. Los primeros viajes de Jesús

1. Roerich, Nicolai, y Francis Grant, *Himalaya: a Monograph,* Nueva York 1936, pp. 148-153.
2. Forsström, Johan, *The King of the Jews,* p. 176, en lo que cita el *Jami-ut-Tawarikh,* de Faqir Muhammad ben Qazi Muhammad Raza en el sentido de que «Jesús tenía trece años de edad cuando partió hacia los países del Lejano Oriente»; en cambio *The Life of St. Issa,* de Nicolas Notovich, asevera que «en su décimocuarto año de vida el joven Issa arribó a Sindh».
3. Serrano, Miguel, *The Serpent of Paradise,* Rider & Co., Londres, pp. 142-143.
4. Aunque la Biblia incluyó cuatro evangelios, quedaron excluídos otros veintidós, entre los cuales el Evangelio según Tomás, el Evangelio de los Hebreos, el Evangelio de los Egipcios, el Evangelio según Pedro, el Evangelio de los Ebionitas, el Evangelio de Bernabé y el Evangelio según Santiago son especialmente importantes porque guardan la misma estructura general de los evangelios canónicos. Para un estudio más detallado de los apócrifos puede consultarse *The Anti-Nicene Christian Library,* 25 vols., Edimburgo 1869; Andrews, *Apocryphal Books of the Old and New Testament,* Londres 1906; James, Montague, *The Apocryphal New Testament,* Oxford 1924; Schonfield, Hugh, *The Authentic New Testament,* Londres 1956.
5. Notovich, Nicolas, *The Life of St. Issa,* V, 1-3.
6. Notovich, *op. cit.,* V, 11-27.
7. Bock, Janet, *The Jesus Mystery,* Los Ángeles 1980, p. 89: Forsström, Johan, *op. cit.,* pp. 275-285.
8. Levi, *The Aquarian Gospel,* California 1972, 32, 42-43.
9. Notovich, *op. cit.,* VI, 4.
10. Levi, *op. cit.,* 33, 1-10.
11. Notovich, Nicolas, *The Unknown Life of Jesus Christ,* Hutchinson, Londres 1895, VI, 2.
12. Notovich, *The Life of St. Issa;* este versículo presenta una ligera diferencia textual en *The Unknown Life of Christ:* «Todas las cosas se sacrifican al hombre, quien está íntima y directamente unido a Él, su Padre. Por eso la ley divina juzgará y castigará severamente a quien me arrebate a uno de mis hijos».
13. Notovich, *The Life of St. Issa,* VI, 11-15.
14. *Ibíd.,* VII, 4-13.
15. Levi, *The Aquarian Gospel,* 37, 1-17.
16. Notovich, *The Life of St. Issa,* VIII, 6-20.
17. *Ibíd.,* IX, 12.

8. La iniciación de Jesús

1. Levi, *The Aquarian Gospel*, pp. 87-97.
2. *Ibíd.*, p. 60, 2-21.
3. Juan 12, 20-26. Dice Juan que unos griegos buscaban a Jesús y le solicitaron a Felipe una entrevista con él. «Y Jesús les respondió: Ha llegado la hora en que va a ser glorificado el hijo del hombre. [...] El que ama su vida la perderá; y el que odia su vida en este mundo la conservará para la vida eterna.»
4. Levi, *op. cit.*, pp. 83-85.
5. Postuló por primera vez esta hipótesis el revdo. R.W. Morgan en *St. Paul in Britain,* Covenant, Londres 1860, basándose en leyendas, tradiciones y relatos orales; para más detalles cf. Corbett, Percy, *Why Britain?,* R.J. Press, Newbury (Reino Unido) 1984; Dunstan, Victor, *Did the Virgin Mary Live and Die in England?,* Megiddo Press (Reino Uido) 1985; Jowett, George, *The Drama of the Lost Disciples,* Covenant, Londres 1961; Dobson, C.C., *Did our Lord visit Britain,* Covenant, Londres 1936; Lewis, revdo. L.S., *St. Joseph of Arimatea at Glastonbury,* James Clarke (Reino Unido) 1922 y 1976; Taylor, J.W., *The Coming of the Saints,* Londres 1906, Covenant 1969, Artisan (Estados Unidos) 1986.
6. Lewis, L.S., *St. Joseph of Arimatea at Glastonbury,* cap. 4; Dunstan, Victor, *Did the Virgin Mary Live and Die in England?;* Matthews, John, *A Glastonbury Reader,* Aquarian 1991; Hagger, Nicholas, *The Fire and the Stones,* Element (Reino Unido) 1991. «Otra leyenda local dice que José de Arimatea arribó en barca a Cornualles y traía consigo a Jesús muchacho, para enseñarle cómo se extraía el estaño y se depuraba de su contenido en wolframio». Baring-Gould, *The Book of Cornwall,* citado en *Did Our Lord visit Britain?,* p. 13.
7. Dobson, C.C., *Did Our Lord visit Britain?,* Covenant, Londres 1936. Chalice Well o «la Fuente del Cáliz», uno de los lugares sagrados más antiguos y reverenciados de la isla de Avalon, guarda relación con varias leyendas y tradiciones sobre Jesús antes y después de la crucifixión; el Cáliz aludido es el de la Última Cena, el cual, según se afirma, quedó en poder de José. Para más información sobre Chalice Well consúltese a The Chalice Well Trust, Glastonbury (Somerset, Reino Unido). Esta fundación fue establecida por Wellesley Tudor Pole en 1959.
8. *Epistolae ad Gregorium Papam,* citada por el revdo. R.W. Morgan en *St. Paul in Britain,* Covenant, Londres 1860.
9. Lewis, L.S., *op. cit.;* Dobson, C.C., *op. cit.*
10. Hill Elder, Isabel, *Celt, Druid and Culdee,* Covenant, Londres 1947 y 1973, pp. 48-63.
11. Lewis, H.A., *Christ in Cornwall?,* en Matthew, John, *A Glastonbury Reader,* Aquarian 1991; Dobson, C.C., *op. cit.*

12. Hill Elder, Isabel, *op. cit.* pp. 78-88 citando a Baronius add ann 306, MSS Vaticana. *Nova Legenda Anglia,* II: «En el año 37 de nuestra era, algunos amigos y discípulos de Nuestro Señor, ante la persecución subsiguiente a su Ascensión, hallaron refugio en las islas británicas». Personalmente he visitado Glastonbury y otros lugares célebres, pareciéndome que la tradición según la cual el cristianismo llegó a las islas británicas antes de la romanización de éstas tiene muchos puntos de verosimilitud.

9. El ministerio de Jesús en Israel

1. Keller, Werner, *The Bible as History,* p. 323.
2. Mateo 3, 2-3. «El reino de los cielos» es un estado de serenidad, felicidad y justicia.
3. Lucas 1, 13-20.
4. *The Crucifixion by an Eye-Witness,* pp. 47-48.
5. Lucas 1, 80. Los desiertos mencionados por Lucas sugieren la región de la orilla occidental del mar Muerto y el Jordán, donde Jesús se sometió a algún tipo de experiencia mística bajo la dirección de Juan el Bautista. Pero según otra interpretación, las palabras «en el desierto» quieren decir que Jesús no estaba en su tierra, ni en Judea. O dicho de otro modo, pueden significar que había viajado a un país lejano; cf. Nazir Ahmad, Khwaja, *Jesus in Heaven on Earth,* p. 338.
6. Lucas 3, 2-3.
7. Lucas 3, 10-14.
8. Lucas 3, 16. El bautismo con agua significa renunciar al pecado y consagrarse al bien. Bautizar con Espíritu Santo y «con fuego» alude a la intervención perpetua e invisible del Espíritu Santo; véase *Peloubet's Select Notes on the International Lessons,* Boston 1918, p. 21.
9. Juan 1, 29-33.
10. Lucas 4, 18-19.
11. Muggeridge, Malcolm, *Jesus, the Man Who Lives,* Collins 1975, p. 60.
12. Schonfield, Hugh, *The Passover Plot,* Bantam Books, Nueva York 1966, p. 70.
13. Faber-Kaiser, Andreas, *Jesus Died in Kashmir,* Gordon & Cremonesi 1977, pp. 22-24.
14. Werner Keller, *op. cit.,* p. 355. «Jesús hablaba de cosas santas con los escribas y sus doctrinas escandalizaron a los fariseos de Jerusalén por parecerles peligrosas e inverosímiles», *The Crucifixion by an Eye-Witness,* p. 44.
15. Werner Keller, *op. cit.,* p. 350.
16. Levi, *The Aquarian Gospel,* pp. 112-113.
17. Mateo 4, 23-25: «Le traían todos los que se sentían mal, aque-

jados de diversas enfermedades y sufrimientos, endemoniados, lunáticos y paralíticos, y los curaba». Hablando de los esenios dice Josefo en sus *Guerras de los judíos* que «tienen un conocimiento profundo del arte de la curación, que estudian asiduamente; investigan y conocen a fondo las hierbas medicinales y las plantas, de las cuales preparan medicamentos para los humanos y para las bestias»; cf. *The Crucifixion by an Eye-Witness,* pp. 178-179.

18. Lucas 10, 41-42.
19. Levi, *op. cit.,* p. 161.
20. «Cuando hubo alcanzado Issa la edad de trece años, a la que todo israelita debía tomar mujer, la casa que habitaban sus padres, y donde se ganaban la vida, devino punto de encuentro de los ricos y los nobles deseosos de tener por yerno al joven Issa, quien había cobrado gran fama por sus edificantes sermones en nombre del Todopoderoso.» Este pasaje del capítulo IV, recogido por Swami Abhedananda en 1922 durante su visita al Tibet, lo reproduce Yehoshua Benjamin en su *Mystery of the Lost Tribes,* Nueva Delhi 1989, p. 102.
21. Prophet, Elizabeth Clare, *The Lost Years of Jesus,* p. 235.
22. Robinson, James M., recopilador, *The Nag Hammadi Library,* E.J. Brill, Leiden 1977, p. 427; Forsström, Johan, *The King of the Jews,* p. 128.
23. *Gospel of Philip* 63, 31 según *The Nag Hammadi Library,* véase nota anterior, p. 138.
24. Juan 2, 1-10. Palabras de Jesús sobre el matrimonio: «No hay vínculo más sagrado que el vínculo matrimonial. La cadena que une dos almas que se aman se forja en el cielo y ningún hombre podrá partirla», Levi, *The Aquarian Gospel,* p. 111.
25. *The Crucifixion by an Eye-Witness,* p. 53. Con referencia a los esenios Josefo escribe: «No niegan en absoluto la utilidad del matrimonio, con la consiguiente perpetuación de la raza humana; pero desconfían de la conducta lasciva de las mujeres, ninguna de las cuales, según ellos creen, es capaz de guardar fidelidad a un solo hombre», Josefo, *Guerras de los judíos,* libro II, viii, según la edición Loeb Classical Library, Harvard University Press, Cambridge (Massachusetts).
26. Lucas 10, 1.
27. Mateo 10, 5-7.
28. Lucas 10, 2-6.
29. Ragg, Lonsdale y Laura, traductores, *The Gospel of Barnabas,* Oxford University Press 1907, p. 16. Walker, Alexander, traductor, *Acts of Barnabas,* Ante-Nicene Christian Library, vol. XVI, T. & T. Clark, Edimburgo 1970.
30. Levi, *The Aquarian Gospel,* p. 151. Los judíos de Palestina nunca creyeron en sacrificios humanos, ni en la crucifixión del Mesías para redimir los pecados del mundo. En cambio los paganos sí creyeron en dioses como Adonis, Atis, Osiris y Mithra, muertos por los

pecados de la humanidad. Esta idea fue recogida por Pablo y aplicada a la figura del Jesús crucificado; la teoría del «pecado original» y de su redención mediante la muerte del Hijo de Dios son aportaciones paulinas. Para más explicaciones véase Shamas, J.D., *Where Did Jesus Die?*, London Mosque, Londres, capítulo 10 intitulado «Redención».

31. Ragg, Lonsdale, *op. cit.*, p. 47. «La oración es el núcleo de la vida cristiana. El mayor argumento en favor de la oración está en la misma naturaleza de Dios, su cercanía, su simpatía, amor y poder. Jesús nos enseñó a rezar y nos anunció los resultados de la oración. *Lucas 11, 1-13* fue dicho por Jesús hacia el término de su ministerio», *Peloubet's Select Notes on the International Lessons,* Boston 1918, pp. 212-219.

32. Véase por ejemplo Govinda, A., *The Way of the White Clouds,* Rider, Londres 1966; Evans-Wentz, W.Y., *Tibetan Yoga and Secret Doctrines,* Oxford University Press, 1958; David-Neel, A., *Initiations and Initiates in Tibet,* Londres 1958.

10. Los esenios y los primeros cristianos

1. Keller, Werner, *The Bible as History,* pp. 144-145. «En la tabla de las naciones (el *Génesis*), Canaán no figura entre las semitas. En el período de Amarna hubo nombres indo-arios entre los soberanos de Canaán, y Palestina se llamó así porque era el país de los *filistin* o filisteos, en egipcio *pulesati,* que amenazaron el Egipto hacia el 1194 a. de C.»; cf. también Chakraberti, *Classical Studies in Ancient Races and Myths,* Puja Publications, Nueva Delhi 1979.

2. Margolis, Max, y Alexander Marx, *A History of the Jewish People,* Temple Books, Massachusetts 1969 y 1978, p. 9.

3. Benjamin, Yehoshua, *Mystery of the Lost Tribes,* Nueva Delhi 1989, p. 8.

4. *The Crucifixion by an Eye-Witness,* pp. 160-161.

5. Citado de *De Bello Judaico*, de Josefo, cap. 8, en *Crucifixion by an Eye-Witness,* p. 173.

6. Whiston, W., recopilador, *Historia Antiqua Judaica* o *Antigüedades judías* de Josefo, Londres 1872, o Loeb, recopilador, *Antigüedades judías,* Londres y Cambridge (Massachusetts) 1924 y ss.; Josefo, Flavio, *War of the Jews,* T. Nelson, Londres 1873.

7. Philo, Judaeus, *Every Good Man is Free,* trad. F.H. Colson, Londres y Cambridge (Massachusetts) 1962, 1967.

8. Plinio el Viejo, *Natural History,* trad. H. Rackman y W.H.S. Jones, 10 vols., Londres 1938-1942; o la edición de Loeb Classical Library, Heinemann y Harvard University Press.

9. Josephus Flavius, *The Jewish Wars,* trad. W. Whiston, William, Londres 1872; o *The Jewish Wars* en la trad. de G.A. Williamson, Harmondsworth 1978.

10. *Antigüedades judías, loc. cit.*
11. Josefo, citado por Nazir Ahmad en *Jesus in Heaven on Earth*, Lahore 1952 y 1972, p. 2. Considera que Josefo, en tanto que judío, no pudo escribir este pasaje, en razón de la frase incluida en el texto: *tal como habían anunciado los profetas y enviados de Dios, junto con otras mil señas que le conciernen*. Esta opinión de Khwaja Nazir Ahmad deriva de una idea similar expresada por Moore, G.F., *Judaism in the First Century of the Christian Era*, Cambridge 1930, vol. 1, p. 20.
12. Burrows, M., *The Dead Sea Scrolls*, Viking Press, Londres 1956; Burrows, M., *More Light on the Dead Sea Scrolls*, Londres 1958; Davies, Powell, *The Meaning of the Dead Sea Scrolls*, Mentor Books, Nueva York 1956; Allegro, John, *The People of the Dead Sea Scrolls*, Nueva York 1958; Allegro, John, *The Dead Sea Scrolls. A Reappraisal*, Penguin, Middlesex 1962; Milik, J.T., *Ten Years of Discovery in the Wilderness of Judaea*, trad. del francés por J. Strugnell, Londres 1959. Excede de dos millares el número total de libros y artículos publicados sobre los manuscritos del mar Muerto.
13. Davies, A. Powell, *op. cit.*
14. Schonfield, Hugh, *The Secret of the Dead Sea Scrolls*, Nueva York 1960; Allegro, John, *The Dead Sea Scrolls and Christian Myth*, Nueva York 1984; Baigent, Michael y Richard Leigh, *The Dead Sea Scrolls Deception*, Jonathan Cape, Londres 1991.
15. Szekely, E.B., trad., *The Gospel of the Essenes*, C.W. Daniel, Saffron Walden 1978; Szekely, *The Gospel of Peace of Jesus Christ by the Disciple John*, C.W. Daniel, Londres 1937 y 1973; Szekely, *The Teachings of the Essenes from Enoch to the Dead Sea Scrolls*, C.W. Daniel, Londres 1978.
16. Forsström, Johan, *The King of the Jews*, pp. 347, 355. «El jefe propiamente dicho de la secta era el llamado *Maestro de Justicia*, o *Maestro Justo;* en cuanto a ellos, se llamaban a sí mismos "los hijos de Zadok", en evidente alusión a Ezequiel 11, 46, o "los hijos de la Luz" en contraposición respecto a sus oponentes "los hijos de las Tinieblas".» Véase también John Allegro, *The Dead Sea Scrolls*, Pelican 1956, p. 104.
17. Forsström, Johan, *op. cit.*, pp. 347, 355 citando a Szekely, véase *Essene Gospel of Peace*, San Diego 1981.
18. Szekely, Edmond Bordeaux, *The Essene Humane Gospel of Jesus*, Santa Mónica 1978 citado por Forsström en *op. cit.*, p. 334. Este llamado Evangelio esenio de Jesús es el antiguo Evangelio arameo hallado en 1881 por el revdo. G.J.R. Ouseley en el Tibet.
19. Szekely, E.B., *The Essene Gospel of Jesus*, 1978. Mientras el evangelista Juan no describe ninguna tentación de Jesús, Lucas, Mateo y Marcos sí relatan brevemente dicha tentación; Levi desarrolla el tema con más extensión en *The Aquarian Gospel*, caps. 48-65, pp. 88-107.

20. *The Book of Thomas,* citado por Forsström, Johan, *King od the Jews,* p. 315. En *Guerras de los judíos* o *La guerra judía,* el historiador Josefo formula estas observaciones sobre la vida moral de los esenios (cap. 8, 2-13): «Desdeñan y evitan la sensualidad como un gran pecado, pues consideran que una vida de moralidad y templanza es un gran mérito, y aprecian sobremanera la fuerza de voluntad y de espíritu necesarias para vencer las pasiones y los deseos de la naturaleza».

21. Forsström, *op. cit.,* p. 322.
22. Forsström, *op. cit.,* p. 325.
23. Davies, A. Powell, *op. cit.,* p. 104; *Testament of the Twelve Patriarchs,* trad. R.H. Charles, A. & C. Black, Londres 1908.
24. *The Crucifixion by an Eye-Witness,* Supplemental Harmonic Series, vol. 2, Indo-American Book Co., Chicago 1907. Este libro se divide en dos partes, de las cuales la primera desarrolla la vida de Jesús y sus relaciones con los esenios, mientras que la segunda trata exclusivamente de la orden de los esenios.
25. Levi (H. Dowling), *The Aquarian Gospel of Jesus Christ,* Londres 1908 y ss.; DeVorss & Co., California 1972.
26. Levi, *op. cit.,* pp. 87-97. «Issa, designado por el Creador para restablecer el culto al Dios verdadero entre los hombres engolfados en el pecado, tenía veintinueve años de edad cuando arribó a la tierra de Israel», Notovich, N., *The Life of St. Issa,* IX, 1.

11. La crucifixión

1. Marcos 14, 36.
2. Lucas 22, 43.
3. Juan 11, 42.
4. Ahmad, Mirza Ghulam, *Jesus in India,* Qadian (India) 1944, pp. 23-24; es una versión al inglés de *Masih Hindustan Mein,* original en urdu traducido por Qazi Abdul Hamid, el redactor jefe de *The Sunrise* de Lahore. La versión original urdu fue publicada en 1908.
5. *Deuteronomio* 21, 22, citado literalmente. Los fariseos creyeron que si lograban que Jesús muriese como un réprobo, quedaría demostrado que había sido un falso profeta.
6. Ragg, trad., *The Gospel of Barnabas,* p. 59.
7. Levi, *The Aquarian Gospel,* p. 194.
8. *The Crucifixion by an Eye-Witness,* p. 57. El autor de la carta, que era un esenio, comunica que «en efecto habríamos salvado a nuestro querido hermano de la venganza de sus enemigos, si las cosas no hubiesen ocurrido con tanta rapidez. No obstante pudimos salvarlo en secreto y él llevó a cabo su divina misión a la vista de todo el universo».

9. Esta sentencia capital grabada en una plancha de cobre, en lengua hebrea, se cita en *The Crucifixion by an Eye-Witness,* pp. 29-30.

10. Keller, Werner, *The Bible as History,* p. 359.

11. *The Crucifixion by an Eye-Witness,* p. 58; véase también Dummelow, revdo,. J.R., *Commentary on the Holy Bible,* Macmillan, Londres 1917. ¿Por qué se administró la *toska* sólo a Jesús, y no a los dos ladrones?

12. Williams, Hanna, *The Life of Christ,* viii, Nueva York 1928, p. 328.

13. *The Times of India,* Nueva Delhi, 10 de abril de 1993: «Más del 80 por ciento de los filipinos son católicos romanos, aunque también existe una floreciente Iglesia cristiana [evangélica] indígena, la *Iglesia ni Kristo.* Dos veces al año, cerca de un millón de fieles se apretujan en las calles de Manila mientras sale en procesión de la iglesia de Quiapo la imagen del Nazareno negro. Durante la Pascua se celebran ritos religiosos en todas las iglesias desde el Viernes Santo hasta el Domingo de Gloria; en estas fechas puede observarse, tanto en Manila como en las provincias, el rito popular de los penitentes que no sólo se flagelan y se infligen heridas sino que incluso cargan con su cruz, a imitación de Jesucristo, y se hacen clavar en esas cruces hasta que los descienden vivos al cabo de algunas horas». Cf. *The Golden Guide to South & East Asia,* Tokio 1969, p. 362: «Muchos de los que sufren las crucifixiones aseguran que lo hacen para cumplir un voto fe».

14. Stroud, William, *On the Physical Cause of Death of Christ,* Londres 1965, p. 55.

15. *The Crucifixion by an Eye-Witness,* pp. 59-60.

16. «Además, dos de nuestros hermanos de entre los más influyentes y avezados pusieron en juego todo su ascendiente ante Pilato y el Sanedrín judío en favor de Jesús», *The Crucifixion by an Eye-Witness,* p. 66.

17. *Jewish Encyclopaedia,* Funk & Wagnalls, Londres 1905, vol. 8, p. 250. Los Evangelios contienen muy pocos datos acerca de José de Arimatea. Aparece en la coyuntura de la crucifixión, obtiene el permiso para llevarse de la cruz el cuerpo de Jesús y corre a su huerto para ponerlo en un sepulcro recién construido. ¿Por qué se presentó ante Pilato solicitando *el cuerpo,* no el cadáver de Jesús? ¿Por qué hizo construir una sepultura nueva en su huerto? ¿Para qué hicieron acopio él y Nicodemo de una gran cantidad de ungüentos, lino y especias? No hay explicación plausible, salvo en el contexto de una posible supervivencia de Jesús después de la crucifixión, lograda gracias a la ayuda de los esenios.

18. Lucas 23, 34. Algunas versiones dicen sencillamente «perdónales porque no saben». Es la primera de las palabras de Jesús en la cruz, y la demostración de su amor hacia sus enemigos.

19. *The Crucifixion by an Eye-Witness,* p. 64. Padecía Jesús el tormento de la sed, por lo que empaparon una esponja en vinagre, la pusieron en una vara de hisopo y se la acercaron a la boca. Cuando Jesús lo probó dijo la sexta palabra: «Todo está cumplido». Juan 19, 28.

20. Mateo 27, 45. El juicio de Jesús ante el Sanedrín tendría lugar supuestamente entre la una y las seis del viernes, y la presentación ante Pilato de seis a nueve; según esto la crucifixión habría durado desde las nueve de la mañana hasta las tres de la tarde, es decir unas seis horas, suposición que creo incorrecta.

21. *The Crucifixion by an Eye-Witness,* pp. 64-65. El Evangelio según Pedro dice que «muchos andaban con lámparas, creyendo que era de noche, y la oscuridad duró hasta que Jesús fue descendido de la cruz, cuando tembló la tierra».

22. Juan 19, 25.
23. Lucas 23, 50.
24. Marcos 15, 40.
25. Mateo 27, 56.
26. *The Crucifixion by an Eye-Witness,* p. 62.
27. Marcos 15, 34; Mateo 27, 46.
28. Mateo 7, 7-8.
29. Lucas 22, 43.
30. Allegro, John M., *The Sacred Mushroom and the Cross,* Hodder & Stoughton, Londres 1970, pp. 158, 199, 234, 305.
31. Ram Dhan, *Krishen Bainti,* en hindi, Sagri Pustakaliya, Delhi 1931, p. 72.
32. Bhatnagar, K.L., *Buddha Chamitkar, Ram Narayan,* en hindi, Onkar Pustakaliya, Kanpur 1927, p. 54.
33. Keller, Werner, *The Bible as History,* p. 359. Jesús estuvo en la cruz unas tres horas, y su «muerte» se produjo hacia las 3 de la tarde del viernes. Lo bajaron alrededor de las 4 porque todas las actividades corrientes quedaban interrumpidas en preparación del sábado, y los reos no debían seguir expuestos, según la ley mosaica. Al realizar el cómputo del tiempo hay que tener en cuenta que el sábado judío empezaba a las 6 de la tarde del viernes, mientras nosotros contaríamos el sábado a partir de medianoche una vez transcurrido el viernes 7 de abril del año de la crucifixión.

34. *The Crucifixion by an Eye-Witness,* p. 64. Marcos, Mateo y Lucas corroboran que el día de la ejecución sobrevino una tiniebla inexplicable que duró desde la hora sexta hasta la nona. De manera que no se distinguía nada a simple vista mientras transportaban el cuerpo de Jesús hasta el huerto de José de Arimatea.

35. Lucas 23, 44; y *The Crucifixion by an Eye-Witness,* p. 68.
36. Juan 19, 32-33.
37. *The Crucifixion by an Eye-Witness,* p. 71; Juan 19, 32-34:

«Uno de los soldados le traspasó el costado con una lanza, y al punto salió sangre y agua, lo cual asombró a Juan».
38. Ferrar, deán F.W., *The Life of Christ,* Cassell, Peter & Galpin, Londres 1874, p. 421: «Los que me vieron quedaron maravillados, porque fui perseguido, y creían que me había tragado la tierra, pues me contaban entre los perdidos. Pero no perecí, porque no era hermanos de ellos, ni mi nacimiento fue como el suyo. Por eso procuraron mi muerte y no la hallaron»: *The Odes of Salomon,* oda 28, en *The Lost Books of the Bible,* Nueva York 1944, 2ª parte, p. 120.

12. El sudario de Turín

1. *Faith and Freedom,* vol. 32, nº 96, verano de 1979, pp. 131-136. Sobre las teorías médicas véase *The Guardian,* Manchester, 27 de octubre de 1972, «Jesus only fainted»; *Time Magazine,* 10 de diciembre de 1965, «Did Christ die on the Cross?»; *Sunday Times,* Londres, 24 de enero de 1965, «The Resurrection of Christ»; Stroud, *On the Physical Death of Christ,* Londres 1905; *Encyclopaedia Biblica,* Art Cross, Londres 1903; Wilson, Ian, *The Turin Shroud,* Penguin Books, Middlesex 1978; Willis, doctor David, «Did He die on the Cross», en *Ampleforth Journal,* LXXIV, 1969, pp. 27-39.
2. Segal, J.B., *Edessa, the Blessed City,* Oxford 1970, pp. 67-69.
3. Wilson, Ian, *op. cit.,* pp. 313-331.
4. Ibíd., pp. 287-305.
5. *National Geographic Magazine,* vol. 157, nº 6, junio de 1980, p. 752.
6. Faber-Kaiser, Andreas, *Jesus Died in Kashmir,* Gordon & Cremonesi, Londres 1977, pp. 30-33. Este libro, al cual aporté una introducción así como fotografías y otros materiales, se publicó originariamente en español con el título de *Jesús vivió y murió en Cachemira,* ATE, Barcelona 1976. Véase también Berna, Kurt, *Christ did not Perish on the Cross,* Exposition Press, Nueva York 1975, o *Inquest of Jesus Christ: Did He die on the Cross?,* Leslie Frewin, Londres 1967.
7. *Sunday Express,* Londres, enero de 1970. Informe del doctor W.B, Primrose, Senior Anaesthetist, Glasgow Royal Infirmary, intitulado «St. John reports the Life after the Cross, not the Death» y leído ante la Royal Society of Edinburgh; resumido en Berna. Kurt, *op. cit.,* pp. 195-196.
8. Bruknaer, N.T. y Kurt Berna, comunicado de prensa *The Second Life of Jesus Christ,* Exposition Press, Nueva York 1978, p. 59. Este comunicado deriva de un boletín de AP, UPI y Reuters según el cual, «entre junio de 1969 y enero de 1970 un equipo formado por diez especialistas realizó un detallado análisis científico de las huellas de sangre del Sudario de Turín, estableciéndose que todas las manchas

de sangre auténticamente importantes del Sudario fluyeron, indudablemente, de heridas abiertas. Tales manchas no pueden tener halos de suero ya que la fibrina no se halla presente en la sangre una vez seca por destruirse químicamente».
  9. Kersten, Holger, *Jesus Lived in India,* Element Books, Dorset 1986, pp. 147-148, publicado originariamente en Munich 1983 bajo el título de *Jesus lebte in Indien.* El estudio de Kersten deriva de la obra de Kurt Berna.
  10. *National Geographic,* vol. 157, nº 6, junio de 1980, p. 751.
  11. Wilson, Ian, *op. cit.,* pp. 91-92 y también Wilcox, R.K., *Shroud,* Macmillan, Nueva York 1977.
  12. Berna, Kurt, *Jesus ist nicht am Kreuz gestorben,* Hans Naber, Stuttgart 1957, pp. 102-142.

13. La resurrección

  1. Serrano, Miguel, *The Serpent of Paradise,* Rider & Co., Londres, p. 140. «La lejanía de mis recuerdos no es un caso único; se sabe que muchos yoguis han preservado la conciencia de sí mismos ininterrumpidamente a través de la dramática transición entre la vida y la muerte, y viceversa», Paramahansa Yogananda, *Autobiography of a Yogi,* Los Ángeles 1952. Véase también Ajaya, Swami, *Living with the Himalayan Masters,* Himalayan Institute of Yoga, Honesdale (Pennsylvania).
  2. Serrano, Miguel, *op. cit.,* p. 143.
  3. Para lo tocante a los cultos de la fertilidad véase Allegro, John M., *The Sacred Mushroom and the Cross,* pp. 72, 84, 91, 128. También *Linga Purana,* publicado por Gurumandala Grathamala, Calcuta 1960.
  4. *The Crucifixion by an Eye-Witness,* pp. 65-75.
  5. Juan 19, 39. «José de Arimatea, que era discípulo de Jesús, [...] se llevó el cuerpo de Jesús. Llegó también Nicodemo [...] con unas cien libras de una mezcla de mirra y de áloe.»
  6. *Encyclopaedia Biblica,* Col. 1938, Londres 1903. Véase también Dupont-Sommer, *The Jewish Sect of Qumran and the Essenes,* Macmillan 1956.
  7. Dummelov, *Commentary on the Holy Bible,* p. 808; *The Crucifixion by an Eye-Witness,* pp. 73-81.
  8. *The Crucifixion by an Eye-Witness,* p. 81.
  9. Ahmed, Mirza Ghulam, *Massih Hindustan Mein,* en urdu, Qadian 1908, p. 101.
  10. El *Havi-Kabir* fue traducido al inglés por Green Hill y publicado en 1848. E.G. Brown, en su *Arabian Medicine,* y D. Campble, en su propio libro titulado también *Arabian Medicine,* vol. 2, p. 235,

cuentan que las hojas del tratado original andan desperdigadas entre el Museo Británico y varias bibliotecas de Munich, Berlín y San Petersburgo.

11. *Ansar Allah,* revista mensual, Rabbwah, Pakistán, marzo de 1978, p. 43.

12. Campble, D., *Arabian Medicine,* vol. 1, p. 78; véase también Brown, E.G., *Arabian Medicine.* «Hoy los estudiantes que asisten a la facultad de Medicina en la rue des Saints Pères de París pasan por delante de la estatua de Avicena, en testimonio de nuestra deuda por su aportación a la ciencia médica», conferencia de Maurice Bucaille, autor de *The Origins of Man,* ante la XX convención anual de la Islamic Medical Association of America, 26-28 de noviembre de 1987.

13. *Ansar Allah, loc. cit.*

14. Abu Ali Hussain bin Abdullah bin Sena, *Al-Qanun-fi-al-Tibb,* en urdu, vol. 3, p. 133. Véase también Abu-bakr Muhammad Zakariya Razi, *Havi-Kabir,* en persa; Khan, Hakim y Muhammad Hussain, *Qarab-ud-din-Kabir,* vol. 2., p. 576. Estas obras han sido publicadas por el famoso editor orientalista Munshi Newal Kishore & Co. de Lucknow.

15. Khan, Syed Muhammad Hussain, *Majma-al-Jawamah, ua Zakhir-al-Tarakeeb, Qarab-ud-din-Kabir,* en urdu, Newal Kishore & Co., Lucknow, vol. 2, p. 575.

16. Minhaj-ul-Bayan citado en *Qarab-ud-din-Kabir,* vol. 2, p. 576.

17. Ahmad, Mirza Ghulam, *op. cit.,* pp. 103-110.

18. *The Life of Christ,* edición revisada, Mazdazhan Elector Corp., Los Ángeles 1960 impresa por Stockton Doty Press, Whittier (California) 1969, p. 79. Es significativo que ningún pasaje de los Evangelios mencione la palabra «cadáver» en relación con Jesús (cf. Lucas 23, 52), aunque sí en el caso de Juan el Bautista (Marcos 6, 29).

19. Mateo 27, 62-65.

20. Keller, Werner, *The Bible as History,* p. 359.

21. Eusebio, *Vita Constantini* 111, 26 citada en *Jesus in Heaven on Earth* de Khwaja Nazir Ahmad, p. 199. «En la actualidad la iglesia del Santo Sepulcro es un laberinto de lóbregas capillas; en la del Santo Sepulcro, una desgastada escalinata conduce a una gruta donde se ha excavado en la roca una tumba de 1,80 metros», Werner Keller, *op. cit.*

22. Inayat Allah Khan al-Mashriqi, *Takzirah,* en urdu, Khaksar Publications, Lahore 1976, pp. 16-17.

23. Lucas 24, 1-2. ¿Por qué se limitaron a rodar una losa delante de la sepultura en vez de sellarla definitivamente? Yo diría que se trataba de cerrarla temporalmente, permitiendo la ventilación así como la posibilidad de sacar a Jesús de allí para llevarlo a otro lugar. Véase *Crucifixion by an Eye-Witness,* p. 81.

24. Juan 20, 1.

25. Marcos 16, 5. Un manuscrito copto de Egipto que se conserva en el Museo Británico, llamado *El Libro de la Resurrección según Bartolomé,* dice que fue un jardinero llamado Filogenes quien se acercó al sepulcro provisto de especias, ungüentos y aromas para administrárselos a Jesús y llevárselo luego. Véase Schonfield, Hugh, *The Passover Plot,* p. 164. Traducido como *The Book of Resurrection* por E.A. Wallis a partir del texto de Oriental Manuscripts no. 6804 del British Museum.
26. Marcos 16, 7.
27. Marcos 16, 8.
28. Juan 20, 7.
29. *The Crucifixion by an Eye-Witness,* pp. 98-101.
30. Ibíd., pp. 102-104. Según los Evangelios canónicos Jesús se apareció once veces a sus discípulos y seguidores entre el domingo 9 de abril y el jueves 18 de mayo. Seis años después se le apareció a Pablo cerca de Damasco, lo cual correspondería al 35 d. de C. Lo cual significaría que Jesús fue visto por varias personas seis años y cuarenta días después de la crucifixión. Sobre estas apariciones véase *Peloubet's Select Notes on the International Lessons,* Boston 1918, pp. 190-193.
31. *Gospel of Peter* 9, 35-40, de *The Apocryphal New Testament,* trad. M.R. James, Oxford 1926.
32. Marcos 16, 5. Las palabras de María Magdalena (Juan, 20, 13): «Porque quitaron a mi Señor...» es significativa, por cuanto demuestra que no fue un sólo hombre, sino varios, los que sacaron a Jesús de la sepultura.
33. Lucas 24, 25-26.
34. Lucas 24, 30-31.
35. Lucas 24, 36-40.
36. Lucas 24, 36-42; Juan 21, 13.
37. Juan 20, 27. «Ved mis manos y mis pies, etc.»; este pronunciamiento citado en Lucas 24, 39, resuelve la controversia acerca de la ascensión espiritual del Maestro, puesto que el mismo Jesús demuestra que está físicamente vivo. También desearía llamar la atención sobre las *Odas de Salomón* del siglo I, en una de las cuales Jesús dice: «Yo me he levantado y estoy con ellos, y hablaré por boca de ellos. No he perecido, aunque ellos conspiraron contra mí. Yo formé una congregación de hombres vivos de entre los muertos, y he hablado con ellos a través de labios vivientes», oda 42, v. 6, 14, 18, en *The Lost Books of the Bible,* World Publishing Co., Nueva York 1944, segunda parte.
38. Juan 20, 27. Jesús realizó su primera aparición la mañana del domingo 9 de abril ante María Magdalena; la segunda, cerca de Jerusalén el mismo domingo, ante las mujeres que regresaban de la sepultura (Mateo 28, 9-10). La tercera aparición también tuvo lugar el

domingo cerca de Jerusalén, antes Simón Pedro únicamente (Lucas 24, 34). La cuarta, el domingo, a los dos discípulos que iban a Emaús (Marcos 16, 12-13). La quinta, el domingo por la tarde, a los discípulos excepto Tomás, cerca de Jerusalén (Marcos 16, 14). La sexta, ante Tomás y otros discípulos cerca de Jerusalén, la tarde del domingo 16 de abril, para que se convencieran de que estaba vivo.

39. *The Crucifixion by an Eye-Witness,* pp. 108-115.

40. Juan 21, 9-13; Lucas 24, 42, donde les pregunta si tienen algo que comer, y come en presencia de ellos; Juan precisa «comieron pan y pescado», en la séptima aparición después de su resurrección, ante siete discípulos a orillas del lago de Galilea, el 1 de mayo.

41. *The Crucifixion by an Eye-Witness,* pp. 118-124. La octava aparición de Jesús se produce ante once discípulos en un monte cerca de Galilea, el 1 de mayo (Marcos 16, 15-18). La novena, el 1 de mayo ante más de quinientos seguidores cerca de Galilea según aseveró Pablo en el 56 d. de C., 1ª Corintios 15, 6. La décima vez, sólo a Santiago, en mayo y probablemente en Jerusalén, 1ª Corintios 15, 7. La undécima, ante todos sus discípulos el jueves 18 de mayo, cerca de Betania, cuarenta días después de su resurrección, Marcos 16, 19-20.

42. Juan 10, 14-18.

14. Partia

1. Juan 10, 16.
2. *The Crucifixion by an Eye-Witness,* pp. 124-125. «Se rumoreó que Jesús había sido arrebatado en una nube y que había ascendido a los cielos, lo cual fue inventado por personas que no estuvieron presentes en la partida de Jesús.»
3. Graves, Robertson y Joshua Podro, *Jesus in Rome,* Londres 1957. Jesús se apareció a Pablo cerca de Damasco hacia el 35 d. de C., unos seis años y cuarenta días después de su resurrección. Sería difícil hallar prueba mejor y más concluyente que los textos de los evangelistas para demostrar que no murió, sino que vivió por lo menos esos seis años y cuarenta días en Palestina y países cercanos.
4. Hechos 9, 10-15.
5. Hechos 9, 20-22.
6. Hechos 12, 25. «Entre los principales forjadores de las doctrinas cristianas figuró san Pablo, hombre de gran vigor intelectual, profunda e imparcialmente interesado en los movimientos religiosos de la época. Conocía bien el judaísmo, así como las creencias mitraísta y alejandrina en boga por aquel entonces, muchas de cuyas ideas, terminología y expresiones introdujo en el cristianismo», Wells, H.G., *A Short History of the World,* Pelican, p. 129.

7. Pareti, Luigi, *History of Mankind,* vol. II, p. 850; Margolis, Max y Alexander Marx, *A History of the Jewish People,* p. 228; Kamal-ud-Din, Khwaja, *The Sources of Christianity,* Woking 1924; Scott, C.A., *Christianity According to St. Paul,* Cambridge 1927; Wilkinson, revdo. J.R., *Jesus or Paul,* Harper, Londres 1909.

8. Schonfield, Hugh, *Saints against Caesar,* Macdonald, Londres 1948, p. 142.

9. Mateo 23, 37.

10. Josephus, *The Jewish Wars,* trad. W. Whiston, Loeb Classical Library, Londres, vol. III, iv, 1; X, p. 9.

11. Hechos 9, 10-19; Santiago 1, 1-9; Schonfield, *The Passover Plot,* p. 204; Eusebius, Pamphili, *Historia Ecclesiastica* 2, 23, trad. Krisopp Lake, Nueva York 1962; Eusebius, *Historia Ecclesiastica,* trad. C.F. Cruse, Londres 1874; Kersten, Holger, *Jesus Lived in India,* Element, Dorset 1986, pp. 176-177; «Los discípulos le dijeron a Jesús: *¿Quién ha de mandar sobre nosotros?* A lo que Jesús les respondió: *De dondequiera que vengáis, acudid a Santiago, el justo», The Theology of the Gospel of Thomas,* Bertil Gartner, pp. 56-57, citado por Shaikh Abdul Qadir, *The Truth about the Crucifixion,* Londres 1978, p. 136.

12. *The Acts of Thomas,* trad. A.F. Klijin, E.J. Brill, Leiden 1962; Farquhar, J.N., *The Apostle Thomas in North India,* Manchester 1926; Brown, L.W., *The Indian Christians of St. Thomas,* Cambridge 1956; Buchanan, C., *Christian Researches in Asia,* Cambridge 1811.

13. Josephus, *Antiquities,* xviii, 9, 1-8; Pratten, trad., *Syrian Documents attributed to the First Three Centuries,* Ante-Nicene Christian Library, vol. XX, Edimburgo 1871, pp. 5-35; Cureton, *Ancient Syriac Documents,* Londres 1864, vol. XXII, p. 141; Khwand, Mir Muhammad, *Rauzat-us-Safa,* en persa, 7 vols., traducido como *The Garden of Purity* por E. Rehatsek, 5 vols., Royal Asiatic Society, Londres 1982, vol. 1., pp. 165-69.

14. MacMunn, Townsend, *The Holy Land,* vol. II, p. 61; Fraser, David, *The Short Cut to India,* p. 121; Nisibis (Nusaybin o Nasibain entre los geógrafos árabes) está sobre la ruta de las caravanas entre Mosul y Damasco. Los viajeros que se dirigían a Persia pasaban por este importante centro comercial. El golfo Pérsico queda a unos 240 kilómetros de distancia. Urfa, anteriormente llamada Edesa, es la ciudad más cercana, desde donde puede alcanzarse Alepo. En su célebre obra histórica *Rauzat-us-Safa,* Mir Muhammad Khwand asegura que Issa viajó a Nisibin en compañía de algunos apóstoles y de su madre María. Por haberse producido algunas denuncias en contra de Issa y su madre, el alcalde hizo prender a algunos apóstoles. En Nisibin curó Jesús a varios enfermos, y realizó algunos milagros; así pues, aunque algunos estuvieron al principio en contra de él, finalmente todos, incluso los jerarcas de la ciudad, acabaron por comprender la grandeza de Issa y le admitieron como salvador. Otras fuentes al respecto con

Tafsir-Ibn-i-Jarir at-Tabri, Jamin-ut-Tawarikh de Faqi Muhammad, y *Majma-ul-Buldan.*
15. Mir Khwand, *op. cit.,* vol. I, p. 134.
16. Mumtaz Ahmad Faruqi, *The Crumbling of the Cross,* p. 67, citando a Jarir, imán Abu Jaffar Muhammad, *Tafsir-Ibn-i-Jarir at-Tabri,* en árabe, 30 vols., Kubr-ul-Mara Press, El Cairo 1921, vol. 2, p. 197.
17. Segal, J.B., *Edessa - the Blessed City,* Oxford 1970, p. 69.
18. Notovitch, Nicolas, *The Life of St. Issa,* VIII, 15-20: «Los países circundantes se hacían eco del renombre de las predicaciones de Issa, y cuando éste llegó a Persia los sacerdotes se espantaron y quisieron prohibir que el pueblo le escuchase». Véase también Mustafa, Agha, *Ahwal-i-Ahalian-i-Paras,* en persa, Teherán 1909, p. 219.
19. Levi, *The Aquarian Gospel,* p. 79.
20. Notovitch, *op. cit.,* VIII, 6-7.
21. *Farhang-i-Asafiyah,* diccionario persa, vol. I, p. 91, recopilado por Syed Ahmad Dehlvi, Haiderabad 1908.
22. Agha Mustafa, *Ahwal-i-Ahaliyan-i-Paras* o *Historia de los santos persas,* en persa, Teherán 1909.
23. Al Shaikh Said-us-Saddiq, *Kamal-ud-Din,* Sayyid-us-Sanad Press, Irán 1881, traducido al alemán por H. Muller, Universidad de Heidelberg 1901.
24. Faqi Muhammad Qazi Muhammad Raza, *Jami-uf-Tawarik,* en persa, vol. II, p. 81.
25. Roerich, Nicolai, *The Heart of Asia,* Nueva York 1929. Sobre la tumba de María, véase otra opinión aportada por Bellow, que acompañó a la embajada inglesa a Kashgar en 1874: «Es una capilla edificada sobre la tumba de Alanor Turkan en Artosh. La historia de Alanor se asemeja a la de Miryam la madre de Jesús. Una noche se le apareció el ángel Gabriel y depositó en su boca una gota de luz que infundió el éxtasis en todo su cuerpo. Transcurrido el tiempo Alanor dio a luz un hijo, un infante rubio con ojos de gacela y voz angelical. Ante la sorpresa del pueblo el rey convocó una asamblea para que investigase y la interrogase a fondo. Finalmente fue proclamada su castidad. Cuando su hijo fue muerto por los chinos la pena de ella fue tan grande que se arrojó al campo de batalla con sus doncellas, y después de haber enviado a los infiernos 25 almas de infieles huyó. La tierra se abrió milagrosamente para recibirla junto con las demás fugitivas, y las ocultó en sus cavernas, pero los perseguidores las mataron a todas. El santuario, que está en una profunda cañada, ha recibido el nombre de *Mazar Bibi Miryam* o Santuario de Nuestra Señora María. La leyenda asociada a su nombre guarda semejanza con la de Allan Coa, la madre del gran antepasado de los mughal tal como se cuenta en el *Rauzat-us-Safa* de Mir Khwand, y también con la del Señor Jesús. La existencia de estas leyendas hasta la fecha de hoy en aquellos lugares constituye una circunstancia notable,

bien las consideremos como derivaciones del cristianismo que había florecido anteriormente allí, o como injertos sobre las creencias islámicas, sobre lo cual me abstengo de pronunciarme», H.W. Bellow, *Kashmir and Kashgar*, Trubner & Co., Londres 1875, pp. 333-336.
26. Stein, Aurel, *On Central Asian Tracks*, Macmillan 1935, pp. 214-216.

15. La India

1. Stein, Aurel, *Sand- buried Ruins of Khotan*, Fisher Unwin 1903, vol. 1, p. 156.
2. Marshall, John, *A Guide to Taxila*, Delhi 1936, p. 14. Véase también Marshall, John y otros, *Taxila*, 3 vols., Cambridge 1951.
3. *Acta Thomae* I, p. 101, en Hennecke, E. y W. Schneemelcher, *New Testament Apocrypha*, Filadelfia 1963-1966; *The Acts of Thomas*, recop. A.F.J. Klijn, Brill, Leiden 1962, pp. 6-66.' «Al principio Tomás no quedó muy contento cuando le asignaron la India y es posible que murmurase alguna observación discrepante, pero por la noche se le apareció Jesús y le aseguró que seguiría contando con su bendición y su presencia», Matthew, P.V., *Acta Indica*, Cochin 1986, p. 35.
4. *Acta Thomae*, cap. 39, en Hennecke y Schneemelcher, *op. cit.* Hablando de las auténticas enseñanzas de Jesús mi buen amigo sir George Trevelyan dice que «este Evangelio apócrifo de Tomás es un documento extraordinario. Contiene 120 aforismos holísticos y no es otra cosa sino un desarrollo de la doctrina del Uno. Tradicionalmente pensamos en Tomás como el apóstol escéptico, que no quiso creer que su Señor hubiese resucitado, pero en verdad fue el único que entendió quién era su Señor, y supo que Cristo era el Uno», George Trevelyan, *Summons to a High Crusade*, Findhorn Press, Escocia 1986, p. 93.
5. Rapson, prof. E.J., *Ancient India*, Cambridge University Press, Cambridge 1911, p. 174; Cureton, *Ancient Syriac Documents*, Londres 1864, vol. XXII, p. 141; Klijn, *The Acts of Thomas*, p. 65; Montague, James, *The Apocryphal New Testament*, Oxford 1924.
6. Salmond, S.D.F., *The Writings of Hippolytus*, vol. III, p. 131, citado en Khwaja Nazir Ahmed, *Jesus in Heaven on Earth*, p. 349; véase también Klijn, *The Acts of Thomas*, p. 65 y Ante-Nicene Christian Library, vol. IV, pp. 130.132.
7. Smith, Arthur Vincent, *The Early History of India*, Clarendon Press, Oxford 1904, pp. 204-205; Vaux, W.S.W., *Ancient History of Persia*, Londres 1874, p. 121; Matthew, P.V., *Acta Indica*, Cochin 1986, pp. 33-41, en donde se comentan las tres rutas seguidas por Tomás durante sus tres viajes a la India; según él, Tomás emprendió la ruta terrestre por Edesa, Media, Sandaruk y la Sogdiana hasta Taxila, la capital de Gandhara.

8. *Imperial Gazetteer of India,* Govt. of India Press, Calcuta, vol. II, p. 288. Takht Bhai es una población del noroeste de Pakistán donde se han descubierto algunas descripciones relativas al año 47 d. de C., en tiempos del rey Gondafaros.

9. Taran, W.W:, *The Greeks in Bactria and India,* Cambridge 1931; Mohan, Mehta Vasistha Dev, *Indo-Greek Coins,* Ludhiana, Panjab 1967; Majumdar, R.C., *Ancient India,* 1952; Cunningham, A., *Coins of Alexander's Successors in the East,* Londres 1884; Rapson, E.J., recopilador, *The Cambridge History of India,* Cambridge 1935; Narain, A.K., *The Indo-Greeks,* Oxford 1957; Marshall, John, *Taxila,* 3 vols., Cambridge 1951; *Imperial Gazetteer of India,* vol. XXVI, Oxford 1909, mapas núms. 30-47; Whitehead, R.B., *Catalogue of Coins in the Punjab Museum,* Lahore y Oxford 1914.

10. Rapson, prof. E.J., *Ancient India,* Cambridge University Press, Cambridge 1911, p. 174; Smith, V.A., *The Early History of India,* p. 217. Abdagases, sobrino de Gondafaros, llamado también Habban o Abanes, sucedió a Gondafaros después del 50 d. de C.

11. *The Acts of Thomas,* Klijn, p. 6.

12. Marshall, sir John, *Taxila* y *Guide to Taxila, op. cit.; Annual Report of the Archaeological Survey of India,* 1920-1921.

13. Marshall, John, *Guide,* pp. 15, 136, 138; Wheeler, Mortimer, *Five Thousand Years of Pakistan,* Londres 1951, p. 42.

14. Nazir Ahmad, *Jesus in Heaven on Earth,* addendum a p. 348. Taxila se llamó *Takshila* en la antigüedad y formaba parte de Gandhara, país qe abarcaba ambas orillas del Indus. Ashoka, el gran soberano budista de la India, murió en Taxila el 236 a. de C. Hacia el 190 a. de C. el reino de Taxila fue sometido por Demetrio, soberano griego del delta del Indus. Es un centro famoso de las culturas budista y griega, y el lugar donde se creó la imagen clásica de Buda siguiendo los criterios realistas de la escultura griega en la representación de la figura humana por primera vez en Asia, que hasta entonces no había conocido el realismo en las artes plásticas.

15. Julian es un importante yacimiento arqueológico en donde el Catastro Arqueológico de la India trabajó hacia 1913. Entre las antigüedades halladas figuró «un grupo de extranjeros delante de la celda 29», esculturas excavadas delante del monasterio de las cuales no se propone ninguna explicación, como tampoco se conoce el origen del topónimo Julian o Juliana: «No es nombre hindú, y quizá derive de Julián de Nisibis, que acompañó a Tomás en Taxila».

16. Qureshi, Molvi Muhammad Hamid, *Rahnuma-i-Taxila,* en urdu, Government of India Press, Calcuta 1924, p. 144. Este erudito, que era subdirector del Archaeological Survey of India en 1924, tradujo correctamente la antigua inscripción aramea de Julian en Taxila que alude a un devoto del Hijo de Dios y constructor de un palacio de deodar y marfil por cuenta del rey. En primer lugar es significativo

que la inscripción esté en idioma arameo. En segundo lugar, la construcción data del siglo primero. Tercero, está documentado que lo construyó un maestro de obras extranjero. Cuarto, sabemos que Habban requirió los servicios de Tomás para esta obra y que, según se cuenta en los *Acta Thomae,* ambos partieron juntos hacia la India. Obviamente no era otro sino Tomás el devoto de Jesús, el Hijo de Dios, que dice la inscripción.

17. Smith, vizconde Arthur, *The Early History of India,* p. 205; Klijn, A.F.J., *The Acts of Thomas,* Leiden 1962, pp. 151-153.

18. Smith, Arthur, *op. cit.,* p. 205. William Hunter en *The Indian Empire,* y Dorothy Whitelock en *The Anglo-Saxon Chronicle* mencionan que el rey Alfredo de Inglaterra envió ofrendas a las tumbas de Tomás y Bartolomé en el año 833 (Matthew, P.V., *Acta Indica,* Cochin 1986, pp. 45-46).

19. Jesús fue crucificado en el 36 d. de C., se apareció a Pablo alrededor del 42 d. de C.; la asignación de misiones entre los apóstoles debió tener lugar poco antes, quizás el 40 d. de C. Tomás terminó el palacio de cedro y marfil para Gondafaros de Taxila hacia el 46 d. de C., según lo corrobora la placa *Takhti-Bahi* hallada en 1903, que cita al rey Gondafaros en el año 102 de la era Bikrami, de cuya fecha hay que deducir 57 años para hallar la datación según la era cristiana. Tanto Jesús como Tomás, según los *Acta Thomae,* estuvieron presentes en la boda de Abdagases (49 d. de C.); para más detalles sobre este matrimonio véase *Ante-Nicene Christian Library,* Edimburgo 1869, vol. XX, p. 46.

20. *Acta Thomae,* 19.

21. Klijn, A.F.J., *The Acts of Thomas,* E.J. Brill, Leiden 1962, p. 70. Los *Hechos de Tomás* figuran en la colección de documentos siriacos recopilada por Epifanio en el 363 d. de C. y que traducida al inglés por Wright en 1871 se incluye entre los apócrifos de la *Ante-Nicene Christian Library.* Véase Wright, *Apocryphal Acts of the Apostles,* Society for the Publication of Oriental Texts, Londres 1871, vol. II. Con intención de restar valor a los *Acta Thomae* se ha afirmado que habían sido recopilados por Bardaisán, obispo de Edesa, quien durante sus viajes por la India había entrado en relación con los seguidores del jainismo y del budismo (Matthew, *Acta Indica,* Cochin 1986, p. 77). Véase también *Liturgical Books and Calendars of the Syrian Church,* y Panaji, Karan Joseph, *The Syrian Church in Malabar,* Trichinopoly 1914.

22. *Encyclopaedia Britannica,* artículo «Acts of Thomas», vol. XXIII; Sadiq, mufti Mohammad, *Qabr-i-Masih,* en urdu, Talif-o-Ishait, Qadian 1936, pp. 114-126; Geddes, M. *History of the Christian Church of Malabar,* Londres 1694; *Portuguese Discoveries, Dependencies and Missions,* Londres 1893.

23. Plattner, Flex Alfred, *Christian India,* Nueva York 1957, p. 29. «Los investigadores modernos se inclinan a admitir como cierta la tra-

dición existente entre los cristianos de Travancore, según la cual éstos habían sido evangelizados por santo Tomás». Véase también Marshall, J.W.M., *Christianity in India*, Londres 1885; Hugh, James, *History of Christians in India from the Commencement of the Christian Era*, Londres 1839; D'Souza, Herman, *In the Steps of St. Thomas*, Madrás 1972; Farquhar, J.N., *The Apostle Thomas in South India*, Manchester 1927.

24. Buchanan, Claudius, *Christian Researches in India*, Cambridge 1811, p. 229; Rae, George M., *The Syrian Church in India*, Edimburgo 1892.
25. Juan 13, 36.
26. Hechos de los Apóstoles 1, 12-15.
27. Hechos 2, 41.
28. Hechos 4, 4.
29. Hechos 5, 17-40. «Ellos salieron del tribunal muy contentos por haber sido dignos de ser ultrajados por tal nombre.» Véase también *Gospel of Peter*, en *The Apocryphal New Testament*, trad. M.R. James, Oxford 1926.
30. Hechos 12, 1-4.
31. Gálatas 2, 11. Se elaboró una leyenda poniendo en relación la basílica de san Pedro con Simón Pedro, pero la identidad es dudosa y no existen pruebas documentales excepto una mención pasajera del papa Pío XII en una alocución de 1949 ante estudiantes.
32. 1ª Pedro 1, 1.
33. 1ª Pedro 2, 9-10.
34. 1ª Pedro 5, 12-14.
35. Shaikh Abdul Qadir, artículo en el semanario *Badar*, Qadian, India, 17 de marzo de 1979.
36. *Annual Report of the Archaeological Survey of India*, Frontier Circle, Govt. od India Publ., Delhi 1912.
37. Roland, Benjamin, *St. Peter in Gandhara*, véase también la revista *East and West*, Roma, vol. IV, n° 4, 1953.
38. *Gospel of Philip*, 59. Hallado en *The Nag Hammadi Library*, recopilado por James M. Robinson, Nueva York 1977 y E.J. Brill, Leiden 1977; Eilson, R.M., *The Gospel of Philip*, Londres 1962.
39. Farouqi, Mumtaz, *The Crumbling of the Cross*, p. 62; Sadiq, mufti Huhammad, *Qabr-i-Masih*, Qadian 1936, pp. 26-27.
40. Nazir Ahmad, Khwaja, *Jesus in Heaven on Earth*, p. 361.
41. Farouqi, Mumtaz Ahmad, *op. cit.*, pp. 62-65.
42. Jeremias, Joachim, ensayo en *Nachrichten aus der Akademie der Wissenschaft*, Gotinga, I. Phil.-Hist. Kl. 1953, p. 95; Bartholomew, D.S., *A Voyage to the East Indies*, Londres 1800; Geddes, Michael, *The History of the Church of Malabar*, Londres 1694; Komroff, Manuel, *The Travels of Marco Polo*, Nueva York 1926.
43. Kersten, Holger, *Jesus lived in India*, Element, Dorset 1986; Sadiq, mufti Mohammad, *op. cit.*, p. 124. Este erudito nos informa que

el Preste Juan participó en el Concilio de Nicea (325 d. de C.) y firmó las actas como obispo de la India.

44. Jeremias, Joachim, *op. cit.,* p. 99. Véase también Cosmas, *The Christian Topography,* trad. McCruidle, J.W., Hakluyt Society Publ., Londres 1897; Raulin, *Historia Ecclesiae Malabaricae,* Roma 1745.

16. Hazrat Issa el profeta

1. Abu Huraira, *Kanz-ul-Aimal,* vol. II, p. 34. También cuenta que Dios le dijo a Jesús que saliera de Jerusalén para sustraerse a futuras persecuciones. El *Kanz-ul-Aimal* es una colección de palabras y enseñanzas del Santo Profeta, recopilada por Shaikh Ala-ud-Din y publicada en Hyderabad, 1836.
2. Ibn-i-Jarir, *Tafsir Ibn-i-Jarir-at-Tibri,* vol. III, p. 197. *Tafsir-ul-Quran* es un comentario coránico mundialmente famoso en 30 volúmenes debidos a Ibn-i-Jarir-at-Tibri. La edición original árabe fue publicada en 1921 por Kubr-ul-Mara Press, El Cairo, y hay versiones en persa y urdu que circulan en la India.
3. *Kanz-ul-Aimal,* vol. VI, p. 120; Siddiq Hasan Khan, *Hujaj-ul-Kiramah,* en urdu, p. 428; Ahmad, Mirza Ghulam, *Massih Hindustan Mein,* p. 98.
4. Inayat Khan, *The Unity of Religious Ideals,* vol. IX, Delhi 1990, p. 181. Las escrituras sufíes contienen numerosas alusiones a Jesús, por ejemplo las de Zhun Nun (861), Bayazid (875), Attar (1230), Ibn al-Arabi (1239), Rumi (1273), Shabistari (1317), Mohsin Fani (1670) y el príncipe Dara Shikoh (1659). En su celebrada obra *Al-Futuhat-al-Makkiya,* el gran maestro sufí Ibn al-Arabi consigna un pronunciamiento extraordinario acerca de Jesús: «El parangón de la santidad universal, por encima del cual no hay otro santo, es nuestro Señor Jesús». Otro gran maestro sufí de la India ha escrito que «el alma que comprendió la verdad aun antes de afirmar que él era el Alfa y el Omega es Cristo».
5. Muchas de las parábolas e incidencias de los Evangelios se conservan en las narraciones sufíes, véase por ejemplo Idries Shah, *Tales of the Dervishes,* Londres 1967 y *Recollections,* Londres 1969. Numerosas palabras de Jesús se recogen en el *Kamal-ud-Din* de Shaikh-us-Sadiq (fallecido en 962), Syed-us-Sanad Press, Irán 1782.
6. Stoddart, William, *Sufism,* reimpresión, Delhi 1983. El Santo Corán habla de Jesús como la Palabra encarnada de Dios; en el *Hadis* se le exalta con estas palabras: «Todo hijo de Adán es tocado por Satán cuando nace, exceptuando sólo al hijo de María y a su madre».
7. Mateo 1, 23.
8. Mulla Nadri, *Tarikh-i-Kashmir,* folio 69. Este raro manuscrito histórico del primer historiador musulmán de Cachemira, compila-

do en 1454, pertenecía al patrimonio familiar de Sahibzada Ghulam Mohiyuddin y el hijo de éste, Sahibzada Basharat Saleem, no me permitió consultarlo, por lo que me visto obligado a dar por buena la fotografía del folio 69 tomada por Khwaja Nazir Ahmad para su libro *Jesu in Heaven on Earth,* Lahore 1952.

9. Lepancer, *The Mystical Life of Jesus Christ.* Aparece mencionado Yuzu Asaph en *Kamal-ud-Din* (962), *Tarikh-i-Kashmir* (1454), *Waqiat-i-Kashmir,* de Deedamari (1729), *Ahliyan-i-Paras* (1909) y *Farhang-i-Asfia* (1908).

10. Corán, Al-Maidah 5, 46.

11. Corán, Al-Nisa 4, 157-158. Para una traducción y comentario véase Ali, Maulana Huhammad, *The Holy Quran - Arabic Text,* Lahore 1951, pp. 230-232. Citas en español según la versión *El Corán* preparada por Julio Cortés, Editorial Herder, Barcelona 1992.

12. Corán, Al-Imran 3, 54, en donde «elevarte a Mí» significa exaltación honrosa y no ascensión física a los cielos; véase también *Jesus in the Quran,* G. Parrinder, Londres 1965.

13. La fatwah de Shaikh Mohammed Shaltut en el semanario *Al Risalah,* El Cairo, vol. 10, n° 462, p. 515. «Recientemente se recibió en el Senado de la Gran Universidad Al-Azhar de El Cairo, remitida por Abdul Karim, del Oriente Próximo, conteniendo la consulta siguiente: *1)* ¿Jesús está vivo o muerto de acuerdo con el *Santo Corán* y el *Hadis?*; *2)* ¿cuál es la posición de un musulmán que crea que Jesús no está vivo?; *3)* ¿cuál es la posición de un musulmán que no crea en la Segunda Venida de Jesús?» La cuestión fue transmitida por el Senado al rector y decano Shaikh Muhammad Shaltut, quien pronunció el veredicto siguiente: «La palabra *tawaffa* se usa en muchos pasajes del *Santo Corán* significando muerte. La palabra *tawaffaitani* significa muerte natural. El verdadero sentido del versículo es que Alá dispuso que Jesús muriese, y le exaltó y santificó frente a las acusaciones de sus enemigos. Que no le mataron ni crucificaron, aunque la cuestión quedó en duda para ellos».

17. Rozabal

1. Ghulam Nabi Khanyari, *Wajeez-ut-Tawarikh,* en persa, vol. II, folio 279, Oriental Research Manuscript Library, Universidad de Cachemira, Srinagar. Véase también el *Qabr-i-Masih* del muftí Muhammad Sadiq, Qadian 1936, p. 50.

2. *Jesus in Heaven on Earth,* The Woking Muslim Mission and Literary Trust, Lahore (Pakistán) 1952. Nazir Ahmad desarrolló el material originario contenido en *Masih Hindustan Mein* de Mirz Ghulam Ahmad y *Qabr-i-Masih* del muftí Muhammad Sadiq. Nacido en 1872, el muftí Sadiq aprendió el árabe, el persa y el inglés en su in-

fancia, estudió Magisterio y luego se licenció en las lenguas inglesa y hebrea. En 1901 fue nombrado director del Instituto de Qadian. En 1914 emprendió la actividad misionera en la India por cuenta de los musulmanes Ahmadiyya; en 1917 visitó Londres con el mismo propósito y luego estableció en Chicago la Adhamadiyya Muslim Mission y su mezquita, regresando a la India en 1923. Dos años después visitó Cachemira para investigar acerca de Jesús y de Tomás, permaneciendo tres años allí; su obra *Qabr-i-Masih* o *La Tumba de Jesús* fue publicada en 1936 y es un faro de luz indispensable para cualquier investigación futura sobre la cuestión. En ella cita pasajes de 29 autores extranjeros, todos ellos convencidos de que los kashmiri son descendientes de las tribus perdidas de Israel. Visitó 18 yacimientos arqueológicos y descubrió sepulturas con inscripciones hebreas. Además proporciona una bibliografía sobre Tomás y los cristianos siriacos en el sur de la India.

3. Gunter Hoffmann, Esoteriker Schriftpsychologe, Harzweg 32, D-3012 Langenhagen (Alemania): visitó Cachemira en 1983 y acudió a la sepultura de Yuzu Asaph para examinar las huellas de Jesús.

4. Carta del 6 de julio de 1978 dirigida a mí por Hans Naber, también conocido como Kurt Berna y Reban John, D-7140 Ludwigsburg (Alemania), incluyendo copias de sus cartas a Mumtaz Ahmad Faruqi de Islamabad (Pakistán), Andreas Faber-Kaiser de Barcelona, y Franz Sachse, D-5400 Koblenz-Arzheim (Alemania).

5. Jacobs, Joseph, *Barlaam & Josaphat,* Londres 1896; Budge, Wallis, *Barlaam'and Yewasef,* Cambridge 1923; Lang, David Marshal, *The Wisdom of Balahar,* Nueva York 1957. Shaikh Abdul Qadir, el autor de *The Qumran Scrolls,* en urdu, observa que la historia de Barlaam y Josafat es una pura leyenda budista en donde se confunde a Yuzu Asaph con el próximo bodhisattva y «el que reúne el rebaño de la fe auténtica», quien después de largos viajes por la India fue a Cachemira y murió allí. Johan Forsström, el autor de *King of the Jews,* opina que esta leyenda es un intento de confundir a la posteridad en cuanto a Jesús y su sepultura en Cachemira. Véase también Saffdar Ali, *Kisa Yuzua-saf-v-Hakim Blohar,* en urdu.

6. Macdonald, *The Story of Barlaam and Josafat,* Calcuta 1895; Jacobs, Joseph, *op. cit.*

7. *Truth about Crucifixion,* The London Mosque, Gressenhall Road, Londres 1978. Transcripción de la Conferencia internacional de la comunicación *Deliverance of Jesus from the Cross,* pronunciada en Commonwealth Institute, Kensington, 2-4 de junio de 1978.

18. Retorno a Cachemira

1. Lord, revdo. J.H., *The Jews in India and the Far East,* SPCK, Bombay 1907; Frayzel, Solomon, *A History of the Jews,* Mentor, Nue-

va York 1947 y 1968, p. 639; Benjamin, Yehoshua, *Mystery of the Lost Tribes,* Nueva Delhi 1989, p. 35. «Una historia breve de los judíos en China menciona que el primer asentamiento judío en China se produjo durante los siglos primero y segundo, sin que sepamos por qué motivo arribaron a tan lejano país; una posible explicación sería que las Tribus Perdidas habían llegado ya a Cachemira.»

2. Holditch, Thomas, *The Gates of India,* Macmillan, Londres 1910, p. 50; Wolff, Joseph, *Account of a Mission to Bokhara in the years 1843-45,* Parker, Londres 1845; Qureshi, Aziz Ahmad, *Asrar-Kashir,* en urdu, Srinagar 1964; Sadiq, muftí Muhammad, *Qabr-i-Masih,* en urdu, Qadian 1936; Bernier, François, *Travels in the Mughal Empire,* trad. Irving Black, Londres 1891; Vigne, G.T., *Travels in Kashmir, Ladak and Iskardu,* Londres 1842.

3. Bryce, James y Keith Johnson, *Comprehensive Dictionary of Geography,* Collins, Londres 1880, p. 235; Benjamin, Yehoshua, *op. cit.,* pp. 30-32.

4. Mateo 15, 24. Aquí Jesús declara la finalidad de su venida diciendo: «No he sido enviado sino a las ovejas perdidas de la casa de Israel». Por la misma razón, el sumo pontífice Caifás les dice a María y los demás que Jesús venía «no sólo por la nación, sino también para reunir a los hijos de Dios dispersos» (Juan 11, 52), y Jesús ordena a sus discípulos que vayan «a las ovejas perdidas de la casa de Israel» (Mateo 10, 6).

5. Bernier, François, *op. cit.,* trad. Archibald Constable, Oxford University Press 1891 y 1914, p. 75; los viajes en cuestión corresponden al período de 1656 a 1668.

6. Al Beruni, *Kitab-al-Hind,* o *India,* trad. Edward Sachau, Londres 1888, vol. 1, p. 206.

7. Juan 10, 14-16.

8. Hasnain, F.M., *Hindu Kashmir,* Light & Life Publications, Nueva Delhi 1977, pp. 18-20.

9. *Bhavishya Mahapurana,* manuscrito sánscrito en alfabeto sharda, Oriental Research Library, Universidad de Cachemira, Srinagar; *Bhavishya Maha Purana,* en hindi, trad. Vidyavaridi Shiv Nath Shastri, Venkateshvaria Press, Bombay 1917; *Bhavishya Maha Purana,* trad. y comentarios en hindi, Oriental Research Institute, Poona 1910.

10. *Ibíd.,* v. 17-32 del manuscrito y edición en prensa, cap. 3, secc. 2, shaloke 9-31, Oriental Manuscript Library, Srinagar.

11. Stein, M.A., trad., *Kalhana's Rajatarangini,* 2 vols., Londres 1900, reimpresiones Nueva Delhi 1961, 1979.

12. Stein, M.A., trad., *Rajatarangini,* libro 11, 65-171. «Un rasgo interesante del *Rajatarangini* de Kalhana es la descripción de un hombre de Dios que realizó milagros similares a los de Jesús, y se le atribuye el nombre de *Isana.* En cuanto a la época, se le sitúa en el siglo

primero d. de C. De hecho parece muy probable que los hechos y los episodios atribuidos a Isana sean acontecimientos de la vida de Issa, por otro nombre Jesús», *Truth aboud the Crucifixion,* p. 140.

13. Bull, School of Oriental Studies, Londres, 9, 1938, p. 502; Francke, A.H., *Sitzung der Berliner Akad. Hist., Kl.* 1925; Barkat Ullah, rev., *Tarikh-i-Kalisa* o *Historia de las Iglesias en la India,* en urdu, Lahore, p. 120, 157.

14. *Asool-i-Kafi,* en árabe, Kitab-al-Hijat, p.334; Shara, *Asool-i-Kafi,* en urdu, vol. III, p. 304; Shaikh-us-Sadiq, *Kamal-ud-Din,* p. 243; Sadiq, muftí Muhammad, *Qabr-i-Masih,* p. 43-46.

15. Burke, O.M., *Among the Dervishes,* Londres 1973, p. 12.

16. Farooq Argalli, recop., *Mujuzat-i-Masih* o *Milagros del Mesías,* en urdu, Rattan & Co., Delhi, p. 26. La palabra *kufur* significa incredulidad, y *kafir* significa el infiel.

17. Burke, *op. cit.,* p. 13. «Cuando Nadir Shah emprendió la conquista de la India (1737), al entrar en Peshawar el jefe de la tribu de los yusufzíes le regaló una Biblia escrita en hebreo y otros paramentos de los que ellos utilizaban en sus antiguos ritos», Ferrier, *History of the Afghans,* trad. del francés por John Murray, Londres 1858.

19. Las escrituras de los mullas

1. Faber-Kaiser, Andreas, *Jesus died in Kashmir,* Londres 1978, p. 93. Dice un párrafo de la carta enviada por Sahibzada Bashrat Salim a Andreas Faber-Kaiser, y reproducida en el libro mencionado: «Finalmente y por lo que se refiere a la consulta de usted, celebro poner en su conocimiento que la piadosa pastora con quien casó Yuzu Asaf se llamaba *Marjan,* y se crió en los encantadores y cautivadores paisajes de las celestiales y desiertas estribaciones montañosas de Pahalgam, en Cachemira».

2. Por ejemplo Forsström, Johan, *The King of the Jews,* p. 164. ¿Algo puede indicarnos si Jesús se casó antes de la crucifixión? Los Evangelios pasan en silencio sobre el tema, excepto algunas referencias veladas a Marta y su hermana María, también llamada Magdalena. Pese a los periódicos cambios introducidos por los redactores queda establecido que Marta sólo tuvo una hermana, María (Juan 11), de cuyo cuerpo expulsó Jesús los demonios (Lucas 10) y que le ungió los pies (Juan 12). Esta María le acompañó en su ministerio y viajes sin que nadie la tutelase. Los autores de *Holy Blood and Holy Grail* (Londres 1982) concluyen que la esposa de Jesús arribó a Francia en el 36 d. de C. con su hijo, y que se establecieron en una comunidad judía de Marsella. Pero todo esto corresponde al período precrucifixión, véase Forsström, *op. cit.,* p. 164. En su carta fechada el 8 de agosto de 1985, Sahibzada Basharat Salim informa al autor: «Soy de ascendencia pa-

lestina, como seguramente habrá leído usted, y mis santos antepasados viajaron de Jerusalén a Cachemira. [...] Es de señalar que numerosos realizadores, en particular alemanes, franceses y norteamericanos, han rodado numerosas películas sobre mí y mi familia. Teniendo por misión principal de mi vida la propagación de la buena voluntad y la paz en la tierra, siempre guiaré a usted con mis bendiciones y tolerancia sin límites. Éste es el evangelio de la verdad, el Señor sea con usted.» Véase también Zahur-ul-Hassan Nizami, *Nigaristan-i-Kashmir*, en urdu, Hyderabad 1941.

3. Mulla Nadiri, *Tarikh i Kashmir*, folio 69.

4. Vigne, G.T., *Travels in Kashmir, Ladakh and Iskardo*, 2 vols., Henry Colburn, Londres 1842, pp. 395-397, y *A Personal Narrative of a visit to Ghuzni, Kabul and Afghanistan*, Londres 1843; Wolff, Joseph, *A Narrative of a Mission to Bokhara 1843-1845*, Londres 1846. *Takhat Sulaiman* o el Trono de Salomón es un monumento que conmemora la visita de Salomón a Cachemira. Es curioso observar que la antigua Etiopía se llamaba Kush, y la consorte de Salomón, la reina de Saba, tuvo con él un hijo llamado Menelik. Según otra leyenda, fue este Menelik quien llevó artesanos judíos del Turquestán para reparar este edificio histórico. En kashmiri existe un cantar célebre que rememora la visita de Salomón al valle. Véase *Qabr-i-Masih*, del muftí Muhammad Sadiq, p. 21.

5. Mulla Nadiri, *Tarikh-i-Kashmir*, folio 35; Mirza Haider Malik Chaudura, *Tarikh-i-Kashmir*, en persa, Muhammadi Press, Lahore, folio 12; Khanyari, muftí Ghulam Nabi, *Wajeez-ut-Tawarikh*, en persa, Oriental Manuscript Library, Universidad de Cachemir, Srinagar, vol. 1, folio 54; Sadiq, *op. cit.*, en urdu, p. 21; Khwaja, Nazir Ahmad, *Jesus in Heaven on Earth*, p. 370; *Truth about the Crucifixion*, p. 143.

6. Cole, Major H.H., *The Illustration of Ancient Buildings in Kashmir*, W.H. Allen, Londres 1869, p. 8.

7. Como Mulla Nadiri, Mirza Haider Malik Chaudura, Mufti Ghulam Nabi Khanyari y Pirzada Ghulam Hassan Khuyami, historiador de Cachemira.

8. Shaikh al-Said-us-Saddiq, *Kamal-ud-Din*, p. 359.

9. *Ibíd.*

10. Williams, Rushbrook, recop., *Sufi Studies: East and West*, Octagon Press 1973, p. 202.

11. Marcos 4, 3-8.

12. Shaikh al-Said-us-Saddiq, *op. cit.*, p. 327.

20. Budismo y cristianismo

1. Notovich, Nicolas, *The Life of St. Issa*, IV, 1-8. La afirmación de que Jesús se había convertido en un perfecto exponente de las escrituras

budistas merece reflexión e investigación detenida. Kanishka (78-103 d. de C.) convocó en Cachemira el IV Concilio budista para allanar diferencias entre distintas sectas; las conclusiones del concilio se grabaron en planchas de cobre y se depositaron en una *stupa* (Hassnain, *Buddhist Kashmir*, Nueva Delhi 1973, pp. 21-22). Los trabajos del concilio causaron tanta impresión a Kanishka que confió a los monjes y monjas budistas la administración de Cachemira. ¿Sería Jesús quien propuso la idea de un régimen teocrático? ¿Estuvo presente en el concilio? A estas preguntas no se podrá responder definitivamente hasta que se hayan descubierto las planchas de cobre en cuestión. Conviene señalar, no obstante, que el mismo Jesús dijo en cierta ocasión que «todos los hombres son siervos de Dios Nuestro Padre lo mismo que los reyes y los sacerdotes», Levi, *The Aquarian Gospel*, p. 74. ¿Acaso no había realizado Jesús un intento similar, aunque fracasado, de establecer un régimen teocrático en Palestina? ¿Es mera coincidencia que después de este concilio aparecieran en la iconografía mahayana personajes con marcas circulares en las palmas de las manos, simbolizando las llagas de la crucifixión?

2. Meer Izzut-oolah, *Travels in Central Asia, 1812,* trad. Henderson, Calcuta 1872, p. 13.

3. Williams, sir Monier, *The Mystery of the Ages,* Londres 1887, p. 541; Rhys Davids, T.W., *Indian Buddhism,* Londres 1891: «El buda *Chakka-Vati* era a los primeros budistas lo que el *Logos* mesiánico fue para los primeros cristianos; en ambos casos las dos ideas se superponen, se interpenetran y se complementan».

4. Mirza Ghulam Ahmad, *Masih Hindustan Mein,* en urdu, p. 128. «No deja de ser curioso el hallar el nombre de Mesías en una obra budista, aunque la mención deba considerarse bastante casual», Takakusu, *A Record of the Buddhist Religion,* Oxford 1896, p. 223.

5. Forsström, Johan, *The King of the Jews,* p. 187; Hopkins, Peter, *Foreign Devils on the Silk Road,* Oxford 1980.

6. Ghose, Ashutosh, *Swami Abhedananda,* Ramakirshna Vedanta Math, Calcuta 1967.

7. Roerich, Nicolai, *Altai Himalaya,* pp. 89-90 y *Heart of Asia,* Nueva York 1929; Prophet, Elizabeth Clare, *The Lost Years of Jesus,* California 1984; Meer Izzut-oolah, *Travels in Central Asia,* Calcuta 1872.

8. *The Museum,* nueva serie, Newark Museum Association vol. 24, núms. 2 y 3, 1972, p. 51. «Ahmad vivió en Leh (Ladakh) entre 1894 y 1897 dedicado a la medicina y con intención de refutar el hallazgo por parte de Notovich de un manuscrito hasta entonces desconocido y que supuestamente contenía una versión tibetana de la vida de Cristo entre los 12 y los 30 años de edad.»

9. Prophet, E.C., *op. cit.,* p. 317.

10. John Hill, antropólogo australiano, hizo traducir para mí este documento tibetano por un equipo de estudiosos de la Library of Ti-

betan Works & Archives de Dharamsala (India), en noviembre de 1979.

11. S.S. Gergan es autor de una monumental obra en tibetano sobre la historia y la cultura de Ladakh, publicada por él mismo bajo el título de *Ladags-r-Gyal-rabs Chimmed*. Ha llevado a Alemania muchos manuscritos y documentos tibetanos para su transliteración y edición, y durante algunos años dirigió investigaciones en una Universidad alemana.

12. Bull, *School of Oriental Studies*, Londres, vol. IX, 3ª parte, plancha V, 9, 1938, pp. 502-503; Gropp, G., *Archäologische Funde aus Khotan, China, Ostturkestan*, Bremen 1974, p. 367; *Jammu & Kashmir Research Biannual*, vol. II, n° 1, 1978, p. 7; Francke, A.H., *History of Ladakh*, recop. Gergan y Hassnain, Sterling, Nueva Delhi 1977. La cruz en el sentido de crucifixión aparece tanto en Irán (*Barrasshiba-ye-Tarikhi*, Historical Studies vol. 7, n° 3, 1942) como en Ladakh (*op. cit.*), en Cachemira, Afganistán, el norte de la India (Barkatullah, *op. cit.*) y en China (Tucci, *Trans-Himalaya*, p. 39), lo cual da a entender que hubo antiguamente colonias cristianas en estos países.

13. Barkatullah, *Tarikh-i-Kalisa* o *Historia de las Iglesias indias*, Lahore, p. 157. Los nestorianos eran los seguidores de Nestorio, obispo cristiano y patriarca de Antioquía y Edesa de Siria. Según sus doctrinas, «la fuente de la naturaleza divina es Dios, mientras que la naturaleza humana tuvo su origen en María. Por tanto María no es la madre de Dios, sino de un ser humano, y el hecho de que el Mesías apareciese entre los humanos es una manifestación del amor, vínculo entre Dios y su hijo. Este Mesías humano no es un dios sino un signo de Dios y de Su gloria». *Tarikh-ul-Unmat-al-Wabtia*, de Yaqub Nakhla Rafila, citado en *Masihat*, Lucknow 1976, p. 123. Nestorio fue condenado por los concilios de Nicea (325) y de Éfeso (431), y exiliado. Sus seguidores los nestorianos emigraron a Persia, y luego más al este, hacia la India, el Asia central y China. Véase Fossier, Robert, recop. *The Cambridge Illustrated History of the Middle Ages*, Cambridge University Press 1989.

14. *Report of the Archaeological Survey of India*, 1912-1914, pp. 213-216.

15. Citado de *The Second Treatise of the Great Seth* por Johan Forsström en su libro *The King of the Jews*, p. 10. Véase también Toynbee, Arnold, *The Crucible of Christianity*, Londres 1969; *The Lost Books of the Bible*, Nueva York 1944.

16. Schonfield, Hogh, *The Passover Plot*, pp. 220-233; Stevens, George Barker, *The Teaching of Jesus*, p. 21.

17. Eusebio de Cesárea, *Historia Ecclesiastica*, III, p. 39.

18. Lucas 1, 1-4.

19. Keller, Werner, *The Bible as History*, p. 407.

20. Citado de *The New Testament Apocrypha*, vol. 2, p. 225, en Johan Forsström, *The King of the Jews*, p. 12.

21. La desaparición de Yuzu

1. Hazrat Mirza Ghulam Ahmad, *Masih Hindustan Mein,* p. 98. Abdul Salam Madsen, traductor del *Santo Corán* al danés, cita el *Hadis* o colección de los dichos del Santo Profeta del Islam: *1)* «Si Moisés y Jesús vivieran no tendrían más remedio que seguirme» (*Kathir,* vol. II, p. 245); *2)* «en verdad Jesús, hijo de María, vivió 120 años, y heme aquí a punto de entrar en los sesenta» (*Kanz-al-Aimal,* pto. 6, p. 120); *3)* durante su ascensión espiritual a los cielos, el Santo Profeta vio en el segundo cielo a Jesús en compañía de Juan (*Bukhari,* pto. 2, capítulo sobre *Miraj).* «Mientras Mirza Ghulam Ahmad fija en 125 años la longevidad de Cristo según el *Hadis,* Abdul Salam Madsen cita el lugar concreto del *Hadis* donde menciona que Jesús vivió 120 años.» Véase *Truth about the Crucifixion,* p. 115.

2. Shaikh-us-Sadiq, *Kamal-ud-Din,* p. 358. Llama la atención que el nombre del discípulo sea Babaad, que significa en árabe gemelos y hermanos de leche. Es sinónimo del griego *didymos,* el sobrenombre que Juan atribuye a Tomás (Juan 20, 24).

3. Ghulam Nabi Khanyari, *Wajeez-ut-Tawarikh,* vol. II, folio 279.

4. Saad-Ullah, *Bagh-i-Sulaiman,* en persa, citado en *Qabr-i-Masih,* p. 48. Manuscrito custodiado en la Oriental Research Library de Srinagar. Véase también Sadiq, muftí Muhammad, *Qabr-i-Masih,* y Zahoor-ul-Hassan, *Nigaristan-i-Kashmir.*

Bibliografía

FUENTES GENERALES

Ahmad, Ghulam, *Jesus in India,* Ahmadiyya Muslim Foreign Missions Dept., Rabwah (Pakistán) 1962.
Allegro, J.M., *The Dead Sea Scrolls and the Christian Myth,* Newton Abbot (Reino Unido) 1979.
Faber-Kaiser, A., *Jesus Died in Kashmir,* Sphere, Londres 1977.
Graves, R. y J. Podro, *The Nazarene Gospel Restored,* Londres 1953.
Kersten, Holger, *Jesus Lived in India,* Element, Shaftesbury (Reino Unido) 1986.
Khwaja, Nazir Ahmad, *Jesus in Heaven and Earth,* Azeez Manzil, Lahore 1952.
Prophet, Elisabeth Clare, *The Lost Years of Jesus,* Summit Lighthouse Press, Malibu 1984.
Wilson, Ian, *The Authenticity of the Shroud of Turin,* Doubleday, Londres 1987.

OTRAS REFERENCIAS PARA LA INVESTIGACIÓN

Fuentes del paganismo

Filón el judío, *Obras*
Josefo, Flavio, *La guerra de los judíos.*
—, *Antigüedades de los judíos*
Plinio el Joven, *Carta al emperador Trajano*
Plinio el Viejo, *Historia natural*

Sobre el judaísmo

Albright, W.F., *Archaeology and the Religion of Israel*, Hopkins, Baltimore 1953.
Authorised Jewish Prayer Book, Eyre & Spottiswoode, Londres 1916.
Black, A., *The Prophets of Israel*, Edimburgo 1882.
Charles, R.H., trad., *The Book of Enoch*, 2 vols., Clarendon Press, Oxford 1892, 1912.
—,*Testament of the Twelve Patriarchs*, A. & C. Black, Londres 1908.
Driver, S.R., *Introduction to the Literature of the Old Testament*, 1892.
Greeenlees, Duncan, *The Gospel of Israel*, Adhyar, Madrás 1955.
Haupt, P., recop., *Sacred Books of the Old Testament in Hebrew*, Nueva York 1898.
Moore, G.F., *Judaism in the First Century of the Christian Era*, Cambridge 1930, vol. 1, p. 2.
Ryle and James, recop., *The Psalms of Solomon*, Cambridge 1891.
The Talmud, Standard Edition, Macmillan, Londres 1938.

Sobre los Bani Israel

Barakat, Ahmad, *Muhammad and the Jews*, Vikas, Nueva Delhi 1979.
Bruhi, J.H., *The Lost Ten Tribes*, Londres 1893.
Barber, Izekiel, *The Beni Israel of India*, Washington D.C. 1981.
Bell, A.W., *Tribes of Afghanistan*, Londres 1897.
Bellow, H.W., *Are the Afghans Israelites?*, Simla (India) 1880.
Benjamin, Yehoshua, *Mystery of the Lost Tribes*, Nueva Delhi 1989.
Khan, Roshan, *Tazkirah* (Historia de los afganos, en urdu), Karachi 1982.
Kehimkar, Haeem Samuel, *Bani Israel in India*,Tel Aviv 1937.
Lord, revdo. J.H., *The Jews in India and the Far East*, SPCK, Bombay 1907.

Margolis, Max y Alexander Marx, *A History of the Jewish People,* Temple Books, Massachusetts 1969 y 1978.
Mir Izzut-oolah, *Travels in Central Asia,* trad. Henderson, Foreign Dept. Press, Calcuta 1872.
Mohammad, Yasin, *Mysteries of Kashmir,* Srinagar 1972.
Moore, George, *The Lost Tribes,* Longman Green, Londres 1861.
– „*Judaism in the First Century of the Christian Era,* Cambridge 1930.
Qureshi, Aziz Ahmad, *Asrar-i-Kashir,* en urdu, Srinagar 1964.
Rose, George, *The Afghans and the Ten Tribes,* Londres 1852.
Wolf, Joseph, *Researches and Missionary Labours among the Jews and Mohammedans and other Sects,* Londres 1835.
–, *Mission to Bokhara,* 2 vols., Londres 1845.

Sobre los apócrifos

Anjeel-i-Barnabas, en árabe, Al-Minar Press, El Cairo 1908.
Ante-Nicene Christian Library, 25 vols., T. & T. Clark, Edimburgo 1869.
Andrews, A., recop., *Apocryphal Books of the Old and New Testament,* Theological Translation Library, Londres 1906.
Barnabas Ki Anjeel, en urdu, Markazi Maktaba Islami, Delhi 1982.
Bonnet, Max, trad., *Acta Thomae,* Leipzig 1883.
Charles, R.H., trad., *The Old Testament Apocrypha and Pseudoepigrapha,* 2 vols., Clarendon Press, Oxford 1913.
–, *Religious Development between the Old and the New Testament,* Henry Holt 1913.
Cureton, *Ancient Syriac Documents,* 24 vols., Londres 1864.
Gartner, Bertil, *The Theology of the Gospel of Thomas.*
Gospel of the Hebrews, Edenite Society Inc., Imlaystown (Nueva Jersey) 1972.
Hennecke, E., y W. Schneemelcher, *New Testament Apocrypha,* Filadelfia 1963-1966.
James, Montague, *The Apocryphal New Testament,* Oxford 1924, 1953.
Klijn, A.F.J., trad., *The Acts of Thomas,* E.J. Brill, Leiden 1962.
Lost Books of the Bible, World Publishing Co., Nueva York 1944.

Pagels, Elaine, *The Gnostic Gospels,* Nueva York 1979. (Ed. española: *Los evangelios gnósticos,* Crítica, Barcelona, 1987.)
Pratten, trad., *Syrian Documents attributed to the First Three Centuries,* Ante-Nicene Christian Library, vol. XX, Edimburgo 1871.
Ragg, Lonsdale y Laura, trad., *The Gospel of Barnabas,* Oxford University Press 1907.
Robinson, Forbes, *The Coptic Apocryphal Gospels,* Methuen & Co., Londres 1902.
Schonfield, Hugh, *The Authentic New Testament,* Londres 1956.
Swete, H.B., recop. *The Gospel of Peter,* Macmillan, Londres 1893.
Walker, Alexander, trad., *Acts of Barnabas,* Ante-Nicene Christian Library, vol. XVI, T. & T. Clark, Edimburgo 1970.
Wilson, R.M., recop., *The Gospel of Philip,* Londres 1962.
Wright, W., *Apocryphal Acts of the Apostles,* Society for Publication of Oriental Texts, Londres 1871, vol. II.

Sobre cristología y teología

Ahmad, Mirza Ghulam, *Jesus in India,* Ahmadiyya Muslim Mission, Qadian (India) 1944.
–, *Massih Hindustan Mein,* en urdu, Qadian 1908.
Bock, Janet, *The Jesus Mystery,* Aura Books, Los Ángeles 1980.
Bornkamm, G., trad., *Jesus of Nazareth,* Hodder & Stoughton, Londres 1956.
Bultmann, Rudolf, *Primitive Christianity and its Contemporary Setting,* trad. R.H. Fuller, Collins, Glasgow 1960.
Cadoux, C.J., *The Life of Christ,* Pelican, Londres 1948.
Crucifixion by an Eye-Witness, The, Indo-American Book Co., Chicago 1907.
Dummelov, revdo. J.R., *Commentary on the Holy Bible,* Macmillan, Londres 1916.
Faber-Kaiser, Andreas, *Jesus Died in Kashmir,* Gordon & Cremonesi, Londres 1977.
Faruqi, Mumtaz Ahmad, *The Crumbling of the Cross,* Lahore 1973.

Ferrar, deán F.W., *The Life of Christ,* Cassel, Peter & Galpin, Londres 1874.
Forsström, Johan, *The King of the Jews,* Nugedoga (Sri Lanka), y East West Books, Hango (Finlandia) 1987.
Fuller, R.H., *The Foundations of New Testament Christology,* Collins, Londres 1965. (Ed. española: *Fundamentos de una cristología neotestamentaria,* Cristiandad, Madrid, 1978.)
Goeckel, Helmut, *Die Messias-Legitimation Jesu,* Liber Verlag, Maguncia 1982.
Graves, Robert, *The Nazarene Gospel Retold,* Cassell, Londres 1953.
Gregory, A., *The Canon and Text of the New Testament,* Nueva York 1907.
Hastings, J., *Dictionary of the Bible,* T. & T. Clark, Edimburgo 1904.
–, *Dictionary of the Apostolic Church,* T. & T. Clark, Edimburgo 1918.
–, *Dictionary of Christ and the Gospels,* T. & T. Clark, Edimburgo 1908
Holy Bible, versión King James, edición crítica referenciada con concordancias, Nueva York y Londres.
Kamal-ud-Din, Khwaja, *The Sources of Christianity,* MMI Trust, Woking 1924.
Kashmiri, Aziz, *Christ in Kashmir,* Roshni Publications, Srinagar 1984.
Keller, Werner, *The Bible as History,* Hodder & Stoughton, Londres 1956.
Kersten, Holger, *Jesus Lived in India,* Element, Shaftesbury 1986.
Levi, H. Dowling, *The Aquarian Gospel of Jesus the Christ,* De Vorss, Marina del Rey (California) 1969.
Lewis, Spencer H., *Mystical Life of Jesus,* AMORC, San José (California) 1929.
Life of Christ, The, ed. revisada, Mazdaznan Elector Corp., Los Ángeles 1960, reimpresa por Stockton Doty Press, Whittier (California) 1969.
Muggeridge, Malmcolm, *Jesus, the Man who Lives,* Collins, Londres 1975.
Muses, G.A., recop., *The Septuagint Bible,* Falcon's Wing Press, Colorado 1954.

Nazir Ahmad, Khwaja, *Jesus in Heaven on Earth,* Azeez Manzil, Lahore 1973, anteriormente publicado por Muslim Mission and Literary Trust, Woking 1952.
Notovitch, Nicolas, *The Unknown Life of Christ,* Rand McNally, Chicago 1894 y Hutchinson, Londres 1895.
Peake, A.S.J., *Commentâry on the Bible,* Londres 1920.
Peloubet's *Select Notes on the International Lessons,* Boston 1918.
Prophet, Elizabeth Clare, *The Lost Years of Jesus,* Summit University Press, Malibu 1984.
Robinson, J.M., *New Quest for the Historical Jesus,* Londres 1959.
Sadiq, Mufti Muhammad, *Qabr-i-Masih,* en urdu, Talif-o-Ishait, Qadian 1936.
Shams, J.D., *Where Did Jesus Die?,* Baker & Witt, Londres 1945.
Schweitzer, A., *Quest for the Historical Jesus,* Londres 1945.
Stroud, William, *On the Physical Cause of Death of Christ,* Londres 1965.
Talmud Immanuel, Freie Interessengemeinschaft, Suiza 1974.
Wehrli-Frey, *Jesat Nasar,* 2 vols., Drei Eichen Verlag, Munich 1965.
Wilson, Ian, *The Turin Shroud,* Penguin, Harmondsworth 1978.
Yosuf, Chalpi, *Mashiahat,* en urdu, Majlis Tehqiqat, Lucknow 1976.

Sobre la Sindone

Berna, Kurt, *Jesus ist nicht am Kreuz gestorben,* Hans Naber, Stuttgart 1957.
–, *Christ did not Perish on the Cross,* Expositions Press, Nueva York 1975.
–, *Das Linnen,* Stuttgart 1957.
Forsyth, William H., *The Entombment of Christ,* Cambridge 1970.
National Geographic, vol. 157, n° 6, Washington D.C. junio de 1980.
Reban, John (Kurt Berna), *Inquest of Jesus Christ,* Londres 1967.

Rinaldi, Peter M., *Is It the Lord?*, Nueva York 1972.
Segal, J.B., *Edessa, the Blessed City*, Oxford 1970.
Vignon, Paul, *The Shroud of Christ*, Londres 1902.
Wilcox, R.K., *Shroud*, Macmillan, Nueva York 1977.
Wilson, Ian, *The Turin Shroud*, Penguin, Harmondworth 1978.

Sobre antropología y arqueología

Al Beruni, *Kitab-al-Hind*, o *India*, trad. del árabe por Edward Sachs, 2 vols., Trubner, Londres 1888, reimpresión S. Chand & Co., Delhi 1964.
Aziz-us-Samad, Ulfat, *Great Religions of the World*, Lahore 1976.
Bowle, John, recop., *Concise Encyclopaedia of World History*, Hutchinson, Londres 1958.
Chakraberti, C., *Classical Studies in Ancient Races and Myths*, Puja Publications, Nueva Delhi 1979.
Cole, Major H.H., *The Illustration of Ancient Buildings in Kashmir*, W.H. Allen, Londres 1869.
Cole, Sonia, *Races of Man*, British Museum, Londres 1965.
Kak, Ram Chandra, *Ancient Monuments of Kashmir*, Londres 1933.
Kellet, E.E., *Short History of Religions*, Pelican, Harmondsworth, 1972.
Khwand, Mir Muhammad, *Rauzat-us-Safa*, en persa, 7 vols., trad. *The Garden of Purity* por E. Rehatsek, 5 vols., Royal Asiatic Society, Londres 1892.
Marshall, John y otros, *Taxila*, 3 vols., Cambridge 1951.
Rapson, prof. E.J., *Ancient India*, Cambridge University Press 1911.
Roerich, Nicolai, *Altai Himalaya*, Nueva York 1929.
–, *The Hearth of Asia*, Nueva York 1929.
Smith, Arthur Vincent, *The Early History of India*, Clarendon Press, Oxford 1904.
Smith, sir George Adam, *Historical Geography of the Holy Land*, Hodder, Londres 1894. (Ed. española: *Geografía Historia Tierra Santa*, Comercial, Valencia, 1985.)

Sobre los manuscritos del mar Muerto

Allegro, John, *The Dead Sea Scrolls: a Reappraisal,* Penguin, Middlesex 1964.
–, *Dead Sea Scrolls. The Mystery Revealed,* Nueva York 1981.
–, *The People of the Dead Sea Scrolls,* Routledge, Londres 1959.
-, *Dead Sea Scrolls and Christian Myth,* Abacus, Londres 1981.
Barthelemy, D. y J.T. Milik, *Discoveries in the Judaean Desert,* Oxford University Press, 1955.
Brownlee, W.H., *The Dead Sea Manual of Discipline,* BASOR, Nueva York 1951.
–, *The Meaning of the Qumran Scrolls for the Bible,* Nueva York 1964.
Burrows, M., *The Dead Sea Scrolls,* Viking Press, Londres 1956.
—, *More Light on the Dead Sea Scrolls,* Londres 1958.
Davies, Powell, *The Meaning of the Dead Sea Scrolls,* Nueva York 1956.
Dupont-Sommer, *The Dead Sea Scrolls,* Nueva York 1956.
Schonfield, Hugh, *The Secret of the Dead Sea Scrolls,* Nueva York 1960.
Vermes, G., *The Dead Sea Scrolls in English,* Pelican, Middlesex 1962.
Wilson, Edmund, *Scrolls from the Dead Sea,* Oxford 1955
Yadin, Y., *The Ben Sira Scroll from Masada,* Jerusalén 1965. (Ed. española: *Masada,* Destino, Barcelona, 1986.)

Sobre los cristianos de santo Tomás en la India

Brown, L.W:, *The Indian Christians of St. Thomas,* Cambridge 1956.
Buchanan, Claudius, *Christian Researches in Asia,* Cambridge 1811 y Ogle, Edimburgo 1912.
Geddes, M., *History of the Christian Church of Malabar,* Watford, Londres 1894.
Farquhar, J.N., *The Apostle Thomas in North India,* Manchester 1926.

Keay, F.E., *History of the Syrian Churh in India,* Madrás 1938.
Matthew, P.V., *Acta Indica,* Cochin 1986.
Medlycott, A.E., *India and the Apostle Thomas,* Londres 1905.
Menachery, George, recop., *The St. Thomas Christian Encyclopaedia of India,* Madrás 1973.
Milne, Rae, *Syrian Church in India,* Edimburgo 1892.
Mingana, A., *Early Spreed of Christianity in India,* Manchester 1926.
Plattner, F.A., *Christian India,* Vanguard Press, Nueva York 1957.
Raulin, *Historia Ecclesiae Malabartica,* Roma 1745.

Sobre los esenios

Cannon, Dolores, *Jesus and the Essenes,* Gateway Books, Bath 1992.
Dupont-Sommer, *The Jewish Sect of Qumran and the Essenes,* Macmillan 1956.
Szekely, Edmond Bordeaux, *The Essene Code of Life,* San Diego 1977.
–, (trad.), *The Gospel of the Essenes,* C.W. Daniel, Saffron Walden 1978. (Ed. española: *El Evangelio de los esenios,* Sirio, Málaga, 1986)
–, *The Gospel of Peace of Jesus Christ by the Disciple John,* C.W. Daniel, Londres 1937 y 1973.
–, *The Teachings of the Essenes from Enoch to the Dead Sea Scrolls,* C.W. Daniel, 1978.
–, *The Essene Jesu,* San Diego 1977.
–, *The Essene Humane Gospel of Jesus,* Santa Mónica 1978.
–, *The Essene Teachings of Zarathustra,* 1973.
Kosmala, H., *Hebräer, Essener, Christen,* Leiden 1959.
Larson, Martin A., *The Essene Heritage,* Nueva York 1967.

Sobre el Islam

Al-Bukhari, Imam, *Al-Jami-al-Sahih,* 3 vols., El Cairo.
Al-Jaijaj, Muslim bin, *Al-Sahih,* 18 vols., El Cairo.
Al-Sahih of Muslim, 2 vols., Ghulam Ali & Sons, Lahore 1962.
Bashir-ud-Din, Mahmood Ahmad, *Introduction to the Study of the Holy Quran,* Londres 1949.

Mohammed Ali, Maulana, trad., *The Holy Quran,* Ahmadiyya Anjuman, Lahore 1951.
—, *A Manual of Hadis,* Lahore 1949.
Ibn-al-Jarir-at-Tibri, *Tafsir,* 30 vols., Kubr-ul-Mara Press, El Cairo 1921.
Sale, George, *The Koran,* Londres 1939.
Yusuf Ali, Abdullah, trad., *Holy Quran,* Lahore 1961.

Manuscritos y estudios en lenguas orientales

En árabe

Ibn-i-Hazam, *Almallah-o-Almahal,* El Cairo.
Ibn-i-Tamima, Shaikh-ul-Islam, *Al-Jawab-al-Sahi-Liman-Badil-Din-al-Masih,* 4 vols.
Mohammad Abdul, Shaikh, *Al-Islam-al-Nasrania,* El Cairo.
Sharastani, Mohammad ibn Abdul Karim, *Kitab-al-Milal ua al-Nihal,* Society for Publication of Oriental Texts, Londres 1842.

En persa

Abdul Qadir, *Hashmat-i-Kashmir,* MS persa nº 42, fol. 7, Royal Asiatic Society of Bengal, Calcuta.
Khwaja Muhammad Azam Deedamari, *Tarikh-i-Azami,* Muhammadi Press, Lahore 1747.
Khwand, Mir Muhammad, *Rauzat-us-Safa,* 7 vols.
Mustafa, Agha, *Ahwal-i-Ahalian-i-Paras,* Teherán 1909.
Said-us-Saddiq, Al Shaikh, *Kamal-ud-Din,* Sayyid-us-Sanad Press, Irán 1881. Hay traducción al alemán de H. Müller, Universidad de Heidelberg.
Dehlvi, Syed Ahmad, *Farhang-i-Asafiyah,* diccionario persa, Hyderabad 1908.

En urdu

Ahmad, Mirza Ghulam, *Massih Hindustan Mein,* Qadian 1908.

Argali, Farooq, recop., *Mujazat-i-Masih,* Delhi
Qadir, Abdul Shaikh, *Ashab-i-Kahf-kay-Sahijay,* Lahore 1960.
Sadiq, Mufti Muhammad, *Qabr-i-Masih,* Talif-o-Ishait, Qadian 1936.
Shams Tabriz Khan, trad., *Masihat,* Lucknow 1976.

En sánscrito y hindi

Bhavishya Mahapurana, MS, Oriental Research Librery, Universidad de Cachemira, Srinagar.
Kumari, Ved., trad., *Nila-Maha-Purana,* Cultural Academy, Jammu 1908.
Shastri, Vidyavaridi Shiv Nath, trad., *Bhavishya Maha Purana,* en hindi, Venkateshvaria Press, Bombay 1917.
Bhavishya Maha Purana, trad. y comentarios en hindi, Oriental Research Institute, Poona 1910.
Stein, M.A., trad., *Kalhana's Rajatangari,* 2 vols., Constable, Londres 1900, reimprsión Nueva Delhi, 1961 y 1979.

En tibetano

Le-zan Chhes-kyi Nima, *Grub-the Thams-chand kyi Khuna dan Dod-Thsul Ston-pe Legs Shad Shel-gyi Melong*, trad. del chino, en la colección de S.S. Gergan, Srinagar.

En bengalí

Abhedananda, Swami, *Kashmir O Tibbate,* Ramakrishna Vedanta Math, Calcuta 1927.
Ghose, Ashutosh, *Swami Abhedananda,* Ramakrishna Vedanta Math, Calcuta 1967.

Cronología

A. de C.

3500	Amanece la cultura sumeria.
3300	Los cananeos ocupan la Tierra Santa.
2300	Amanece la civilización del valle del Indus.
1500	Amanece la civilización griega. Los arios invaden la India por Cachemira.
1440	Moisés y los israelitas salen de Egipto por el desierto de Sinaí.
1365	Los israelitas ocupan Palestina.
1000	Amanece el zoroastrismo.
1016	David rey de Israel.
975	Se pierden dos tribus de la Casa de David.
960	Salomón rey de Israel.
922	Jerusalén saqueada por los egipcios.
884	Los sirios invaden Judá y llevan cautivos judíos.
850	Jerusalén saqueada por los filisteos.
722	Diez tribus hebreas llevadas al cautiverio por Sargón de Asiria.
586	El templo de Salomón destruido por Nabucodonosor, cautiverio de los judíos en Babilonia.
563	Nacimiento de Buda.
551	Nacimiento de Confucio.
539	Los judíos liberados del cautiverio de Babilonia por el persa Ciro.
520	Difusión de ideas esenias entre los griegos y los egipcios.

425	Contactos comerciales de los judíos de Babilonia con Oriente.
353	Deportación de judíos a Hircania, cerca del mar Caspio.
334-326	Alejandro Magno invade Siria, Egipto, Palestina, Babilonia, Persia y el noroeste de la India
260	Traducción de la Torá al griego.
257	Ashoka de la India envía misioneros budistas a Occidente.
220	Eutidemo I rey de Gandhara.
198	Palestina conquistada por los seleúcidas sirios.
180	Eucrátides rey greco-bactriano de Gandhara.
168	El seleúcida Antíoco asalta Jerusalén y persigue a los judíos.
140	Antiácides rey de Taxila. Introducción del budismo en China. Diáspora judía en el área mediterránea. Hipóstrato rey de Gandhara.
110	Menandro el Grande rey de Gandhara y Cachemira.
100	Apolodoto rey de Gandhara.
100	Compilaciones de los manuscritos del mar Muerto.
73	Herodes el Grande rey de Judea.
70	Maues rey de Gandhara.
83	El romano Pompeyo asalta Jerusalén.
37	Herodes de Idumea rey de Judea (?).
27	Octavio proclamado Augusto y emperador de Roma
6	Nacimiento de Jesús de Nazaret.
4	Jesús llevado a Egipto.

D. de C.

4	Herodes Agripa soberano judío tutelado por los romanos.
6	Censo de los romanos.

7	Jesús deja la casa paterna y viaja a Oriente.
14	Tiberio César emperador de Roma.
20	Regreso de Jesús a Occidente, probables viajes a Grecia y a las islas británicas.
21	Gondafaros rey de Gandhara.
28	Regreso de Jesús a Palestina.
33	Bautismo de Jesús por Juan.
34	Muerte de Juan el Bautista.
35	Ministerio de Jesús.
36	Crucifixión de Jesús.
37	El Santo Sudario llevado a Edesa. Calígula emperador de Roma.
40	Tomás ante Gondafaros en Taxila. Jesús en Partia. Muerte de María Magdalena en Kashgar (?).
49	Jesús y Tomás se encuentran en Taxila. Godapatta soberano de Cachemira.
50	Caída de Gondafaros, invasión yueh-chi desde Bactria. Muerte de María, la madre de Jesús.
52	Tomás en Malabar.
55	Kadfises, rey kushana, unifica el norte de la India y se anexiona Gandhara y Taxila.
60	Yuzu Asaph en Cachemira.
60-70	Compilación del *Evangelio según Marcos*.
70	*Historia Natural* de Plinio menciona a los esenios. Destrucción de Jerusalén por Tito.
78	Shalivahana conoce a Jesús y sale de Cachemira.
85	Compilación del *Evangelio según Mateo*.
87	Kanishka funda el imperio Kushana y convoca el IV Congreso budista en Cachemira.
90-95	Compilación del *Evangelio según Lucas*.
100	Abdagases rey de Gandhara.
109	Supuesto fallecimiento de Jesús en Cachemira.
110	Fecha oficial de la compilación del *Evangelio según Juan*.
115	Sutta compila el *Bhavishya Maha Purana*.
163	Osamenta y reliquias de Tomás trasladados de Madrás a Edesa de Siria.

175	Emigración de cristianos de Occidente al noroeste de la India.
189	Panteno enviado por Demetrio a la India para predicar el cristianismo.
300	Eusebio escribe sobre los esenios.
368	Epifanio, obispo de Salamina, comenta los *Acta Thomae*.
375	Eusebio divide el Nuevo Testamento en escrituras auténticas, dudosas y espúreas.
382	Condenados los *Evangelios de Santiago* y *Bernabé*.
397	Tercer Concilio en Cartago (Agustín) establece el canon definitivo del Nuevo Testamento.
405	Los *Evangelios de Santiago* y *Bernabé* proscritos y destruidos.
422	Rab Ashi compila el *Talmud* judío.
478	Redescubrimiento del *Evangelio de Bernabé* en una tumba de Chipre.
495	Proscripción de los *Hechos de Tomás*.
496	Los *Evangelios de Santiago* y *Bernabé* declarados heréticos (decretal de Gelasio).
525	Invención del Santo Sudario en Edesa.
570	Nacimiento de Muhammad, el Profeta del Islam.
614	Damasco y Jerusalén saqueadas por los persas. Desaparición de la Santa Cruz.
622	Inicio de la Hégira islámica.
754	Dionisio el Exiguo, un monje escita, introduce el sistema de cómputo anual de la era cristiana.
800	Unión de Iglesia y Estado en Roma (Carlomagno).
960	Al Shaikh Al-Said-us-Sadiq escribe el *Ikmal-ud-Din* sobre los viajes de Jesús en la India.
1010	Matanza de judíos en Francia.
1096	Matanzas de judíos en Alemania. Primera Cruzada.

1099	Los cruzados asaltan Jerusalén. Establecimiento de estados cruzados en Jerusalén, Edesa y Antioquía.
1147	Segunda guerra santa por Jerusalén, desencadenante de la segunda Cruzada.
1148	Kalhana compila el *Rajatarangini*, historia de Cachemira (crucifixión kashmiri).
1187	El sultán Saladino arrebata Jerusalén a los cruzados.
1290	Los judíos expulsados de Inglaterra.
1236	El cardenal Hugo de San Caro reorganiza el Nuevo Testamento.
1306	Nueva invención del Santo Sudario en Francia.
1357	Primera exposición del Santo Sudario a los fieles.
1417	El *Rauzat-us-Safa* de Mir Muhammad menciona presencia de Jesús en Nisibis (Persia).
1420	Mulla Nadri termina el *Tarikh-i-Kashmir*.
1451	Nasir-ud-Din inhumado junto al sepulcro de Jesús en Cachemira.
1455	Biblia de Gutemberg.
1514	Impresión del Nuevo Testamento en griego.
1521	Excomunión de Martín Lutero, comienzo de la Reforma.
1523	Impresión del *Talmud* en Holanda.
1534	Fundación de la Orden jesuita (Contrarreforma).
1578	El Santo Sudario trasladado a Italia.
1616	Publicación de la Biblia *King James I*.
1694	El Santo Sudario instalado en la Capilla Real de Turín.
1729	El *Waqiat-i-Kasmir* de Azam menciona la tumba de Yuzu Asaph.
1741	Badi-ud-Din Abul Wasim anota que uno de los Apóstoles está enterrado en la tumba de Yuzu Asaph.
1766	Decreto del gran muftí de Cachemira en favor del custodio del sepulcro de Yuzu Asaph.

1787	Reconocimiento de los plenos derechos civiles a los judíos en Estados Unidos.
1803	A. Wrede escribe sobre los cristianos de santo Tomás en Malabar.
1820	En el *Hashmat-i-Kasmir,* Abdul Qadir asevera que los kashmiri son descendientes de judíos.
1823	Thilla publica los *Acta Thomae.*
1861	*Lost Tribes,* de Moore, sigue las huellas de los judíos en Afganistán y Cachemira.
1870	*Hechos de Bernabé* publicado en inglés.
1871	*Hechos de Tomás* publicado en inglés por W. Wright.
1872	*Travels in Central Asia,* de Meer Izzut-Oolah, menciona la presencia de Jęsús en Ladakh.
1873	*The Crucifixion by an Eye-Witness* aparece en los Estados Unidos y la obra es proscrita y quemada.
1890	*Life of Saint Issa,* de Notovich, basado en sus descubrimientos en Ladakh.
1891	*Ethnography of Afghanistan,* de Moore. *Rauzat-us-Safa,* de Mir Khwand, publicado en inglés.
1893	*Evangelio de Pedro* publicado por H. B. Swete.
1894	Publicación de *The Unknown Life of Jesus,* de Notovich.
1898	Primera fotografía del Santo Sudario. Amenazas de atentado contra la tumba de Yuzu Asaph.
1904	Movimiento sionista para el establecimiento de Israel.
1907	Se publica *Crucifixion by an Eye-Witness.*
1908	Se publica *Massih Hindustan Mein* de Mirza Ghulam AHmad y *Aquarian Gospel* de Levi.
1910	Publicación de *Bhavishya Maha Purana.*
1916-1918	Las excavaciones de Marshall en Taxila revelan restos cristianos del siglo i.
1920	Se publica *If Jesus Did Not Die on the Cross: A Study in Evidence,* de Docker.

1930-1944	Persecución nazi contra los judíos y holocausto en Alemania y Europa.
1936	Mufti Mohammed Sadiq publica *Qabr-i-Masih* sobre la tumba de Yuzu Asaph.
1945	J. D. Shams publica *Did Jesus Die?* Descubrimiento de los textos de Nag Hammadi.
1947	Primer descubrimiento de los *manuscritos del mar Muerto*. Creación del Estado de Israel.
1949	Recuperación de fragmentos del Antiguo Testamento, de Qumran a Jerusalén.
1950	Reparación del sepulcro de María en Muree.
1952	Nuevos fragmentos de Qumran. Nazir Ahmad publica *Jesus in Heaven on Earth*.
1953	*The Nazarene Gospel Restored*, de Robert Graves.
1956	Millar Burrows traduce *Dead Sea Scrolls*. –, *Copper Scrolls deciphered*.
1956	Publicación de *The Meaning of the Dead Sea Scrolls*, de A. Powell Davis.
1957	Kurt Berna publica *Jesus ist nicht am Kreuz gestorben* y *Das Linnen* (sobre el Sudario de Turín).
1964	*Asrar-i-Kashmir*, de Aziz Ahmad.
1969	Estudio científico del Sudario de Turín.
1973	Mumtaz Ahmad Faruqi publica *The Crumbling of the Cross*.
1975	Descubrimiento de la losa con la figura de los pies de Jesús por F. M. Hassnain y Ghulam Mohi-ud-Din.
1976	*Jesús vivió y murió en Cachemira*, de Andreas Faber-Kaiser.
1977	*Die Messias-Legitimation Jesu*, de Helmut Goeckel.
1977	El Sudario de Turín estudiado por científicos de la NASA.
1978	El Sudario de Turín recibe medio millón de visitantes. *Turin Shroud*, de Ian Wilson. Interna-

	tional Conference on the Deliverance of Jesus from the Cross en Londres.
1980	Janet L. Bock publica *The Jesus Mystery*.
1982	*Jesucristo*, de Diego Rubio Barrera.
1983	Holger Kersten publica *Jesus lebte in Indien*.
1984	E. C. Prophet recoge numerosos testimonios en *Lost Years of Jesus*.
1987	*King of the Jews*, de Johan Forsström.
1991	Baigent y Leigh, *The Dead Sea Scrolls Deception*.
1992	Barbara Thiering en *Jesus the Man* sobre las claves bíblicas esenias.
1993	Publicación de numerosos manuscritos del mar Muerto inéditos hasta la fecha.

Índice

Introducción 7

1. Cachemira y los hebreos 11
   Cachemira - Los cassitas - La dispersión de los judíos - Bani Israel en Cachemira - Los griegos y los kushana - Historia moderna

2. Ladakh, la tierra del Buda 25
   Leh - La iglesia de la misión morava

3. La leyenda de Jesús en Ladakh 35
   Notovich - La existencia de los rollos verificada - Supresión

4. Lo que los lamas sabían acerca de Issa 49

5. El nacimiento de Jesús 55
   José y María - Hijo de una virgen - La versión esenia - La fecha del nacimiento de Jesús - La visita de los sabios de Oriente

6. La infancia de Jesús 65
   La versión budista - Jesús en Egipto, 6-4 a. de C. - Los años de juventud - Su iniciación

7. Los primeros viajes de Jesús 73
   El primer viaje de Jesús a la India - Jagannath y Varanasi - Jesús entre los budistas - Regreso hacia Occidente - Llegada de Jesús a Persia

8. La iniciación de Jesús 83
   Jesús regresa a Egipto - Jesús en Grecia - Jesús en Inglaterra

295

9. El ministerio de Jesús en Israel   89
   Juan el Bautista - Jesús el maestro - Cafarnaúm - Marta y María Magdalena - Id a las ovejas perdidas - El «Evangelio según Bernabé» - Sobre la fe y la oración - Transfiguración

10. Los esenios y los primeros cristianos 105
    Cananeos y hebreos - Las sectas de Israel - Los esenios - Fuentes acerca de los esenios - Los manuscritos del Mar Muerto - El «Testamento de los Doce Patriarcas» - La Crucifixión contada por un testigo presencial - El «Evangelio de Acuario de Jesús el Cristo»

11. La Crucifixión 115
    Jerusalén - El juicio y la crucifixión - ¿Cuándo tuvo lugar la crucifixión? - El Gólgota - La Pasión

12. El Sudario de Turín 125
    Historia de la Sindone - Médicos y científicos - La impronta de Sai Baba

13. La resurrección 137
    La versión hindú de la crucifixión - La versión esenia - Jesús restablecido - Vida después de la muerte - El relato de la Resurrección

14. Partia 151
    Pablo - El apostolado - El exilio necesario - Persia - Las fuentes

15. La India 161
    Tomás, el apóstol de la India - Taxila - Los cristianos de santo Tomás - Simón Pedro en la India - María la madre sepultada en Muree - Presencia ulterior de cristianos en la India

16. Hazrat Issa el profeta 173
    Los historiadores islámicos - Los nombres de Jesús - El Santo Corán - *Masih Hindustan Mein*

17. Rozabal 181
    La tumba de Yuzu Asaph - El decreto de 1194 d. de H. - Las pisadas de Jesucristo - Barlaam y Josafat - La conferencia de Londres de 1978

18. Retorno a Cachemira 197
    La dispersión de las tribus judías - El *Bhavishya Maha Purana* - El *Rajatarangini* de Kalhana - Final del cristianismo en Cachemira - Los musulmanes de Issa

19. Las escrituras de los mullas 209
    Crónicas persas sobre Yuzu Asaph en Cachemira - Takhat Sulaiman - Corroboraciones - Los sermones de Yuzu Asaph

20. Budismo y cristianismo 219
    En busca de manuscritos budistas - Restos paleocristianos - Revisión de las fuentes cristianas - Textos rechazados por la Iglesia - Los manuscritos del mar Muerto

21. La desaparición de Yuzu 235

Notas 239

Bibliografía 275

Cronología 287

Índice 295

MISTERIOS HISTORICOS

La presencia fundamental del pueblo hebreo en la península ibérica. Sus costumbres, barrios y lugares sagrados.

En este itinerario judío de España, el autor nos guía por las callejas donde se gestó la sabiduría kabalística y nos introduce en los restos de las sinagogas hasta hacernos captar los cánticos del sabath. El libro, profusamente ilustrado, incluye una cronología de los judíos españoles, un capítulo donde se da cuenta de la presencia judía en la España contemporánea, un resumen biográfico de los principales judíos, conversos y marranos y un vocabulario de términos que ayudarán a comprender mejor el tema.

- ¿Qué encontrarían de su pasado hispánico los descendientes de los judíos que abandonaron la Península tras el Edicto de Expulsión?

Ilustrado
ISBN: 84-7927-090-X

Un libro que permite reconocer, de forma clara y rotunda, el paralelismo existente entre los más diversos dioses y los santos de la tradición cristiana, la identidad entre los cultos paganos y cristianos y la conciencia universal de conceptos como la Creación, la Salvación, el Apocalipsis y el Fin del Mundo.

- Quiénes fueron algunos santos antes de acceder a la gloria que les reservó el Cristianismo.
- De dónde surgieron los lugares sagrados que hoy son objeto de las más arraigadas tradiciones de nuestros pueblos.
- De qué cultos ancestrales emanaron muchas de las devociones que cubren el universo cultural del mundo cristiano.

Ilustrado
ISBN: 84-7927-072-1

Dioses ayer, santos hoy. Lo que la historia sagrada no ha querido revelarnos.

MISTERIOS HISTORICOS

HORIZONTES DEL ESPIRITU

El apasionante misterio de los diferentes cultos religiosos: judaísmo, cristianismo, islamismo, hinduismo y budismo.

El fenómeno religioso, aunque es universal y común a todo tipo de sociedades, manifiesta características diferentes y en algunos casos radicalmente opuestas. Esta obra proporciona una panorámica de los rasgos más relevantes de todas las grandes religiones del mundo. Este libro nos permitirá:

- Analizar y comprender la Cábala y la tradición esotérica judaica.
- Establecer paralelismos entre el cristianismo y otras confesiones religiosas.
- Entender e interpretar correctamente el Corán y la Sunna.
- Determinar las nociones claves del hinduismo.

ISBN: 84-7927-137-X

El autor, a partir de los descubrimientos arqueológicos, más recientes nos ofrece un vasto compendio de todos los aspectos de la vida en el antiguo Egipto. Una vida dominada por innumerables prácticas ocultas que se nos describen en esta obra con gran seriedad, no exenta de amenidad, para deleite de los aficionados a la egiptología, la magia, la parapsicología, las religiones y mitologías de la antigüedad.

- Conjuros, encantamientos y rituales que los magos de Egipto usaron durante más de 30 siglos.
- Qué rituales se seguían para sepultar a los reyes.
- Cómo escribir nuestro propio nombre en clave de jeroglífico.

Ilustrado

ISBN: 84-7927-086-1

La vida en el antiguo Egipto a través de la magia. Claves y misterios de una civilización fascinante.

MISTERIOS HISTORICOS

MISTERIOS HISTÓRICOS

Los templarios españoles: La historia secreta e ignorada de dos siglos fundamentales en la Edad Media peninsular.

Las apasionantes tesis de Juan G. Atienza, sobre el enigma de los templarios españoles, reunidas en un volumen junto a sus investigaciones más recientes.

* La presencia e influencia del Temple en los reinos de Castilla, Navarra, y en el territorio catalano-aragonés; su intervención crucial en la conquista de Mallorca, Valencia y Murcia; su progresiva implantación en Portugal…
* La formación templaria de Jaime I el Conquistador.
* El proceso a los templarios en la península.
* Los enclaves templarios y el enigma de su localización.

Ilustrado.

ISBN: 84-7927-022-5

El alfabeto sagrado de la Gran Pirámide nos descubre, por fin, su secreto. Una interpretación inédita hasta hoy: el monumento no es la tumba del rey Kheops sino un inmenso himno a la creación, una monumental Biblia de piedra

Ilustrado a todo color.

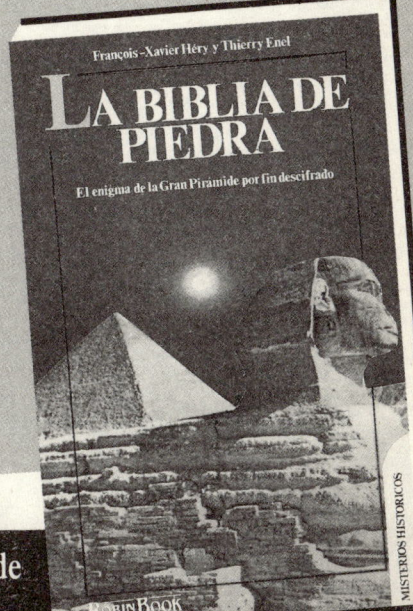

El secreto de la Gran Pirámide por fin descifrado

MISTERIOS HISTÓRICOS

MISTERIOS HISTORICOS

El camino esotérico de Cristo. Las claves del cristianismo iniciático.

Una fascinante visión de Cristo, a través de la alegoría, el mito, el simbolismo y la leyenda.
Una obra polémica, que nos presenta a un inédito Jesús esotérico que desconcertará tanto al creyente como al agnóstico. A partir de datos que ofrecen los Evangelios sinópticos, así como otras fuentes heterodoxas de la tradición, esta obra nos propone unas claves que hasta el momento nos habían sido ocultadas.
- ¿Por qué visigodos y arrianos se reclamaron portadores de la sangre de Cristo?
- ¿Qué claves encierra el Santo Grial?
- ¿Fue realmente Jesús hijo de Magdalena y no de María, como se nos ha dicho siempre?

ISBN: 84-7927-059-4

Juan G. Atienza, el principal especialista de la España Mágica, nos descubre los secretos del Camino de Santiago, la vía iniciática más representativa de Occidente.
- Por qué la Ruta fue reverentemente recorrida tanto por santos como por herejes, judios, cristianos y moros.
- Qué secretos saberes esconden sus monumentos arquitectónicos.
- Qué nos revelan las leyendas ocultistas, las costumbres insólitas, los juegos iniciáticos, los cultos a vírgenes descendientes de diosas prehistóricas y tantas otras señales inquietantes que encontramos a lo largo de su recorrido.

Ilustrado
ISBN: 84-7927-040-3

Historia, leyendas y enigmas del Camino de Santiago, con la guía más completa del peregrino a Compostela.

MISTERIOS HISTORICOS

NEW AGE

La sorprendente historia de los Ángeles, una especie en peligro de extinción.

¿Qué o quiénes son los ángeles? ¿Son seres etéreos de luz sin sustancia, o criaturas dotadas de sólida forma humana y alas que les permiten volar de verdad? ¿Alguien los ha visto u oído alguna vez? ¿Se les puede considerar los supervivientes de civilizaciones perdidas, como la Atlántida o Mu, o sencillamente la parte más íntima y mágica del ser humano?
A través de una impresionante selección de ilustraciones, el autor nos presenta a los mensajeros alados desde la Antigüedad hasta nuestros días, deleitándonos con multitud de anécdotas de sus representantes más célebres, desde Metatron, el gran ángel de la Cábala, hasta Gabriel, el único arcángel femenino…, sin olvidar a Satanás, el Príncipe de las Tinieblas.
Ilustrado a todo color.
ISBN: 84-7927-021-7

Mientras la humanidad se debate en un universo de dudas y de dificultades ante la inminencia del cambio de milenio, el mensaje de las grandes figuras religiosas que determinaron la conciencia de gran parte de los hombres sigue estando profundamente vigente a pesar del paso del tiempo.
Esta obra le será de inestimable ayuda para:

- Descubrir los fundamentos y las tradiciones sobre los que se construyó cada teoría religiosa.
- Conocer biográficamente a cada fundador, los principales acontecimientos de su vida, su carácter y su personalidad.
- Comparar y establecer las diferencias y los puntos de contacto entre las diferentes creencias.

ISBN: 84-7927-145-0

El legado de las cuatro figuras religiosas que más han influído en la humanidad.

HORIZONTES DEL ESPIRITU

MISTERIOS HISTÓRICOS

El poder existente tras la Lanza que desgarró el costado de Cristo.. fue utilizado por Hitler en su apuesta por conquistar el mundo.

La leyenda afirma que hace 2.000 años se utilizó la Lanza del Destino para desgarrar el costado de Cristo. Desde entonces, la Lanza quedó investida de poderes ocultos que podían ser usados para el bien y para el mal... Este libro establece la extraña lista de propietarios de la Lanza, de Herodes el Grande y Carlomagno a Adolfo Hitler, y describe cómo utilizaron su poder para influir en la Historia desde el ocaso del Imperio romano hasta nuestros días.
El pacto satánico documenta por primera vez, de manera exhaustiva, los detalles de la vinculación de Hitler con las sociedades secretas del III Reich, y su práctica de la magia negra para tratar de conquistar el mundo.

ISBN: 84-7927-013-6

Esta enciclopedia presenta 1800 palabras clave y más de 800 ilustraciones que la convierten en una obra de referencia indispensable para todos los que investigan el significado profundo que subyace tras los objetos cotidianos. Asociando los símbolos a sus orígenes culturales, religiosos o mitologías esta obra explora numerosos objetos y conceptos y el significado oculto detrás de su ordinaria apariencia externa. A través de sus páginas encontramos desde ejemplos de metáforas y alegorías hasta el significado simbólico de números, letras, signos astrológicos y alquímicos así como un amplio panorama de conceptos abstractos que encuentran su expresión tangible en el lenguaje universal de los símbolos.

Ilustrado
ISBN: 84-7927-169-8

La guía definitiva para la interpretación de los símbolos que existen en la historia del arte y la cultura.

HORIZONTES DEL ESPIRITU